人民 · 联盟文库

左宗棠在甘肃

马 啸 著

甘肃人民出版社
人民出版社

出版说明

　　人民出版社及全国各省市自治区人民出版社是我们党和国家创建的最重要的出版机构。几十年来，伴随着共和国的发展与脚步，他们在宣传马克思列宁主义、毛泽东思想、邓小平理论、"三个代表"重要思想，深入贯彻落实科学发展观，坚持走有中国特色社会主义道路方面，出版了大量的各种类型的优秀出版物，为丰富人民群众的学习、文化需求作出了不可磨灭的贡献，发挥了不可替代的作用。但由于环境、地域及发行渠道等诸多原因，许多精品图书并不为广大读者所知晓。为了有效地利用和二次开发全国人民出版社及其他成员社的优秀出版资源，向广大读者提供更多更好的精品佳作，也为了提升人民出版社市场联盟的整体形象，人民出版社市场联盟决定，在全国各成员社已出版的数十万个品种中，精心筛选出具有理论性、学术性、创新性、前沿性及可读性的优秀图书，辑编成《人民·联盟文库》，分批分次陆续出版，以飨读者。

　　《人民·联盟文库》的编选原则：1. 充分体现人民出版社的政治、学术水平和出版风格；2. 展示出各地人民出版社及其他成员社的特色；3. 图书主题应是民族的，而不是地区性的；4. 注重市场价值，要为读者所喜爱；5. 译著要具有经典性或重要影响；6. 内容不受时间变化之影响，可供读者长期阅读和收藏。基于上述原则，《人民·联盟文库》未收入以下图书：1. 套书、丛书类图书；2. 偏重于地方的政治类、经济类图书；3. 旅游、休闲、生活类图书；4. 个人的文集、年谱；5. 工具书、辞书。

《人民·联盟文库》分政治、哲学、历史、文化、人物、译著六大类。由于所选原书出版于不同的年代、不同的出版单位，在封面、开本、版式、材料、装帧设计等方面都不尽一致，我们此次编选，为便宜读者阅读，全部予以统一，并在封面上以颜色作不同类别的区分，以利读者的选购。

人民出版社市场联盟委托人民出版社具体操作《人民·联盟文库》的出版和发行工作，所选图书出版采用联合署名的方式，即人民出版社与原书所属出版社共同署名，版权仍归原出版单位。《人民·联盟文库》在编选过程中，得到了人民出版社市场联盟成员社的大力支持与帮助，部分专家学者及发行界行家们也提出了很多建设性的意见，在此一并表示诚挚的感谢！

《人民·联盟文库》编辑委员会

写在前面的话

在中国区域史研究中，西北史的研究具有极其重要的地位。要推动中国史研究的不断深入，必须加强区域史的研究；而要提高区域史研究的水平，也必须充分吸纳通史研究的成果。只有如此，方能丰富中国史研究的内容，推动中国史研究的深入发展。

百余年来，西北师范大学的史学工作者充分利用便利的地域优势，将中国通史与西北区域史研究有机地结合起来，取得了一系列重要成果，在学界有良好的声誉。老一辈学者金宝祥先生、金少英先生、王俊杰先生、陈守忠先生、郭厚安先生、吴廷桢先生等人在这一领域内取得了显著的成绩。在他们的带领下，西北师大西北史研究薪火相传，弦歌不辍，现已形成了以下几个特色鲜明的研究方向：西北边疆史研究、西北开发史研究、西北生态环境变迁研究、西北出土简帛文书与社会经济研究、丝绸之路与西北旅游资源开发研究、西北民族史研究、西北社会史研究、西北地方文献研究等。在研究中，我们一方面严格遵循学术规范，不断开拓新的研究领域，注重学术质量，积极推动西北史研究的不断深入；另一方面尽可能地将学术研究与现实需要较好地结合起来，从西部大开发的实践中寻找研究课题，以使我们的学术研究更好地为现实服务。

　　为了突出特色和提高西北史研究的水平，西北师范大学先后成立了古籍整理研究所、敦煌学研究所、西北文化研究所、西北史研究所、简牍学研究所、历史地理研究所、历史与社会研究所、世界文化遗产研究中心等机构。同时，西北师范大学与甘肃省文物考古研究所、敦煌研究院、甘肃省社会科学院等科研机构紧密合作，资源共享，优势互补，聚集力量，联合攻关，在人才培养、学科建设和学术研究方面取得了重要成就。

　　西北师范大学西北史研究主要依托于历史学博士后科研流动站、专门史博士点、历史文献学博士点和历史学省级重点学科。为了进一步提高西北史研究的水平，集中反映西北史研究的最新成果，成立了由西北师大历史学术骨干和西北师大合作单位的兼职教授共同组成的《西北史研究丛书》编辑委员会。凡学风严谨，资料丰富，论证周密，文风朴实，能够科学地对西北历史作出创造性、开拓性、总结性研究的著作，皆可收入本丛书。入选作品仅代表著者本人的观点。

　　由于我们经验不足，水平有限，在丛书的选稿、编辑等方面难免存在不足乃至错讹，衷心期望得到读者的批评指正。

《西北史研究丛书》编辑委员会

2007 年 11 月

序　言

　　在中国近代史上，左宗棠是与曾国藩、李鸿章齐名的晚清"中兴名臣"，同时又是与西北地区社会嬗变关系最为密切的人物之一。长期以来，无论从阶级分析，还是从民族关系角度考虑，左宗棠在西北尤其是甘肃的活动都是一个比较难以把握的棘手问题。这就造成在这一研究领域里存在一些非历史主义的倾向，对甘肃近代社会发展的关键性问题无法做出合理的解释。近年来，学界对左宗棠的历史功过是非，做出了许多新的探讨，但具体到左宗棠在甘肃的活动问题，还是缺乏深入系统的研究。随着时代的变迁和发展，深入研究左宗棠整饬吏治和发展甘肃经济文化，特别是他主持的近代化事业，对于我们今天的西部大开发事业不无裨益。研究甘肃近代化的进程，不能不研究左宗棠在甘肃的思想和活动。正因为这样，陇东学院历史系马啸副教授的《左宗棠在甘肃（1869—1880）》一书的出版，就具有历史和现实的双重意义。

　　《左宗棠在甘肃（1869—1880）》是马啸同志倾注数年的心力，在已发表的研究左宗棠在西北活动及影响的三十多篇文章的基础上凝练而成的，集中反映了作者对左宗棠1869—1880年十多年政治、军事、经济建设活动的深刻分析和思考。作者以平实的文笔，史论结合，将左宗棠在甘肃活动的几个重要横断面——剖来，具有较高的学术性和可读性。

　　首先，对左宗棠在甘肃的政治、军事、经济、环保及文化活动做了全景式的描绘和评价，拓宽了研究视野。

　　作者在导论中提出，"在体例上，力求形成以治理与开发甘肃为重心的研究建构，力图揭示左宗棠治理与开发甘肃的程度和概貌"。从该书的结构来看，以导论和十一章正文构成中心内容，另有两个附录。导论分析了有关左宗棠在西北活动的研究状况、程度，对已有的研究成果做了简要的述评，客观地分析了以往研究中的缺陷，从而为本书的研究和撰述提供了现实依据。第一、二章分析了左宗棠度陇前的活动以及出任陕甘总督的历史背景，为后面的章节做好了铺垫。接着用八章的篇幅分门别类地对左宗棠在治理与开发甘肃的诸多领域的活动，从思想、政策、举措、成效等方面做了全方位、多层面的梳理，深入探讨了左宗棠对甘肃吏治的整饬，对军制的改革，对基础设施的建设，对农业、手工业的开发，对机器工业的创建，对甘肃社会环境的整治及对生态环境的治理，对甘肃文教事业的兴办等，基本上包容了左宗棠在甘肃活动的方方面面。第十一章重在总结历史经验教训，这是十分必要的，能够体现历史研究为现实社会实践服务的明确主旨。各章节的内容之间既有区别，又有逻辑上的联系，配合默契，专指而不杂沓，细密而不烦冗。读了这部著作，也就能够对左宗棠在甘肃（当时的甘肃包括今甘肃、宁夏全境及青海、新疆部分地区）的活动情况有一个较为全面的了解。

　　其次，作者在有关史料的搜集、鉴别和运用上倾注了数年的心力，从而使该书的撰述建立在坚实可靠的资料基础上。

　　历史研究要尽可能地占有大量的原始资料，但更重要的是对这些纷繁杂乱，甚至相互矛盾的资料，进行辨伪存真的考证，以最大限度地接近历史的真相。《左宗棠在甘肃》所采用的资料非常广博，书后附录的《参考书籍及论文目录》所罗列的基础资料、传记资料、地方史志资料、研究著作、研究论文等共计一百五十余种（篇），举凡实录正史、笔记小说、方志文集、野史稗闻等无不涉猎，表现出严谨的学风和勇于探索的精神，这就为研究和撰述提供了丰富的素材。《左宗棠在甘肃》所取得的成果很大程度上取决于作者搜集和考订资料的素养。

历史研究忌伪贵真。判断真伪的途径之一，是要看所使用的材料是否丰赡可信。在研究上最忌讳的是孤证立说，在缺乏旁证材料的情况下轻信一家之言，妄下结论。要探讨一个问题最好能征引多种来源不同的材料，这样才更有说服力。《左宗棠在甘肃》在这一点上恪守史学研究的规范，探赜索隐，钩沉致远，注意从多种途径寻找原始材料，以大量的材料来说明问题。如在分析左宗棠的师友源渊时，引用了罗正钧的《左宗棠年谱》、秦翰才的《左文襄公在西北》、杨东梁的《左宗棠评传》；在分析清朝时期甘肃回汉民族因宗教习俗而导致冲突与纷争时，引用了一些珍贵的档案材料，如故宫档案馆藏《军机处录副》，台北故宫博物馆藏《官中档雍正朝奏折》，使其观点更加真实可信。可见，《左宗棠在甘肃》一书对左宗棠的研究，不是孤立地就事论事，而是在充分占有材料的基础上，根据历史唯物主义的原理，从理论的高度对左宗棠在甘肃的活动内涵及实质进行全面的透视。

第三，充分吸收和运用前人的研究成果。

作者站在学术前沿，广泛搜求国内外相关信息，在充分借鉴吸收前贤成果的基础上，将最新的学术信息、观点和自己的研究成果及时传递给读者。如导论部分在一定程度上就是一篇左宗棠研究状况述评。关于陕甘回民起义的性质，作者将各种不同的说法诸如双重性质说、农民反封建革命说、民族斗争说等，逐一列举和分析，然后提出："不难发现，80年代以来在起义性质问题上的认识是进一步深化了。通过讨论，越来越多的学者认识到回民起义的特殊性，比较多的强调其民族和宗教特色。并且有部分学者提出，应该注意到地域的不同对起义的影响，即便同为回族反清斗争，在不同的具体社会历史条件下，彼此亦有一定的差异，需要区别对待，细化研究，不可一概而论。"

学术乃天下之公器，在研究中借鉴和尊重他人的论著中所提出的观点，是学者应持的正确态度，也是促进学术研究不断进步的前提条件。《左宗棠在甘肃》不仅注意采铜于山，尽可能寻找第一手材料，而且努力汲取他人的研究成果，旁征博引，并且采用页下注的方式，将资料的出处做具体准确的说明，使自己的结论有理有据，也为对这些问题有兴趣的读者做进一步探讨提供了资料线索。

第四，大胆提出自己的一系列新观点，并能言之成理。

历史研究要深入，切忌在别人的研究成果上翻筋斗。《左宗棠在甘肃》非常重视吸收别人的研究成果，但没有停留在重复别人的观点上，而是深入发掘原始材料，勇于创新，努力从实质上把握左宗棠在甘肃的活动。以前由于片面的阶级观念影响，人们对同治中兴的三位名臣曾国藩、李鸿章、左宗棠的历史作用持全盘否定的态度，这是不科学的。最近，又走向了另一个极端，大做翻案文章，过分肯定乃至任意拔高他们的历史作用，这同样是不科学的。作者对左宗棠在西北的活动做了具体的考察，不因他的功绩而掩藏其错误，也不以其错误而随意抹杀他的历史贡献："收复新疆是左宗棠的一大功劳，镇压陕甘回民起义却是左宗棠的最大罪过，说左宗棠是为收复新疆而镇压陕甘回民起义是为左宗棠开脱，是以功掩过；同样，也不能以过掩功，左宗棠虽然镇压陕甘回民起义有罪，但他对开发与振兴甘肃经济社会有功。即功是功，过是过，评价功过是非应客观公正，不能随意取舍，功过相掩，这才是实事求是的态度。"

正是以这种实事求是的态度从事研究和撰述，才使得《左宗棠在甘肃》持论公允。如分析左宗棠为经营西北而借外债之举，历来人们以借外债为其败绩，但作者认为，"仅从其借债为维护西北边防、开发西北而言，其爱国性质是显而易见的"。因此，从事情的轻重缓急来分析，左宗棠举借外债有值得肯定的地方。近代中国的核心任务是救亡图存，凡是有利于巩固边防、维护全民族利益的行为都应当予以肯定，所以该书在依据大量的材料剖析了左宗棠整饬甘肃吏治活动后，提出了自己的认识："他重视廉政建设，客观上有利于社会的进步和当地经济的发展，尤其是他重视边疆地区的廉政建设，更有巩固边省、抵御外侮的爱国主义的一面，是应该予以充分肯定的。"历史是爱国心的源泉，发掘左宗棠治陇活动的爱国主义精神，对于我们搞好甘肃现代化建设无疑是有积极作用的。

历史上的一切杰出人物，都是时代的产儿，同时，他们又以不同的作为回报自己的时代。左宗棠生逢晚清大乱之际，危难之际受命管辖甘肃，他以自己的勤勉和智慧"引得春风度玉关"，为近代甘肃的发展做出了贡献，对于我们今天西部大开发具有重要的启发意义。《左宗棠在甘肃》一书特别注意对左宗棠开发甘肃的现实借鉴意义的总结，在最后一章《左宗棠治理与开发甘肃的经验和教训》中，作者不惜笔墨，认真总结左宗棠治理与开发甘肃的历史意义、宝贵经验、深刻教训以及对西部大开发的历史启示。作者认为，左宗棠开发甘肃有成就也有许多不足，但我们不能苛求古人，还是应当看到他对甘肃历史发展所起到的积极作用，"左宗棠对甘肃和西北开发与建设是初步的，低层次的，并有某些不足之处。但这是近代开发甘肃和西北的开端，在不少方面为继续对甘肃与西北的开发奠定了初步的基础"。《左宗棠在甘肃》注意深化学术研究与服务社会实践相结合，因此，它的社会现实意义也得到了凸现。

是为序。

田　澍

2005 年 8 月于西北师大

目　录

导论

左宗棠在中国近代史上是一位非常重要但又颇有争议的人物。他举办洋务事业、推行社会改革、一举收复新疆，功勋卓著；他参与镇压太平天国起义、捻军起义、西北回民起义，罪责难逃。左宗棠一生的活动内容是多方面的，活动范围遍及大江南北、塞外关内，但他在甘肃与西北的活动无疑在其一生中占有重要位置，对其一生评价影响大，对后世影响也大。

一、左宗棠在甘肃活动的概况

1. 活动内容与地域

左宗棠从 1869 年奉调进入甘肃到 1880 年离开西北，主要从事的活动有镇压陕甘回民起义，在甘肃举办洋务事业，系统地对甘肃的政治军事、经济社会、文化教育、生态环境进行治理与建设，收复新疆，奏请新疆建省，等等，内容非常丰富。

左宗棠在西北的活动虽遍及陕西、甘肃、青海、宁夏、新疆等五省区，但其治理与开发活动大多集中在甘肃进行。对于这一点，秦翰才早已有所认识："依清代政制，陕西设有巡抚，本省政治，应由巡抚主持；

文襄公虽为陕甘总督，不应多所干预。新疆则收复不久，文襄公即去任，又不及多所顾及。故文襄公对于西北政治，尽心力较多的，只限于甘肃。"① 而当时的甘肃，还包括了宁夏和青海的西宁府（主要是青海东部的河湟地区），以及新疆的镇迪道（即巴里坤地区和乌鲁木齐地区）。需要说明的是，新疆镇迪道虽归驻节兰州的陕甘总督统辖，但在左宗棠到西北之前，实际上长期由乌鲁木齐都统掌控，甘肃鞭长莫及；新疆收复之后不久又建省了，自成系统。所以本书名为《左宗棠在甘肃》，主要是指左宗棠在甘、宁、青三省的活动②。

2. 对左宗棠在甘肃活动的评价

如何评价左宗棠镇压陕甘回民起义，是研究左宗棠在甘肃活动时必须首先面对的一个重要问题。镇压陕甘回民起义是左宗棠一生最大的罪过之一，应予彻底的否定。但由于甘肃多民族省份的特殊性与特别的历史现实环境，使一切与左宗棠有关的研究都须要十分慎重，以尊重广大回族同胞的感情与感受。为了解决好这一问题，本书在第二部分叙述左宗棠镇压甘肃回民起义和对回族群众的善后安置时，对左宗棠所犯的罪过进行了充分的分析与揭露。

此外，截取左宗棠在甘肃的活动作为研究对象，不仅在左宗棠评价与研究方面有其典型性与重要意义，而且对近代甘肃地方史的研究也具有重要价值。晚清时代的甘肃，虽早已设省，且已地处腹地，但仍被清王朝看做边地，行政设施侧重于军事管理，经济文化建设至为荒疏。加上深处内陆、交通阻塞、吏治腐朽、经济凋敝，鸦片战争前后盛行于东南沿海地区的近代资本主义经济的新因素在甘肃几乎近于无，且传统的农业与手工业亦大大落后于内地的其他省区。左宗棠为安定社会、恢复当地生产与生活秩序，进行了一系列的改革。改革的主要内容：在甘肃

---

① 秦翰才：《左文襄公在西北》，商务印书馆，1947 年，第 222 页。
② 笔者在行文中如果没有特别指出，所说的"甘肃"即指甘肃、宁夏、青海三省区。

兴办洋务——创办兰州机器制造局、甘肃机器织呢局、用凿井开河机器治理泾河等推进甘肃早期近代化的活动，恢复和发展甘肃固有农牧业、手工业以及振兴甘肃传统文化教育事业。这些活动构成了近代开发西北的第一次热潮的主要内容。虽然此后在清末新政和抗战前夕，由于民族危机的加深，晚清政府和国民政府相继发起过两次开发西北的热潮，但就治理与开发西北的影响和深度而言，都没有超过左宗棠的规模与程度。因此，从侧重于治理开发西北的角度来看待左宗棠在甘肃的活动，可以说他在经济、社会、文化、环境保护等方面的做法，显现了他作为近代洋务派巨擘所应有的远见卓识。从这一点来说，左宗棠是我国封建社会末期颇有作为的政治家和改革家，是具有强烈责任感的爱国者。左宗棠注定是一个不容易被历史忘记的人物，当西北边陲的国防安全受到威胁的时候，人们会记起他；当西北需要开发建设的时候，人们会记起他。这正是我有勇气研究左宗棠在甘肃活动的力量之源。

二、对研究状况的回顾

在诸多研究左宗棠西北事功的著述中，由秦翰才完成于抗日烽火年代的《左文襄公在西北》一书，具有学术奠基与开山之作的地位。在此书问世之前，以往史家对于左宗棠的事功并没有全面的记述，不是偏重于记载左宗棠的武功，如美国史学家W. L. 贝尔斯著的《左宗棠：旧中国的军事家和政治家》[①]，就是偏重于记载左宗棠的洋务事业，如陈其田所写的《左宗棠——中国现代造船厂和毛纺厂的开拓者》[②]，更有一些是官样列传、别传、小传以及一些荒诞不经、错误众多的小说。且主

---

① （美）W. L. 贝尔斯：《左宗棠：旧中国的军事家和政治家》，上海凯利公司，1937年。
② 陈其田：《左宗棠——中国现代造船厂和毛纺厂的开拓者》（英文），北平，1938年。

要对左宗棠的一生进行论述，甚少专论其在西北事迹的著作。基于此，秦翰才在《左文襄公在西北》一书中，不仅主要写了左宗棠在西北的军事活动，更论述了其在西北的财政措施、民政措施、经济措施、教育措施。在以上每一个方面，作者条分缕析，评价甚详。如"民政措施"一节下，既论述了左宗棠的用人之道和整饬吏治、振作政风，也论述了荒政、禁烟和其他惠民之政。在"经济措施"一节下，不仅介绍了传统开发西北的举措如兴修水利、振兴农牧蚕桑，而且介绍了近代甘肃出现的新的经济因素即甘肃洋务运动的几项举措：左宗棠办甘肃织呢总局，用机械治理泾河，筹办祁连山机器采金（这些加上在"军事设施"一节下介绍的洋务军事工业——甘肃制造局的创办情况，就是洋务运动在西北的主要内容了）。对甘肃洋务活动的介绍，是秦翰才"有意为之"，说明了他的史识。该书资料占有之详尽、问题研究之系统、观点提炼之深邃，令人敬佩与叹服。但也宥于时代之局限，有难以遮掩的缺陷，如称陕甘回民起义为"叛回"、采用资产阶级史学观等。该书只限于研究左宗棠在西北的活动，这既是其缺陷，也是其特点。这本书不仅是左宗棠研究和表述左宗棠在西北事功的经典著作，也是重要的研究资料集。

卢凤阁撰《左文襄征西史略》[①]，系统扼要地记述了左宗棠督师"西征"，特别是收复新疆的全过程；戴慕贞的《左宗棠评传》[②] 和张振佩的《左宗棠》[③] 两书，重点也摆在以上方面。这里需要指出的是，在这一时期，由于国家政权尚为国民党所掌握，他们敌视人民革命，并在抗日战争结束后，发动全面内战，而当时中国共产党领导的革命中心陕甘宁边区，恰恰处在左宗棠长期活动过的大西北地区，因而，少数关于"边政"和经营西北的论著，又间或含有反共的内容。它们借古讽今，含沙射影地表示，要像当年左宗棠镇压陕甘回民起义那样，来对付中国

---

① 卢凤阁：《左文襄征西史略》，陆军大学民国36年印行。
② 戴慕贞：《左宗棠评传》，重庆文化服务社，民国32年。
③ 张振佩：《左宗棠》，中华书局，民国37年。

共产党领导的人民民主革命,这显然是荒谬的。

中华人民共和国建立后,直到 1978 年十一届三中全会以前,约 30 年间,由于存在把阶级斗争绝对化的倾向和历史虚无主义思想,学术界对左宗棠的评价是否定的或基本否定的,研究的人员较少,发表、出版的论著也不多,其间又经历了一段曲折的道路。新中国成立初,1951、1952 年,东方书社先后出版了马霄石著的《西北回族革命史》① 和郭应德著的《维吾尔史略》②。这两本书大体上都认为:阿古柏在新疆的活动,是一次"革命运动"和"民族解放运动";而左宗棠督师西征,收复新疆,则是"不义战争"。特别是马著,将左宗棠作了这样的概括,"左宗棠是执行着满清封建思想的专制政策;依靠着帝国主义垄断资本家的侵略帮助,去实现大民族主义的大屠杀的大汉奸",由此引发了一场关于阿古柏政权性质的讨论。通过讨论,多数人改变了对阿古柏政权的认识。在此基础上,1955 年,范文澜在其《中国近代史》上册修订本中,对阿古柏政权和左宗棠西征收复新疆,作了新的评述:"阿古柏是侵入者,是英国侵略者的工具,是土耳其国王的臣仆,是新疆人民的公敌";左宗棠出兵新疆,"在击败阿古柏这一点上,阻遏了英国及其附庸土耳其的侵略野心,挽救了祖国的一部分疆土和一部分人民,这个功绩是不可抹煞的";在这一点上,他同曾国藩、李鸿章"应有所区别"。然而,在总体评价上,该书仍认为:"左宗棠是极端反动的屠夫","他出兵新疆,虎狼般杀害南北疆人民,同在关内一样,对人民犯了极大的罪行"③,结论仍然是基本否定的。1957 年,崔继恩在《史学月刊》第 7 期上,发表了《左宗棠述评》一文,这是新中国成立后第一篇全面评述左宗棠的文章,也大体上持范著同一观点。文中认为:左宗棠率军扑灭阿古柏政权,"实际上也就阻止了英国变新疆为殖民地的阴谋";他在新

① 东方书社,1951 年。
② 东方书社,1952 年。
③ 人民出版社,1955 年。

疆的开发，"对新疆社会前进，起了推动的作用"；但是，他镇压人民起义，犯有"严重罪行"，不能肯定他"是爱国主义者"①。这些研究主要立足于对左宗棠的评价与定性，对其治理与开发甘肃涉猎较少。稍后，在十年动乱——"文化大革命"期间，由于"左"的思潮极端发展，"批"字当头，左宗棠又在横扫之列，全盘否定，使研究者们不敢问津，造成左宗棠研究与左宗棠在西北活动研究的十年空白。

十一届三中全会以后，随着拨乱反正、解放思想、实事求是精神的发扬，"百花齐放、百家争鸣"方针的进一步贯彻，左宗棠研究迅速出现了复苏的局面，并推向前所未有的高潮。研究者队伍逐步壮大，成果空前增多，争鸣气氛较浓，研究的广度和深度也不断有所拓展。截至2000年即20世纪末，22年间，先后发表论文290余篇，出版专著10部②。这些论著，与前一时期不同，除了大都对左宗棠作了肯定的或基本肯定的评价以外，特别是突出宣扬左宗棠的爱国主义思想，高度评价他收复新疆的历史功绩，以及他举办"洋务"的爱国、进步作用。其中，杜经国著的《左宗棠与新疆》③，系统地记述了左宗棠收复新疆、建设新疆的全过程和历史功绩，但在地域上仅限于新疆。

董蔡时著的《左宗棠评传》④，杨东梁著的《左宗棠评传》⑤，王天奖著的《左宗棠评传》⑥，注重于对左宗棠的总体评价，对其在西北活动的记述与研究均较为简约。左宗棠的后裔左景伊著的《左宗棠传》⑦，写得很有特色，高度赞誉左宗棠为"民族英雄"，但对左宗棠在甘肃与西北的活动的记述，只占了全书七十章中的二十章左右，且未作深入探讨。

---

① 崔继恩：《左宗棠述评》，《史学月刊》1957年第7期。
② 刘泱泱：《左宗棠平议》，《长沙电力学院学报（社会科学版）》2003年第2期。
③ 新疆人民出版社，1983年。
④ 中国社会科学出版社，1984年。
⑤ 湖南人民出版社，1985年。
⑥ 河南教育出版社，1990年。
⑦ 长春出版社，1994年；华夏出版社，1997年。

最近出版的一本有关左宗棠的传记是沈传经、刘泱泱合著的《左宗棠传论》①，该书不仅使用了一些新资料，而且传论结合、层次分明、内容全面、研究深入，是近年来少见的一部好的左宗棠传记。书中对左宗棠在西北的军事活动与经济社会政策作了深入细致的研究，尤其对左宗棠创办西北机器工业的成绩与贡献，深钻细研，令人敬佩。但并未系统对左宗棠在甘肃的活动进行全面的记述。

在近年来出版的西北地方史著中，以丁焕章主编《甘肃近现代史》②对甘肃回民起义发生原因、失败原由的探讨最系统也最具权威性，对左宗棠治理甘肃经济社会的措施与兰州"二局"的举办，亦有相当篇幅的论述。新近出版的《宁夏通史》（近代卷）③和《青海通史》④，主要记述了左宗棠镇压当地回族、撒拉族起义的经过，对左宗棠在本省的开发与建设活动记述与研究较少。

专题研究近代西北开发的专著，以魏永理等著《中国西北近代开发史》⑤为代表，该书是目前近代西北开发研究中最系统、最全面的研究成果。其中在相关各章节，对左宗棠开发西北的思想、政策，从水利、工业、贸易、交通、文教等方面作了论述。内容涉及较广，但深度仍嫌不足，尤其没有把左宗棠对甘肃与西北的开发作为一个专题进行深入系统的探讨。

专门研究左宗棠在甘肃兴办洋务工业的论文有李守武的《洋务运动在兰州——兰州机器织呢厂历史调查报告》⑥，主要论述了兰州机器织呢局办厂的历史。此类研究论文，以20世纪80年代发表最为集中，代

---

① 四川大学出版社，2002年。

② 甘肃人民出版社，1989年。

③ 陈育宁主编：《宁夏通史》（近代部分），宁夏人民出版社，1993年。

④ 崔永红、张得祖、杜常顺主编：《青海通史》，青海人民出版社，1999年。

⑤ 甘肃人民出版社，1993年。

⑥ 李守武等：《洋务运动在兰州——兰州机器织呢厂历史调查报告》，《甘肃师大学报》1959年第1期。

表性的有林隆的《中国第一个机器毛纺织工厂是怎样创办起来的?》①,杜经国、张建昌《左宗棠在甘肃经营的洋务事业》②,魏丽英的《左宗棠与甘肃近代机器工业的开端》③,石泰的《左宗棠经营西北农业问题述评》④,张克非、杜经国《左宗棠在西北的有关经济政策对兰州机器织呢局的影响》⑤ 等,主要研究左宗棠在甘肃举办洋务工业、恢复农业生产的贡献与得失。研究也达到了一定的深度,但可惜没有继续下去。

总之,检视近五十余年的研究成果,迄今尚无一部用历史唯物主义与辩证唯物主义观点专门论述左宗棠治理与开发甘肃的著述。这种空缺给我一种呼唤,加上受省内一些前辈学者的鼓励、指点,我便跃跃欲试了。具体做法是先列出提纲,然后分撰论文,三四年的时间累计发表论文三十余篇,使本书粗具规模。全书共分十个部分。第一、二部分简要介绍了左宗棠度陇之前的主要活动和镇压甘肃回民起义的过程,以此作为全书的开篇与铺垫。后九部分则分别从左宗棠与甘肃吏治的整饬、军制的改革、基础设施的建设、农业经济的恢复、机器工业的创办、经济社会环境的整治、文教事业的兴办、生态环境的治理、经验教训的总结等几方面,对左宗棠在甘肃的活动进行了比较全面的探讨与总结。另附"大事记"作为了解左宗棠在甘肃活动内容的记年表。本书致力于在以下几个方面有所建树:

第一,在体例上,力求形成以治理与开发甘肃为重心的研究建构,力图揭示左宗棠治理与开发甘肃的程度与概貌。

第二,在内容上,分门别类,对左宗棠治理与开发甘肃的诸多领域从思想、政策、成效等方面,进行较为深入细致的梳理,力图进行理论

---

① 林隆:《中国第一个机器毛纺织工厂是怎样创办起来的?》,《兰州大学学报》1983 年第 3 期。

② 杜经国、张建昌:《左宗棠在甘肃经营的洋务事业》,《兰州大学学报》1981 年第 2 期。

③ 魏丽英:《左宗棠与甘肃近代机器工业的开端》,甘肃《社会科学》1984 年第 4 期。

④ 石泰:《左宗棠经营西北农业问题述评》,甘肃《社会科学》1984 年第 4 期。

⑤ 张克非、杜经国:《左宗棠在西北的有关经济政策对兰州机器织呢局的影响》,《西北民族研究》1986 年第 1 期。

化、系统化的分析，得出较为可信的结论。

第三，部分章节，如左宗棠对甘肃水利的建设、甘肃生态环境的治理、对开发甘肃经验教训的总结等内容，是作者近年辛勤研究的结晶，对当今西部大开发及甘肃区域经济的发展具有重要的借鉴意义。

由于本书不是为左宗棠立传，对其一生进行评价，而是重点研究左宗棠治理与开发甘肃的贡献，因而在写作中，军事与经济社会等方面的内容均有涉猎，但侧重于经济社会活动的研究。特别需要指出的是，虽然左宗棠对甘肃的开发是其事功的重要方面，但左宗棠在甘肃办的事情很多，贡献是多方面的，不只限于开发活动。由于本书是在整合各专题研究论文的基础上形成的，较多地注意了各专题内部的逻辑联系与时空次序，总体上没有以时间递进为纲目进行写作，所以本书更像是一个专题研究文集，每章分开来可以单独成文。有些问题，比如左宗棠在甘肃兴修水利、栽种护路树、推行桑蚕业、推广植棉等，因有多重功效，在研究时，不同章节从不同的角度都有涉及，看似重复，实则不然，这正说明左宗棠治理与开发甘肃的许多项目具有综合效益。左宗棠的某些治理与开发政策，其活动重心虽在甘肃，但有时也推及新疆。研究时，虽主要着眼于甘肃，但也不能不提及新疆，因为不如此，就无法了解该项政策的全貌或看出在两地的差异，从而更好地看清左宗棠对甘肃的治理是否产生效果。

三、研究方法与资料的运用

1. 研究思路与方法

就研究思路而言，本课题运用历史唯物主义与辩证唯物主义观点，系统研究论述了左宗棠自 1869 年到甘肃至 1880 年离开西北止的十二年间，在政治、军事、经济、文化教育、环境保护等方面所从事活动的思想与政策、经验与教训、政绩与影响等，剪影式反映洋务运动中前期甘肃的社会历史风貌、经济文化状况与民族宗教、生态环境等问题的截面与片段，深层揭示左宗棠开发甘肃的必要性与迫切性，描绘其开发甘肃的宝贵成就，探索其开发西北的轨迹与规律。

就研究方法而言，本书主要采用传统的史料论证的方法，即尽量搜集历史文献与档案史料等较可靠的第一手资料，进行分析考证，以探求历史的真相。有的地方采用历史地理学甚至计量史学的研究方法。当然，在现今的学术研究中，各学科间的交叉渗透趋势日益明显，学术创新需要借助多种思维视角与研究方法。具体到本课题，由于研究涉及政治、军事、经济、民族、社会、生态环境等诸多领域，还要适时适当地吸收其他社会科学，诸如政治学、经济学、民族学、宗教学、社会史学等学科的成果与方法，来加强本课题的研究。

2. 资料的运用

在基础资料的运用上，《左宗棠全集》是本课题研究的核心资料。研究中，采用了刘泱泱先生主编的目前收录文稿最全的《左宗棠全集》（共十五册）[①]。其他基础资料有白寿彝主编《回民起义》（三、四）[②]，张灏主编《中国近代开发西北文论选》（上、下册）[③]，中国近代史资料丛刊《洋务运动》[④]，孙毓棠编《中国近代工业史资料》（第一辑上、下）[⑤]，李文治编《中国近代农业史资料（1840—1911）》[⑥]，钱基博著

---

① 岳麓书社，1996年。
② 神州国光社，1952年。
③ 兰州大学出版社，1987年。
④ 上海人民出版社，1981年。
⑤ 科学出版社，1957年。
⑥ 三联书店，1957年。

《近百年湖南学风》①，马长寿著《同治年间陕西回民起义历史调查记录》②，袁林著《西北灾荒史》③，曹树基著《中国人口史（清时期）》（第五卷）④，刘锦藻编《清朝续文献通考》⑤，《清实录·文宗实录·穆宗实录·德宗实录》⑥，奕䜣等编《钦定平定陕甘新疆回匪方略》⑦，《清史稿·列传》⑧，《曾国藩全集》（共三十册）⑨，朱孔彰著《中兴将帅传》⑩，《湘军志·湘军志平议·续湘军志》⑪，王定安著《湘军记》⑫，张集馨著《道咸宦海见闻录》⑬，慕寿祺著《甘宁青史略》⑭，等等。在基础资料上要超越前人，显然是有难度的。以《左宗棠全集》为例，尽管最新版的全集收录了许多散遗的奏稿、书信、批札（其中不少就是秦翰才辑录的）等，但要超过像秦翰才这样的前代学者，仍是很不容易的。因为秦翰才不仅使用已出版的萃文堂本《左文襄公全集》，而且他自己还广泛收集与搜求散佚于各处的左宗棠的各类手迹，在当时就已占有了较为丰富的左氏遗稿。因此要想在左宗棠有关西北活动的研究方面有所突破，在资料的使用上，应从以下几个方面入手：

第一，在地方史资料上寻求突破。广泛地搜罗秦翰才尚未使用过的各类方志，在这点上，应该感谢中国西北文献丛书编辑委员会所做的工

---

① 中国人民大学出版社，2004 年。
② 陕西人民出版社，1993 年。
③ 甘肃人民出版社，1994 年。
④ 复旦大学出版社，2001 年。
⑤ 浙江古籍出版社，2000 年。
⑥ 中华书局，1987 年影印本。
⑦ 中国书店，1985 年影印本。
⑧ 中华书局，1977 年。
⑨ 岳麓书社，1995 年。
⑩ 岳麓书社，1983 年。
⑪ 岳麓书社，1983 年。
⑫ 岳麓书社，1983 年。
⑬ 中华书局，1981 年。
⑭ 中国西北文献丛书（第九十六册第二一、二二卷），兰州古籍书店影印，1990 年。

作。他们编辑的《西北文献丛书》① 当中，收录了大量的同光以来编纂的各级各类方志，还有诸多平时稀见的相关文献。另如中国公共图书馆古籍文献珍本汇刊，《中国西北稀见方志》② 中，也有一些可供使用的方志，如光绪《泾州乡土志》，光绪《陇西县志》，光绪《陇西分县武阳志》，光绪《肃州新志稿》，光绪《合水县志》等。另外，也要注意搜罗散见于地方上的一些重要资料，比如由经历过当时历史事件的惠登甲著的《庆防记略》③，对研究当时陇东的社会历史，就很有价值。

第二，在档案资料上寻突破。直接与左宗棠治理甘肃有关的档案资料很少见，但可以找到许多间接的档案资料，比如，在甘肃档案馆可以查阅民国时期甘肃各级政府保护"左公柳"的相关档案资料。

第三，广泛收集近人的游陇行记、日记、考察报告、新闻通讯等。由甘肃人民出版社于 2002 年和 2004 年印行的"西北行记丛萃"系列丛书，已出两辑，其中诸如冯焌光著《西行日记》，裴景福著《河海昆仑录》，陶保廉著《辛卯侍行记》，阔普通武著《湟中行记》，袁大化著《抚新纪程》，林鹏侠著《西北行》，陈赓雅著《西北视察记》，高良佐著《西北随轺记》等书，可供参考。

第四，参考近年来海内外出版的有关研究左宗棠的论著，从中既可以搜求珍贵的资料，又可以收集研究信息，汲取研究经验，开阔眼界，拓展思路，从整体上提升本课题的研究层次。

---

① 兰州古籍书店影印，1990 年。
② 中华全国图书馆文献缩微复制中心，1994 年。
③ 庆阳县志编纂委员会，1986 年内部刊印。

一、左宗棠来甘之前的活动简介

左宗棠在晚清"中兴名臣"中是颇具特色的一位，就其一生的成就与功业而言，可谓大器晚成。然而一个人的事业，与其所处的时代、所受的教育、个人的性情及阅历关系非常大。这如同搞建筑一样，没有坚实的基础、完备的材料及精心的施工，难以期望有坚固大厦的矗立。如果把左宗棠的一生以 1860 年随同曾国藩襄办军务为界分为前后两个时期，则其前期正是为他后期建立功勋奠定基础的时期。下面从时代与士林风气、师友渊源、学问和阅历等几个方面，谈一谈左宗棠前期的主要活动。

（一）左宗棠的师友、学识和经历

左宗棠 1812 年（清嘉庆十七年）出生于湖南省湘阴县。他出生与成长的年代，正是清王朝由盛转衰之时。这表现为"孕育和蓄积于上一世纪的种种社会矛盾，在这个时候已经成为人口、财政、武备、吏治的种种难题。人心在变，士风也在变。民间的揭竿造反与士大夫的经世议论，表现了朝野皆为忧患所苦"①。值得注意的是伴此时代之新特点，

---

① 陈旭麓：《近代中国社会的新陈代谢》，上海人民出版社，1992 年，第 37 页。

士林风气也出现了重大变化。正如有人所概括的那样，"清治至道光而报敝，清学至道光而始变"。①

1. 时代风气

中国传统的士人，从来都是把读书做学问和治国平天下联系在一起的。因为对于士人、读书人而言，最佳的出路就是"学而优则仕"。从本质上说，"经世致用"从来就是读书人的传统精神，即"君子为学，明道经世"。但秦汉以来，由于封建统治大一统的需要，迫于政治的高压，读书做学问与经世致用的联系被割裂了，结果"吾儒之学，以经世为宗，一变训诂，再变词艺，而儒名存实亡矣"②。所以，历代盛衰循环之际，士人中每每出现返本求源的经世思想。

在"康乾盛世"时代，清朝统治者出于稳固政权的需要，采取高压与怀柔并用的政策。读书人为"文字狱"所苦，投向故纸堆，不敢面对现实，士林风气一片死寂。当清王朝由盛转衰之时，统治者被长期蕴积的矛盾所纠缠，对整个国家的控制能力大大削弱了。面对统治者无所措手的严重形势，那些极为关心国家命运和"世情民瘼"的有识之士，开始发出不满现实而要求变革的呼声，进而演进成一股经世思潮，并成为当时的士林风气。自此，士林出现了学术与政治，即做学问与解决现实问题相联系的新动向。他们逐步摆脱宋学空谈性理和汉学繁琐考据的学风，走上了讽议时政的道路，力求联系实际，以期解决实际问题。英国军舰的炮声，打掉了天朝的威仪；《南京条约》的签订，扫尽了"上国"的灵光，也惊醒了时人，更多的读书人开始把读书做学问与关注国家命运联系起来，推动了经世思潮的发展。

---

① 钱基博、李肖：《近百年湖南学风·湘学略》，岳麓书社，1985年，第6页。
② 转引自萧一山《曾国藩传》（海南国际新闻出版中心，1994年）第26页。

2. 湖湘文化

就历史和地理环境而言，湖南历史上一直是个经济文化落后之地。即使到清代的道光年间，它在全国各省中仍属不发达省份，地位无足轻重。王闿运说它"财赋全盛时，才敌苏、松一大县。院司之选，在直省下等"①。语虽简略，但情形却属实。湖南在地理上"北阻大江，南薄五岭，西接黔蜀，群苗所萃……重山叠岭，滩河峻激，而舟车不易为交通"，造成了它"风气锢塞，常不为中原人文所沾被"。不过同时也造就了其地"民性多流于倔强"，而能够"有独立自由之思想，有坚强不磨之志节。湛深古学而能自辟蹊径，不为古学所囿。义以淑群，行必厉己"，"风气自创，能别于中原人物以独立"② 的特点。

湖南有两个名气很大的书院，"皆肇自宋代"，一个是岳麓书院，另一个是城南书院。清代乾嘉以来，这两大书院的几代山长都讲习宋学，注重实用，对后来培育和形成湖南独特的学术风气起了很大的作用。

这种地理环境和人文状况，造成湖南学术风气的两个显著特点：一是程朱理学一直居于统治地位；一是注重经世致用。首先是理学对湖南的思想学术影响很深，无论是心学、实学的变迁，还是清代汉学的兴起，都对湖南士林影响甚微。乾嘉以来汉学风行海内，"而湖湘尤依先正传述，以义理、经济为精闳，见有言字体、音义者，恒戒以逐末遗本。传教生徒，辄屏去汉唐诸儒书，务以程朱为宗"③。湖南士人习理学者多，习汉学者少。再者，无论治理学或者治汉学，都注重探讨有用之学、研究社会实际问题。湖南士林这一学术传统，适逢清学道光的转折，由是遂开一代风气。

---

① 王闿运、郭振墉、朱德裳：《湘军志·湘军志平议·续湘军志》，岳麓书社，1983 年，第 1 页。
② 钱基博、李肖聃：《近百年湖南学风·湘学略》，岳麓书社，1985 年，第 1 页。
③ 罗汝怀：《绿漪草堂文集》，光绪九年版，首卷，第 5 页。转引自朱东安著《曾国藩传》（四川人民出版社，1985 年）第 4～6 页。

3. 师友渊源

就在左宗棠成长的关键时期，遇到了当时几位极力讲求有用之学的有识之士，这些师友对他一生的学问事业影响很大。

首先是贺熙龄（字庶农，湖南长沙人）、贺长龄（字耦耕）兄弟二人。左宗棠二十岁到长沙城南书院读书时，贺熙龄"以侍御家居，主讲席"。贺乃"宿学名儒，其教诸生，诱以义理经世之学，不专重制艺帖括"，对左宗棠很是赏识。左宗棠在给友人信中称："稍长，从贺侍御师游，寻绎汉宋儒先遗书，讲求实行。"① 后来左宗棠更有"十年从学"之语，可见贺熙龄对他的影响之大。

当时贺熙龄的哥哥贺长龄正丁忧在籍，一经引见，居然推认左宗棠为"国士"，两人交往频繁。左宗棠常向贺长龄借书，阅毕则互相交流心得，考订得失。他在后来忆及此事时说："臣弱冠时颇好读书，苦贫乏无买书资。贺长龄居忧长沙，发所藏官私图书，借臣披览。每向取书册，贺长龄必亲自梯楼取书，数数登降，不以为烦。还书时必问其所得，互相考订，孜孜斸斸，无稍倦厌，其诱掖末学，与人为善之诚，大率类此。尝言天下方有乏才之叹，幸无苟且小就，自限其成。至今每一思及，犹耿耿于怀，不能自释。"② 而贺长龄正是经世致用之学主要文献《皇朝经世文编》的主编。

其次，对左宗棠有较大影响的是林则徐和陶澍。林、陶是当时很有政声的封疆大吏，读书为官者多目之为楷模。他们敢于正视现实，对清王朝的衰退之势有清醒认识，对种种弊端深为不满，极力讲求经世致用之学，企图通过对政治及农政、河工、漕运、盐政、币制诸务的整顿与变革来挽救已呈衰相的清王朝。左宗棠在渌江书院做山长时，以联语得到当时路过此地的两江总督陶澍的召见，"一见目为奇才，纵古论今，

---

① 罗正钧：《左宗棠年谱》，岳麓书社，1983年，第8页。
② 《左宗棠年谱》，第8页。

为留一宿"①。此后交往较多。林则徐当时因在广东抗英禁烟而遭贬，在士人中影响颇大。左宗棠虽只在林则徐由云南引疾还闽途中在长沙见过一面，但对他的政治见解、思想作风、治事态度则由衷钦佩。近人秦翰才在其所著《左文襄公在西北》一书中评说陶与林二人对左宗棠的影响时道："文襄公一生景仰陶、林二公，以后一切设施，可说很模仿这两人。他在平定陕甘后，变更建置，控制形势，便是则徐在云南处理回事的善后办法；在新疆开渠和教民司蚕缫丝，也便是追踪则徐在伊犁的往事；在两江积极举办河工，发动导淮入海，推行改引为票的盐政，也都是依仿陶、林二公的规模。"② 这正是对这一渊源的生动描述。

除林则徐外，左宗棠对魏源也尤为心仪，目之为既袭承湖南经世学风，又极力倡导并发扬此风而开"清学之变"的第一人。他对魏源感于海警，以激励后人振作精神，效法祖先而著的《圣武记》深为赞叹："默翁《圣武记》序次有法，于地道、兵形较若列眉，诚著作方也。后四卷附武事余记，其谈掌故，令人听之忘倦。"③ 而对贺长龄主持下由魏源所编的《皇朝经世文编》这一"三湘学人，诵习成风"，对经世学风有重大影响的重要文献，也是认真研读，勤加批注，深受其影响。

另一位对左宗棠后期成就功业关系甚重的人物是他的好友，也是中兴名臣的胡林翼。二人同庚，两家父亲又是好友，交往甚密。诚如胡林翼所言："林翼之先人与先生之先人交最厚，林翼与先生风雨连床，彻夜谈古今大政，前后十余年。"④ 这是一方面。另外，后来太平军兴，胡林翼任湖北巡抚，荐左宗棠入张亮基幕，互相前后援引提挈，为湘军稳固后方，供应补给，共同对付太平军，使之尽展才能与抱负。后左宗棠涉"樊燮案"，多赖胡林翼从中斡旋，多方运动营救，才免遭不测。而左宗棠的受赏识与得重用，也正因为胡林翼联合曾国藩竭力举荐。左

---

① 《左宗棠年谱》，第15页。

② 《左文襄公在西北》，第8页。

③ 转引自杨东梁著《左宗棠评传》（湖南人民出版社，1985年）第21页。

④ 《左宗棠年谱》，第22页。

宗棠得以由举人擢为疆吏，胡林翼的鼎力推举之功不可没。

此外，还有郭嵩焘、郭昆焘兄弟。郭嵩焘，字伯琛，号筠仙，历官翰林院编修、苏松粮储道、两淮盐运史、署广东巡抚，后出任驻英、法公使。其弟昆焘，字仲毅，号意诚，举人，长期居湖南抚幕，后由国子监助教晋内阁中书。郭氏兄弟与左宗棠同是湘阴人（郭家住城关西门），彼此从小相识，时相过从。太平军入湖南，他们共同避居湘东青山，可谓患难与共。稍后，郭氏兄弟又共同努力，敦劝左宗棠出山。左宗棠先后入居张亮基、骆秉章幕府，郭昆焘一直是与左宗棠协力共事的幕友。而身居北京、入值南书房的郭嵩焘，则在左宗棠因樊燮京控案处于危难之际，给予了很大的支持。只是后来左宗棠与郭嵩焘的关系出现裂缝，"凶终隙末"。这些，都是后话了。

4. 学问与志趣

社会思潮由于时代的需要而喷涌，加以有识之士的推波助澜，成了激荡一时的士林风尚。左宗棠生逢其时，又处在倡导这一风尚的中心之地湖南，追随当时极力推求经世之学的人为师友，所以其学问便深受经世思潮的浸染。

左宗棠在少年时期，随其祖父、父亲读书，走的是追求科名之途，但他并没有把精力集中于猎取"功名"的制艺上，而偏好"有用"之书。十八岁那年，有一次从书铺购得一部顾祖禹的《读史方舆纪要》，如获至宝，"潜心玩索，喜其所载山川险要，战守机宜，了如指掌"。后来又读了顾炎武的《天下郡国利病书》和齐召南的《水道提纲》，"于可见之施行者，另编存录之"。这是他读有用之书的开始。虽然"见者笑以为无用，公为之益勤"[1]，以后积累成他学问的一个主要部分，即地理之学。第二次参加会试失败后，居住岳丈周家，"肇事方舆家言"[2]，

---

[1] 《左宗棠年谱》，第7页。
[2] 《左宗棠年谱》，第12页。

研究地理，绘制全国各省地图。第三次会试再罢，对他求功名的信心打击颇大，开始表示出对功名之途的失望与淡漠，转而更加倾注极大兴趣于地理之学。抄《畿辅通志》、《西域图志》，各省通志，按山川、关隘、驿道远近，分门别类，订成数十册。在从事舆地图说过程中，除绘成各代地图外，更把山川、道里、疆域沿革和历代军事的关系，逐一考订说明。后来在陶家教书时，又利用陶家藏书，考订他自绘地图之误。鸦片战争发生后，他"凡唐宋以来史传别录说部及国朝志乘记官私各书有关涉海国故事者，每涉历及之，粗悉梗概"①。由于他一直关注并悉心研究地理之学，于中国地理非常熟悉，以后军事上屡建功业，实在有赖于此。

1839年第三次会试落榜后，开始留意农事，并"拟长为农夫没世，于农书探讨颇勤"②。因受贺长龄的影响与启发，对"区田"问题颇为注意，作成《广区田图说》，"指陈其利"③，亲自在柳庄试验他的区田方法。对于种桑、养蚕、种茶、种竹诸艺，亦实地实践。还悉心遍阅历代讲农事诸书，分门别类抄录，计划编写一部《补存阁农书》，"以诏农圃"④。在农学上的理论与实践，可说是左宗棠讲求经世之学的特殊而又重要的一部分，这些学问在他后期规复陕甘及新疆的农业生产中得到了体现。历史表明，左宗棠40岁前所习的这些"有用之学"，在他往后30余年的历史活动中，确实发挥了应有的作用。

5. 两度幕湘

清王朝内外交困的形势，驱使有识之士于有用之学中探求挽救之法。他们既恨当权者无所措手，又叹自己英雄无用武之地，但既然时当

---

① 《左宗棠年谱》，第20页。
② 《左宗棠全集·书信》（卷三），第299页。
③ 《左宗棠年谱》，第16页。
④ 《左宗棠年谱》，第23页。

数千年来未有之变局，它必将为经世之才提供用武之地。1851年太平天国起义的发生，为左宗棠等人安邦卫道的渴求提供了机遇，自四十一岁至四十八岁间的八年幕府生涯，便是他经邦济世学问的大见习阶段。

左宗棠第一次幕湘（1852年10月至1853年2月）和幕鄂（1853年3月至1853年10月），都是在巡抚张亮基幕中度过的。时间总计整整一年，这是他初展身手的一年。一年来的活动，既是他早期所获学识的初步的和部分的运用，也为他以后有所作为积累了经验，增长了信心。所以，1853年夏击退由河南南下湖北的太平军之后，他在给陶桄的信中颇为得意和自负地说："仆自去年佐制军平浏阳土匪，解长沙重围，今年平通城、广济土匪，剿此股贼匪，颇有阅历。然其实亦只与平昔所论相合，尚有见到而未能行者。若朝廷与制军以钦差大臣剿贼，吾与岷樵佐之，老贼（指太平军）何遂猖狂至此！"① 同时，左宗棠在张亮基幕府的作为，还进一步扩大了他的影响，因而不久又有被礼聘。

左宗棠第二次幕湘时间近六年之久（1854年4月至1860年1月）。由于他所表现的才能和施展的作为，越来越受到巡抚骆秉章的信任和倚重。后来他在答郭嵩焘的信中写道："骆文忠（骆秉章谥号文忠）初犹未能尽信，一年以后，但主画诺，行文书，不复检校。"② 在当年的家书中，他说得更明白：入幕后，"中丞（骆秉章）推诚委心，军事一以付托，所计画无不立从，一切公文画诺而已，绝不检校。"左宗棠是位恃才傲物、敢于任事的人，"遇事有不可者，必力陈之"，但骆"不以为忤"。对于左及其同僚们的敢于任事，有些妒忌心重的人曾造谣挑拨，说什么"幕友当权，捐班用命"；骆则明白予以辩护驳斥，认为他们所办的事，都是"本官裁决定夺而后施行"的，"至人才量能器使，本无科甲、捐班之分，则又不足言也"③。甚至还有这样的传说：有一天，

①《左宗棠全集·书信》（卷一），第90页。
②《左宗棠全集·书信》（卷三），第779页。
③《骆文忠公奏稿》卷六，第38页。

骆闻见辕门炮响，顾问何事？左右答："左师爷发军报折。"骆点头说："盍取折稿一阅！"由于这样，"惟时楚人皆戏称左公曰'左都御史'，盖以骆公官衔不过左副都御史，而左公权尚过之也"①。这当然不无渲染之处，但骆对左的倚任之专和左的权势之盛却是事实。所以，后来王闿运在《湘军志》中写道："巡抚专听左宗棠，宗棠以此权重，司道、州县承风如不及矣"；"骆秉章委事左宗棠，湖南诸将伺宗棠喜怒为轻重"②。《湘军志》作者王定安则总括地说："骆秉章专听左宗棠，吏事、军事，咨而后行。宗棠毅然任劳怨，谤议颇起，然未尝稍自卸。秉章自度才智不逮，信之弥坚。时论以宗棠善谋，秉章善任，两贤之。"③

　　由于左宗棠卓越的学识才能，又由于骆秉章的高度信任，放手使用，加上任职时间较长，左宗棠在第二次幕湘期间，确实施展了一番作为，取得了巨大的成功。《左文襄公在西北》一书的作者秦翰才曾经概括地说：左宗棠在此差不多 6 年的时间里，"他帮助骆秉章的策略，只有八个字：'外援五省，内清四境。'"④ 这个概括主要是就军事方面而言，也就是左宗棠自己所说的"自军兴以来，内固疆圉，外救邻封"。而在经济、政治方面，我们还可以补充两句话："筹饷备械，整饬吏治。"总之，实践考验了他的学识与能力，也丰富了他的政治实践经验，历史给他提供了契机，他有备而来，抓住了这个机会，从而历史也承认了它所需要的人物。诚如有人所评说的那样："八年的幕府生活，是左宗棠生平事业发展中的一个重要阶段。如果说，左宗棠早期的四十年，是他生长壮大，积累学识，接触社会，因而成为往后事业发展的准备阶段；那么，幕府时期的八年，则是他生平事业发展的一个重要发端，是

---

① 薛福成：《庸盦笔记》卷二，《骆文忠公遗爱》，江苏人民出版社，1983 年，第 37 页。
② 见《湘军志三种》第 8、51 页。
③ 王定安：《湘军记》，岳麓书社，1983 年，第 17 页。《左文襄公在西北》，第 17 页。
④ 《左文襄公在西北》，第 17 页。

他开始登上政治舞台的转折阶段。"① 的确，左宗棠正是以区区一幕客，以他的实力获得"国家不可一日无湖南，而湖南不可一日无宗棠"② 的声望，并成为一名封疆大吏的。从此开始了他的创建功业之路。

（二）来甘之前的主要军事与政治活动

如果说，左宗棠在幕府时期，还是"八年戎幕坐啸，未克亲履行间"③ 的话；那么，此后六年，他则是驰骋疆场，直接参与镇压太平天国起义了。在这个过程中，太平天国起义虽然继续有些局部的胜利，但总的来说处于衰败阶段；左宗棠的地位则迅速上升，先是随同曾国藩襄办军务，继而巡抚浙江，最后总督闽浙，在镇压太平天国起义中发挥了越来越大的作用。左宗棠在这一阶段所做的事有两项：一是襄办江南军务与进军江西皖南；二是攻陷杭州与镇压福建太平军余部。左宗棠直接参与镇压太平天国起义，已是太平天国起义的后期，由于两军长期拉踞厮杀，特别是由于官军的蹂躏，所至赣、皖、浙、闽、粤各地，早已成为"糜烂"之局。但左宗棠比一般昏庸顽劣的官僚们高明和有远见的地方在于他清醒地看到，人民的反抗是由政治腐败、经济凋敝所造成的。因而他师行所到之处，较为注意纪律；在战时和战后都十分重视赈济抚恤工作，恢复和发展生产；同时，大力整饬吏治、革除弊政，提倡和奖励文化教育事业。他在浙江和福建的时间较长，在这些方面的作为也较为突出。由于本书主要研究左宗棠在甘肃的活动，这些方面只略微提及，不再做详细介绍。

---

① 刘泱泱：《左宗棠在幕府时期》，湖南师大文史研究所编《左宗棠研究学术讨论会论文集》，1987 年内部印行，第 66 页。
② 《左宗棠年谱》，第 70 页。
③ 《左宗棠全集·书信》（卷一），第 385 页。

（三）左宗棠的主要洋务活动

左宗棠参与洋务运动 20 余年之久，颇多建树。虽然他不像曾国藩那样在洋务运动中起过创始人和奠基者的作用，也不如李鸿章那样全面完整地经历了洋务运动的全过程，但他在近代化建设的某些方面，如造船、纺织（特别是毛纺织业）、水利、文化教育和创建近代海军等方面所起的开拓作用，却是不可否认的。由于左宗棠在来甘肃以前和离开甘肃以后都从事过洋务活动，且本书将重点介绍左宗棠在甘肃举办的洋务事业，为了更好地了解其在洋务运动中的地位和贡献，下面就左宗棠一生参与洋务活动的主要阶段、内容及突出特点，略作评介。

1. 左宗棠兴办洋务事业的内容与阶段划分

左宗棠一生所从事的洋务事业与他政治职位的变迁有着密切的关系，而其在每个时期所举办的洋务活动的内容，也具有因时制宜和因地制宜的明显特色，大体上可划分为三个阶段。

第一阶段是担任闽浙总督时期（1863—1867），主要活动有创建福州船政局和福州船政学堂。左氏从事洋务活动，推动中国近代化是从造船开始的，而造船思想起源于鸦片战争。1840 年，当英国以其坚船利炮发动鸦片战争时，他就提出"造炮船火船"[1] 这个问题。1864 年，他在杭州把试制的蒸汽轮船放在西湖中试航；又和法人日意格与海疆官绅屡谋造船，最后乃在 1866 年 6 月正式向清政府提出设厂造船的奏折。这个设厂造船方案的酝酿与筹划过程，正如他自己所说："思之十余年，诹之洋人，谋之海疆官绅者，又已三载。"[2] 从而把造船思想转化为实践活动，创办了福州船政局。为了迅速办好该厂，他不走由工场手工业

[1] 《左宗棠全集·书信》（卷一），第 16 页。
[2] 《左宗棠全集·书信》（卷一），第 719 页。

向机器工业缓慢发展的道路，而向法国购买机器，雇聘工程技术人员。在马尾迅速建成我国第一个近代造船的综合企业，使中国造船业由旧式木质风帆船一跃而成为近代机器动力船。这是中国造船业的转折点。

在创办福州船政局时，左氏深感中西科技的巨大差距和学习西方先进技术的重要性。因此，他在购置机器，雇聘外国工程技术人员时，特别重视引进和学习西方先进科学技术。他说，福州船政局"所重在造西洋机器以成轮船，俾中国得转相授受，为永远之利"。故在设厂造船时设立"求是堂艺局"，后称船政学堂，"延致熟习中外语言文字洋师，教习英法两国语言文字、算法、画法"。并明确规定："设学造未能尽洋技之奇，即能造轮船不能自作船主曲尽驾驶之法"①，就不能算是完成任务。他的目的是，"造轮船，非为造轮船也，欲尽其制造驾驶之术耳"②。在他同日意格所订的合同中，亦把"开设学堂教习英法语言文字、造船、算法及一切船主之学，能自监造驾驶"③ 作为主要任务。这正反映了左宗棠重视学习科学技术和注重开办学堂，以求迅速掌握该门技术，力图自立自强的正确的思想。1866 年 12 月，船政局破土动工兴建时，"求是堂艺局"就已招收学生，暂以城内白塔寺和城外定光寺等处开学。求是堂分学习法文制船和学习英文驾驶两个部分，后称前后学堂，是我国最早的近代工业（制船）和军事（海军）专门学校。可见，左宗棠创办的"求是堂艺局"是中国最先以学习西方先进科学技术为主要目的的近代学堂，是中国旧式的封建传统教育走向近代化的真正起点之一。

第二阶段是在担任陕甘总督时期（1867—1880），在西安、兰州、阿克苏设立制造局和兰州、库车火药局。通过这些活动，将在福州船政局的单一军用造船，发展到制造枪炮、弹药等多种军用产品，并因制造

---

①　中国近代史资料丛刊：《洋务运动》（五），上海人民出版社，1961 年，第 24 页。
②　中国近代史资料丛刊：《洋务运动》（五），上海人民出版社，1961 年，第 28 页。
③　中国近代史资料丛刊：《洋务运动》（五），上海人民出版社，1961 年，第 43 页。

纺织机器和抽水机，将军用工业推向民用工业，成为西北工业近代化的
开端。其中，特别是甘肃织呢局的创办，具有更重要的作用和意义。因
为创办近代纺织业，虽是李鸿章在 1875 年最先提出的，但上海机器织
布局于 1880 年成立后，在 1890 年才部分投产，而甘肃织呢局提出虽晚
一些，可在 1880 年 9 月正式开工生产。因此，它使我国传统手工纺织
业最先发展成为近代机器纺织业，更是我国毛纺织业近代化的起点。与
此同时，左宗棠还在肃州等地用机器探矿，试采金矿，由近代工业迈向
矿业。此外，左氏在治理泾河时采用开河凿井机器，开了中国近代用机
器治河之先声。他将甘肃织呢局的呢绒直接投入市场销售，成为商品生
产，使资本主义性质大为增长，他还从肃州官办采矿中认识到"官开之
弊防不胜防，又不若包商开办，耗费少而获利多"。他提出"官办开其
先而商办承其后"的正确主张。这种主张是左氏长期强调官办的国家资
本主义的经济体制，越过当时的官督商办的民族资本主义的重大发展。
当时，他要乌鲁木齐铁厂"招工筹造"，要"招商办理，乃期便利"，并
说："一经官办，则利少弊多。"他对金河采金亦说"听民自采"，对库
尔勒铁矿亦准商民"自行垫发成本"[1] 试办。可见，他在 19 世纪 70 年
代任陕甘总督时举办的洋务工业的内容比 60 年代要更广泛，并有新的
发展。这部分将在第七章做专门的论述。

　　第三个阶段是任两江总督和督办福建军务时期（1880—1885）。如
果说他任陕甘总督时所从事洋务事业具有承上启下的特点的话，那么，
他在这一时期所从事的洋务活动则具有向纵深化发展的特点。主要内
容有：

　　一是支持与发展原有洋务企业。如派习制造懂洋务的潘露、聂缉规
为江南制造总局、金陵机器局总理或会办，加强对原有企业的领导和管
理。对轮船招商局的营运水脚"按里匀摊"，"运费较多，水脚亦需增

---

[1] 《左宗棠全集·札件》，第 455 页。

益"①。更重要的是，他在加强江海防务时，让福州船政局代造开济、镜清、寰泰等铁肋双层快轮，不仅使船政局所造轮船与当时向英德购买船舰比较，"似尚足以相埒"，造船技术向前提高一步。同时，船政局因此出现三船并造，"船台鼎峙，合此而三"② 的繁荣兴旺的可喜局面。

二是军用工业向民用工矿、交通、轻工业的广泛发展。左宗棠允许兴办规模较大的工矿、交通和轻工业。如1882年，他准许胡恩燮开采徐州利国驿煤铁矿，认为"集资试采，延矿师巴尔勘识，复购觅机器"，"似有把握"，"应准开采"③。1884年，对池州煤铁局，除原开煤铁外，准许商董"加招股本"，"兼采铜铅"④。驾设电线是通信近代化的重要内容，当英国要将上海水路电线引向陆路时，左宗棠要盛宣怀招商筹资架设长江至汉口陆路电线，并派干员协助，"以期得力，而免贻误"⑤。随后，他于1885年的奏折里提出："铁路宜仿造"。他认为铁路关系到国内的商务军事，"一经造成，民因而富，国因而强，人物因而倍盛，有利无害"。并主张先修清江浦至通州的铁路。至于"推广西北一路，尤为日后必然之势"。⑥ 这显示他看到铁路的重要性，且不乏远见。在轻工业方面，他于1885年2月提出派熟知糖务的人员赴美参观，"购小厂机器，兼雇洋匠工数名来华"，先在福建试办糖务，"著有成效，既先扩充，不惟内地各口，可以一律照办，台湾产蔗尤多，军务一平，即须加意仿办"⑦。这是中国近代发展机器制糖工业的最早设想。

三是进一步推行官倡商办，促进民族资本主义经济的发展。左氏在倡导兴办民用工矿交通各业时，无不采用官倡商办的经营体制。如胡恩燮招商集股兴办徐州利国煤铁矿，左氏不主张像一般的官督商办那样派

---

① 《左宗棠全集·奏稿》（卷八），第279页。
② 中国近代史资料丛刊：《洋务运动》（二），第676页。
③ 《左宗棠全集·札件》，第495页。
④ 《左宗棠全集·奏稿》（卷八），第408页。
⑤ 《左宗棠全集·奏稿》（卷八），第352页。
⑥ 《左宗棠全集·奏稿》（卷八），第595页。
⑦ 《左宗棠全集·奏稿》（卷八），第539页。

总办、会办总督其事，而是主张局务应"由总办主持"，"概照买卖常规"① 办理。池州煤铁局试采铜铅，亦由商董"加招股本，试行开办"。架设长江电线，亦系"招商集资，购料兴工"②。兴修清江浦至通州铁路，亦是"由官招商试办"③。兴办闽台糖务更是官倡商办的典型。他从借款内提银购机雇匠设厂后指出："认官经商，可暂而不可久。如官倡其利，民必羡之，有得实之户，不搭洋股，呈资入股者，应准承课充商。官本既还，止收税课，不必派员管厂。"④ 可见，这一时期左宗棠无论是在思想上还是在行动上，都有了很大的发展变化，标志着左氏洋务思想的日趋完善。

2. 左宗棠兴办洋务活动的特点

纵观左氏在前述三个阶段中的洋务活动，有四个方面的特点：

第一，左氏在倡导引进和学习西方科技时，突出了独立自主的立场。左宗棠主张造船和创设福州船政局，为的就是要自立自强，"御外侮"，"敌洋商"，反对帝国主义军事侵略；他创办甘肃织呢局也是为了打破外国毛纺织品对国内市场的控制和垄断。因此，在兴办洋务工业时，他特别强调了独立自主地学习西方先进科技的重要性。他认为，"自强之道，宜求诸己，不可求诸人。"他主张轮船应图自造，"既能造船，必期能自驾驶"⑤。学习外国技术，力求中国人能自行掌握，灵活运用。经营企业，宜图自主，少用洋人，待本国技术增长起来后，可分期辞退解雇洋匠，以免因过分依靠外国人而反受其牵制，力图依靠自己的力量达到"自强"的目的。这种思想是极为宝贵的，在洋务派中也比较突出，值得肯定。

---

① 《左宗棠全集·札件》，第495页。
② 《左宗棠全集·奏稿》（卷八），第352页。
③ 《左宗棠全集·奏稿》（卷八），第595页。
④ 《左宗棠全集·奏稿》（卷八），第540页。
⑤ 《左宗棠全集·书信》（卷一），第712页。

第二，突出了自强御侮的目的。左氏办洋务具有强烈的自强御侮的性质。当英国以其坚船利炮发动鸦片战争时，左氏认为"及时熟筹通变之方，持久之策"，就把"造炮船火船"作为"制敌"要策的重要内容，以求"海上屹然有金汤之固"①。随后，他根据林则徐、魏源的"师夷长技以制夷"的思想，一直把造船作为御侮良策。1866年，他奏请设厂造船，亦是因国外船舰横冲直撞，直达天津，"无足当之"。他在《复陈筹议洋务事宜折》中，更以外国在第二次鸦片战争后，"不夺不餍"，"借端要挟"，"若纵横海上，御有轮船，我方无之"，故要"习造轮船，兼习驾驶"②，以防外国侵略。后来，他在西北创办兰州制造局亦是如此。故在1875年为魏源《海国图志》再版作序时说"同、光年间，福建设局造轮船，陇中用华匠制枪炮"，"此魏子所谓师其长技以制之也"③。左氏造坚船利炮，不仅"可以制海寇"，而且要"各海口船炮罗列"，"处处铜墙铁壁，以守则固，以战则克，尚何外侮之足虑乎?"④目标就是要抵御外强的侵凌。而且，洋务派兴办军事工业，确实也在一点程度上增强了中国的国防力量。当时就凭借部分装备自制枪炮，取得了收复新疆的胜利和中法战争清军在陆路战场上的镇南关、谅山大捷。这当中，无疑有左宗棠的一份功劳。

第三，突出了在边远地区兴办洋务事业的特点。持续近三十年的洋务运动，主要分布在沿海沿江地区。左宗棠担任陕甘总督以后，把新兴的洋务工业推进到了边远落后的西北地区。创办了西安、兰州、阿克苏制造局和兰州、库车火药局等军工企业和兰州机器织呢局等民用企业，使古老的西北地区第一次响起了轰轰隆隆的机器声。从而扩大了洋务运动的范围，使洋务运动具有了全国性的规模。而且，左宗棠在西北办洋务是在为收复新疆而进行军事斗争的战争过程中进行的。西北的地理、

---

① 《左宗棠全集·书信》（卷一），第16页。
② 《左宗棠全集·奏稿》（卷三），第69页。
③ 《左宗棠全集·家书·诗文》，第257页。
④ 《左宗棠全集·札件》，第606页。

气候、物产条件较差，交通特别不便，与沿海相距遥远，办洋务的难度较大；加上左氏已年近七旬，体衰多病，终日忙于战事，没有多少精力为近代化操劳。因此，他在较为困难的条件下推进洋务事业实属难能可贵，而近代化成就如此显著，则更应另眼看待了。

第四，突出了坚决贯彻"中体西用"方针的某些局限性。左氏深受传统文化的熏陶，能力强，个性亦强。加上长期处于偏远闭塞地区，其洋务思想表现在"中体西用"上，就是采用西方科学技术方面大胆坚决，维护中体上亦毫不含糊。而且，他采用西方科学技术，推进中国近代化，着眼于反对外国侵略，并且有一个发展变化的过程。如1867年11月向总理衙门提出修约意见时，对架电线、修铁路、设行栈、驶轮船、开矿山等，认为"安设地方或防民间出入，或近田畴，或近坟墓，必非民情所愿"，"于商无益，徒招民怨"，"断难允从"①。1879年，他在上总理衙门书中仍说："铁路电线本由泰西商贾兢利起见，各岛族遂用以行军，一似舍此别无制胜之具者，实则生计赢绌，兵事之利纯不在乎此。"② 因为要反侵略，不仅说这些举措有防民间风俗，甚至说铁路电线于商无益，这显然是不正确的。直到1885年7月的《复陈海防应办事宜请专设海防全政大臣折》中，他才说电报、轮船，特别是铁路关系商务军事，"一经告成，民因而富，国因而强，人物因而倍盛，有利无害"③。这才对这些近代科技作用给以客观的评论。另外，左氏虽然采西学，制洋器，并在《艺学说贴》里，主张将艺学特开一科。但他又认为："不能离道而言艺"，应有"本末轻重之分"④，而且，他将农作为本，将农以外事业视为末。强调农业的重要性有其正确性，若说以农为本，比西方工商立国重要，这不仅过分强调了中体的作用，而且这种认识也大大落后于当时世界工商立国的主流发展趋势。这些都应该给以

① 《左宗棠全集·书信》（卷二），第59～60页。
② 《左宗棠全集·书信》（卷三），第466页。
③ 《左宗棠全集·奏稿》（卷八），第595页。
④ 《左宗棠全集·札件》，第606页。

客观公正的批判与总结。

左氏在洋务运动中的成就与局限并存，他兴办洋务的丰硕成果和显明的特色，给中国近代化的进程增色不少，值得后人铭记。

二、左宗棠出任陕甘总督

正当左宗棠参与镇压太平天国革命，逐步在东南显现其军政才干，不断得到清王朝提拔重用之际，西北地区却发生了陕甘回民反清起义，起义愈演愈烈，这给素来关注西北事务并有学识储备的左宗棠提供了新的选择机会。

（一）回民起义与西北形势

同治元年（1862 年），陕西发生了回民大起义。当时，太平军陈得才部攻入汉中，陕西回民纷纷响应，起义军以大荔的王阁村和羌白镇为主要据点，控制了渭河两岸，并屡次围攻省城西安。同治二年（1863年），陕西回民起义遭受清军的残酷镇压和咸阳渭城、凤翔府战役的失败之后，分两路先后进入甘肃境内：北路经乾州（今乾县）、邠州（今彬县）、长武，驻扎在甘肃固原、华亭一带；南路由凤翔经汧阳、陇州，活动在清水、张家川等地。陕西回民起义进入甘肃境内后，引发甘肃回民掀起反清起义的浪潮，回民起义军相继攻占了固原、平凉、狄道、宁夏、灵州等城。起义迅速向西北各地扩展。同治五年（1866 年）春，固原等地数万陕西回民起义军因粮食短缺，纷纷弃城挈眷，大举返陕。在清军的阻截下，没有能够实现返回关中的愿望。同年六、七、八月，陕西回民起义军在陕甘边境华亭县的上关、下关、尖骨山及马峡口一带，受到清军的堵截阻击以后，大部遂经平凉、泾州向庆阳府转移，集结在董志原，号称董志原十八营。随着斗争的发展，甘肃回民起义相继形成四股较大的势力：宁夏金积堡马化龙部；甘肃河州（今临夏一带）马占鳌部；青海西宁马文义部；甘肃肃州（今酒泉一带）马文禄部。清政府先后派胜保、多隆阿前往镇压，均未奏效。继派杨岳斌围剿，也以失败告终。胜保被革职拿问，解京议罪；多隆阿被起义军毙命；杨岳斌托病辞职。北方一时形成了"捻自南而北，千有余里，回自西而东，亦千有余里"的"捻回合势"① 的局面，出现了西北各族人民反清斗争的高潮。

1864 年，新疆地区的回族、维吾尔族人民，在陕甘地区回民反清斗争影响下，发动武装反清，占领了库车、乌鲁木齐、喀什噶尔等许多地方。在此过程中，各地的封建主控制了武装起事的领导权，他们实行封建割据，有的甚至还进行叛国分裂活动。喀什噶尔的封建主为壮大力量，遣人赴浩罕汗国（今乌兹别克共和国境内）请求援助。浩罕汗国统治者派其部下陆军司令阿古柏搜罗一批武装力量，于 1865 年初自中亚入侵南疆。阿古柏侵入后，先后攻取了英吉沙尔、疏勒、沙车、和田、阿克苏、库车等天山南路各城。于 1867 年宣布成立"哲德沙尔"政权（意为七城之汗国），自称"毕条勒特"（意为洪福之王）。1870 年，阿古柏的势力又延伸到北疆，占领了乌鲁木齐和吐鲁番等地。阿古柏政权对新疆各族人民进行野蛮压迫和恣意搜括，新疆人民苦不堪言。

在英国、沙俄假手阿古柏染指新疆期间，出现了更加复杂的局面。1871 年 5 月，沙俄直接出兵向伊犁进犯，至 7 月初占领了整个伊犁地区。沙俄把对伊犁的占领说成是"安定边境秩序"，为清政府"代收"。清政府看清了沙俄野心，立即派员进行交涉。但沙俄无理蛮横，多方推诿，甚至以从伊犁继续东进相威吓，拒不归还伊犁。西北边疆危机形势日趋严重。沙俄、英国为争夺新疆，加紧勾结，控制阿古柏，新疆由此

---

① 《左宗棠全集·奏稿》（三），第 511 页。

面临被分割出去的危险。面对西北的严峻形势，清政府改派左宗棠到西北，担负镇压陕甘回民起义与收复新疆的任务。

（二）左宗棠与甘肃回民起义

1. 甘肃回民起义的原因及性质

我国回族在形成过程中，其分布格局呈大分散、小集中的特点。长期以来，甘肃回族与汉族人民错综杂居，为当地经济社会的发展作出了积极的贡献。在数百年的社会交往中，回汉人民之间发生了密切的政治、经济和文化联系。但随着经济社会的发展，受宗教信仰、日常习俗差异的影响，回汉民族之间的纷争时有发生。到甘肃回民起义前夕，回汉之间甚至出现相互械斗和仇杀的事件。这种局面的出现并非偶然，它在当时有着诸多复杂深刻的原因。

第一，经济社会原因。进入清代，历史上汉族和游牧民族的军事对抗已经结束。从17世纪中叶到19世纪中叶的200年间，西北地区处于一个相对稳定的环境之中。清政府沿袭旧制，政区变动不大，人口增长较快，这给西北农业生产的发展提供了有利条件。随着南下西进的汉民不断移入和清政府"降低赋税，摊丁入亩"政策的引导，持续长久的、规模更大的开荒种地活动在这一地区形成。根据《固原州志》的估算：1616年（明万历年间），固原地区（含固原、海原、西吉、彭阳、泾源5县）有耕地68.94万亩，到了1734年（清雍正十二年）耕地已达200万亩。由于农耕业的发展、人头税的取消，该地区人口增长迅速，回族人口也得到了很大的发展①。1781年（乾隆四十六年），陕西巡抚毕沅

---

① 陈育宁：《宁夏通史》，宁夏人民出版社，1993年，第170页。

的奏折就称陕西回民"居住较他省为多",回民多聚堡而居,人口稠密。甘肃、宁夏、青海一带,回民"户口之蕃,亦臻极盛",宁夏"至平凉千余里,尽系回庄"①。至19世纪中叶,回族人口更盛。"盖自乾隆以来,重熙累洽,关陇腹地不睹兵革者近百年。回民以生以息,户口之蕃亦臻极盛。"② 陕西的"蒲、富、临、渭,陕省著名四大县(加上)同州府首邑大荔县,五县犬牙相错,回庄居其大半"③。到乾隆年间,川塬平地的耕作收益已无法满足日益增长的人口需求,政府再次鼓励垦荒,由此诱发了更大规模的开荒浪潮,耕殖由川塬平地推广到坡地,大批林地、草地被毁,植被由原来的宿根性草被和多年生疏林、灌丛为易替性农作物代替,生态日渐脆弱退化。到清代中叶,这一地区的生态环境已步入相当恶化的状态。如固原县,2/3以上森林、草原被拓垦,野生动物锐减,水土流失严重,自然灾害频发④,掠夺式人地关系愈演愈烈。就在人地关系恶化的情况下,西北回汉两族的矛盾不断激化。这表现在:一是回汉两族在经济结构上存在矛盾。回族除务农外,还从事商业和畜牧业。西北汉族人民虽也有将养羊作为家庭副业的传统,但其规模、数量和普遍性都不及回族的家庭畜牧业。回族畜牧业的发展和汉族的农业经济之间以及回汉工商业者之间都存在着一定的矛盾⑤。二是回汉两族发生了争夺土地资源的矛盾。甘肃虽地域辽阔,但在人地关系矛盾激化的情况下,由于耕地资源有限,省内多荒山、沙漠,且易发生旱、虫等灾⑥,因而人口承载能力比较脆弱。而自清初以来,清廷视西北为武备之区,重视军事控制而少经济、文化建设,影响了西北社会经

---

① 丁国勇:《宁夏回族》,宁夏人民出版社,1993年,第18页。

② 白寿彝:《回民起义》(三),上海人民出版社,1952年,第248页。

③ 白寿彝:《回民起义》(四),上海人民出版社,1952年,第216页。

④ 陈忠祥:《宁夏南部回族社区人地关系及可持续发展研究》,《人文地理》2002年第1期,第39~42页。

⑤ 张克非、张二京:《试论同治年间陕西回民起义前夕的回汉民族关系》,冯增烈、李登弟、张志杰:《清代同治年间陕西回民起义研究》,三秦出版社,1990年。

⑥ 丁焕章:《甘肃近现代史》,兰州大学出版社,1989年,第22页。

济的发展。随着人口的持续增加，人均耕地占有量明显不足。如甘肃，据统计，咸丰元年（1851 年）人口为 1544 万人，耕地 235366 顷①，人均不足 1.46 亩。这使得回汉两族对土地的争夺日益加剧，并自然而然地带上了民族色彩。

第二，民族宗教原因。回族经济社会的发展，为宗教门宦制度的兴起提供了物质基础。它的出现和发展，使原来分散的、互不统属的教坊联系起来，组合为以门宦教主为首的宗教政治体系。宗教组织的职能和权力随之发生了根本变化：它通过宗教组织体系（教主—热依斯—基层阿訇）自上而下地贯穿到所属的各个角落，从而使回族社会的宗教力量、政治力量乃至经济力量通过门宦制度得到了凝聚和强化。这种新的因素的出现——即由于与伊斯兰教天然密不可分的联系之特殊性，回族社会内部出现了要求自我管理以维护本民族利益的倾向，使新的矛盾不可避免地出现。一是与既定的统治秩序发生矛盾。清政府当然不允许在大一统的高度集权的政治体系框架内生发出自我管理的意向。哪怕这种意向很模糊，统治者总是极为敏感的。以镇压苏四十三事件和石峰堡起义为契机，清廷改变了对甘肃回族（宗教）的政策，总的走向是从宽容转到严厉打击和限制。这一政策给甘肃回族造成了很大的政治压力，又刺激了回族对现存政治秩序不满情绪的普遍增长。二是回族内部各门宦为争夺主导地位出现了竞争和矛盾。三是回族社会的内在要求与汉民族已有的民族社会结构存在着排斥和矛盾②。这使甘肃地区的政局和回汉关系日渐复杂。

第三，清政府"护汉抑回"政策的影响。清政府在处理回汉民族关系时，实行"护汉抑回"的政策，导致回族民众对汉族的不满和怨恨日积月累，不断增长。如"汉民和回民打官司的时候，裁决很少对回民持

---

① 李文治：《中国近代农业史资料（1840—1911）》，三联书店，1957 年，第 17 页。

② 霍维洮：《西北回族自治斗争的起源》，《宁夏社会科学》，1994 年第 4 期。

平正态度，汉族官员本人有偏见，满族官员又通常左祖汉民"①；"向来地方官偏袒汉民，凡争讼斗殴，无论曲直，皆抑压回民。汉民复凌众欺恃，不知回性桀骜，亿万同心，日积月长，仇恨滋深。"② 清政府为何实行"护汉抑回"政策？仅仅归结为歧视是不够的，应进行一些深层的分析：一是清朝统治者对回族及其宗教有一种先入为主的偏见。清朝统治者对伊斯兰教缺乏了解，刚入关便遭遇米喇印、丁国栋起义，乾隆后期又有苏四十三事件和石峰堡起义，这无疑影响了清廷对回族及其宗教的评价。二是自入关以后，满族统治者很快接受了儒家伦理思想，在文化心理、价值观念上与汉族地主阶级趋于同构。在对待其他民族和宗教思想时，往往站在大汉族主义和儒家伦理的立场，进一步说，在看待回族和伊斯兰教时，满汉地主阶级都基于同样的心态、价值观念和思维方式。三是各级地方官吏中，汉族地主无疑占有绝对的多数，而地方官吏的施政活动又往往需要依赖当地的乡绅。因此，对需要依赖于汉族地主阶级丰富的统治经验和文化意识形态，以便稳固自身统治的清廷来说，汉族官吏的言论具有很大的影响力，不管它是否明确地意识到这一点。

第四，宗教习俗的差异，导致回汉两族常常因细微小事发生冲突与忿争。宗教信仰不同带来的日常习俗的差异，常因互不理解而造成回汉两族的互相歧视。如陕甘总督孟乔芳上奏顺治称："（回回）从来叵测，与百姓同城居住，习俗不一，终为疑二。"③ 雍正二年（1724 年）又有人上奏称"回民不分大小建，不论闰月，以三百六十日为一年，私某日为岁首，群相庆贺。平日皆戴白帽，设立礼拜、清真等寺，妄立把斋名目，违制惑众。应请严行禁革，恪守典章，违者照律定拟。如地方官容隐，督抚徇庇，亦一并议处"④。"回回教门异于中国者，不供佛，不祭神，不拜尸，所尊敬者惟一天宇……见中国人（即汉人——引者）修斋

---

① ［美］费正清：《剑桥中国晚清史》（下），中国社会科学出版社，1985 年，第 242 页。
② 张集馨：《道咸宦海见闻录》，中华书局，1981 年，第 241 页。
③ 《军机处录副·民族类·回族项》，故宫档案馆藏，1809—2。
④ 国立故宫博物院：《宫中档雍正朝奏折》，第三辑，国立故宫博物院 1984 年，第 177 页。

设醮则笑之。"① 有人称伊斯兰教是一种所谓"不敬天地，不祀神祇，不奉正朔，不依节序，另定宗主，自为岁年，党羽众盛，济恶害民"的"左道"，诬指"斋月"时早起封斋活动是"夜聚明散"，定性为"回回谋叛"，要朝廷强制回族"概令出教，毁其礼拜寺"②。在雍正七年，陕西总督岳钟琪也上奏说陕西回族使他"念之，实怀隐虑"③，而汉族则对回族的"日用猪肉，指为禁忌，而椎牛共飨，恣其贪饕，人家看馔，绝不入口，而宰割物类另有密咒，身故之日，寸丝不挂，举殡之时，空棺撤底"等种种习俗视为"诞妄实甚"④。这些日常习俗的歧异日积月累，很容易形成彼此之间一种固执的偏见。这种偏见往往被清政府和回汉上层所利用，成为挑动回汉两族关系紧张的重要因素。

总之，由于种种原因，甘肃地区的回汉民族关系日渐复杂。1862年，回民反抗斗争首先在关中渭南爆发。由于地主团练大肆屠杀，致使回民起义迅速向西蔓延。受陕西回民起义的影响，甘肃与陕西毗邻的陇东、宁夏首先发生起义。而在其他地区，起义发生的直接原因不尽相同：河州起义的导火线是洮河争渡事件，西宁起义则由教争转化而来，肃州起义则因为古浪大靖堡民团屠回和甘州之驱逐回族，致"肃回知公家之不容己也，始谋叛"⑤。但大体上都在前述几个原因影响范围之内。不管甘肃各地回民起义发生的原因多么复杂，起义活动多么分散，但当起义一旦发生，在面对地主团练与清军的围剿时，出于民族与宗教的同一性，他们大多能团结一致，共同对敌，奋力抗争，其行动具有争取民族生存权利和维护民族利益的性质（参阅本章末附录）。

陕甘回民大起义持续了十余年的时间，给西北的社会经济与回汉两

---

① 杨怀中：《伊斯兰教在我国传播发展中的特点》，《甘肃民族研究》1990年第4期。
② 国立故宫博物院：《宫中档雍正朝奏折》，第三辑，国立故宫博物院1984年，第177页。
③ 国立故宫博物院：《宫中档雍正朝奏折》，第十二辑，国立故宫博物院1984年，第694页。
④ 国立故宫博物院：《宫中档雍正朝奏折》，第三辑，国立故宫博物院1984年，第177页。
⑤ 慕寿祺：《甘宁青史略》，影印本，1990年，（21卷），第6页。

族人民的生命财产带来了巨大损失。劫难后，地方残破，人民大量死亡，遗留下来的人流离失所。回汉两族人民是这场劫难的真正受害者。回汉人民用惨痛的代价促使后来者进行反思：回汉民族关系为何走到令人痛心的这一步？甘肃是一个多民族聚居的地区，民族、宗教、教派关系错综复杂。陕甘回民大起义提供给我们的启示是：要在民族地区实行民族平等政策，尊重少数民族的宗教信仰与习俗，平等交往，共同发展，这样才能保障西北经济发展、社会进步、各民族人民幸福安康。

2. 左宗棠镇压甘肃回民起义的策略及步骤

同治五年（1866 年），陕甘回民起义进入高潮。清政府在陕甘的统治陷入了一片混乱。陕甘总督杨岳斌困守兰州，发出了计穷力竭的哀叹："现在河狄之贼扰于南，平固之贼扰于东，宁灵之贼扰于北，凉肃之贼扰于西，几于剿不胜剿、防不胜防。"① 七八月以后，形势更加严重，杨岳斌于无可奈何之中上书清廷"仰恳天恩另简能员接替办理，使甘事早有转机"②。正是在这种情况下，清廷发出了"上谕"："左宗棠威望素著，熟娴韬略，于军务地方均能措置裕如，因特授为陕甘总督，以期迅扫回氛，绥靖边围……"③ 左宗棠刚刚接到任命，陕甘局势又发生了重大的变化。这年十月，张宗禹率领的西捻军突入陕西，在坝桥大败清军。眼看捻回合势将成，陕甘领兵大员乱成一团，纷纷奏请"催左宗棠统兵赴甘"。清政府慌忙授予左宗棠督办陕甘军务的大权，旋又授给钦差大臣关防，使其全权从事镇压西北回民起义的活动。

（1）制定策略。同治五年（1866 年）年底，左宗棠集军政财权于一身，于十一月起身赴任，十二月下旬抵达武昌，一方面驻军汉口"筹办入关事宜"；另一面即向清廷提出了处理陕甘问题"先捻后回"、"先

---

① 《平定关陇纪略》，《回民起义》（三），第 329 页。
② 《钦定平定陕甘新疆回匪方略》，卷 139。
③ 《钦定平定陕甘新疆回匪方略》，卷 139。

秦后陇"的战略总构想："方今所患者，捻匪回逆耳。以地形论，中原为主，关陇为轻；以平贼论，剿捻宜急，剿回宜缓；以用兵次第论，欲靖西陲必先清腹地，然后客军无后顾之忧，饷道可免中梗之患。"基于这样一个对形势的分析，他提出了具体的用兵计划："甘省回多于汉，兰州虽是省会，形势孑然孤立，非驻重兵不能守，驻重兵则由东分剿，各路之兵又以分见单……将来臣军入甘，应先分为两支，由东路廓清，各路分别剿抚矣。""是故进兵陕西，必先清关外之贼；进兵甘肃，必先清陕西之贼；驻兵兰州，必先清各路之贼。然后饷路常通，师行无梗，得以一意进剿。"①从这一段话可以看出，左宗棠把西北问题看做一个整体，分三步来解决，即先剿灭捻军，再镇压陕甘回民起义，最后出关收复新疆。次序不同是出于战略考虑，并不是因为左宗棠要实现第三步即收复新疆才剿灭捻军、镇压陕甘回民起义的，剿灭捻军、镇压陕甘回民起义都是左宗棠的既定目标。收复新疆是左宗棠的一大功劳，镇压陕甘回民起义却是左宗棠的最大罪过，说左宗棠是为收复新疆而镇压陕甘回民起义是为左宗棠的罪责开脱，是以功掩过；同样，也不能以过掩功，左宗棠虽然镇压陕甘回民起义有罪，但他对开发与振兴甘肃经济社会有功。即功是功，过是过，评价功过是非应客观公正，不能随意取舍、功过相掩，这才是实事求是的态度。

前述左宗棠制定的这个计划，确实命中了起义军的致命弱点。回民起义军与捻军之间，本来就因指导思想和斗争性质的不同而无法实现真正的联合。可是，捻军一旦失败，陕甘回民起义军势必更加孤立和分散。所以这种"先捻后回"的计划，实在是一种很有针对性的各个击破的策略。为此，他把镇压的矛头先对准捻军。同治六年六月（1867年7月）左宗棠由潼关入陕，年底又追捻出陕，直到同治七年六月（1868年7月），西捻军在惨遭失败之后，他才正式来到陕甘履行清政府交给他的镇压回民起义的使命。这期间将近一年多的时间看起来与镇压回民

----

① 《左宗棠全集·奏稿》（三），第372页。

起义无直接关联，实际上正是他"先捻后回"的实施，正是他镇压回民起义的必要准备阶段。

（2）镇压甘肃回民起义。左宗棠全面展开对陕甘回民起义的镇压是在同治八年（1869 年），这时全国和陕甘的形势已发生了重大转折。一方面，清政府在镇压了太平天国革命后已可腾出手来扑灭陕甘回民反抗的烈火；另一方面是随着全国斗争形势的逆转，陕甘回民起义的高潮已经低落。同治七年（1868 年）年底，陕西回民起义军已退入甘肃或退守陕甘边界，甘肃回民起义的四大据点基本上处于不同程度的"抚局"或自卫阶段。左宗棠就是在这样的情况下开始全面镇压陕甘回民起义的，他为此而确定了一个分路进兵的计划。北路刘松山由绥远、花马池直指灵州金积堡；南路周开锡统陇南诸军由秦州取道巩昌（陇西）进攻河州；中路由左宗棠与刘典督军从陕甘大路入甘。史家多称左宗棠此举为"三路平回"之策。实际上，左宗棠的进军方略绝不是三路齐头并进。他首先是全部逼陕回入甘，然后以北路为主，步步推进；南路是为了巩固秦州，维持饷道，保卫省城，并割断河州与金积堡的联系；中路实则为后路，一面坐中指挥，一面巩固后方。这种在军事上一反过去全面出击的做法，对各自为战的起义军极端不利，再加上此时刘松山已经收编了董福祥的部众为董字三营，"流民土匪"问题基本解决，回民起义军形势更加孤立。

为了实现第一步进兵计划，全部逼陕回入甘，左宗棠镇压回民起义，首先从董志原开始。

董志原地居甘肃东部，隶属于庆阳府，位于蒲河与马莲河之间，南北约 100 里，东西约 80 里，与陕西邠州毗邻，"介居环、庆、泾、原、邠、宁之间，为秦陇要膂"①，历来为兵家必争之地。陕西回民起义军在董志原，按照原来的村社分住各村镇，每支义军的驻营地称为营，共有十八个营地，总称之为十八营。十八营在组织和活动上仍然保留了原

---

① 《左宗棠全集·家书·诗文》，岳麓书社，1996 年，第 141 页。

来的分散性，但各营之间相互协作和共同作战，彼此联系比过去密切，已经形成为一支统一的抗清武装。应该说，陕西回民起义军在董志原期间，是其力量最强盛、指挥最统一的时期。十八营设元帅，指挥作战。其首领即"十八营元帅"计有马正和、白彦虎、余彦禄、崔伟、陈琳、禹得彦、冯君福、马长顺、杨文治、马正刚、马生彦、毕大才、阎兴春、蓝明泰、哈连金、邹保和、张代雨、马维骧等。另外还有赫明堂、孙义宝等为首在固原等地活动的回民军。这些首领人物都是陕西各处回民起义的发动者和组织者。

　　"董志原十八营"控制的范围，大致"北到安化（今庆城县）的驿马关，南到宁州的丘家寨，西到镇原的肖金镇，东到合水县的西华池"。① 驻扎各村镇的详细情况不详，但主要是位于交通要道附近的比较大的村镇或要隘关口，如太昌、焦村、三不同、荔家堡、肖金、董志、西峰镇、什社等。这些地方原先就有堡寨，有的新修了回堡，用作军事据点。肖金镇是其大营（即中心指挥部）所在地。由于回民军多携家带口，举家随军，"故据原四年之久，二十万之众"②。但实际能打仗的精壮人丁不过三四万之数。陕西回民起义军自同治五年九月到董志原，至同治八年三月从董志原"乘夜携眷潜遁"，遭左宗棠大军追袭，占据董志原为根据地达四年之久。他们北与金积堡，西与狄道、河州的甘肃回民起义军相联属，互相声援，互相配合，给陕甘清军以极大的威胁与打击。根据左宗棠的计划：欲平陕甘回民军，"非先攻金积堡不可；而攻金积堡，非宁夏、固原均有劲军夹击不可"③。而其揭幕之战，必非先收复董志原、重创陕西回民军不可。非如此，不能巩固后路，打通进攻金积堡的重要通道。

　　为了打破清军的部署，董志原十八营采取的措施是分路出击、打开

---

① 《左文襄公在西北》，第67页。
② 《左宗棠全集·书信》（卷二），第150页。
③ 《左宗棠全集·书信》（卷二），第150页。

被困局面。同治七年十二月初八日后，董志原十八营回民起义军分路回陕西各地活动：一路向陕西东北路，在鄜州、洛川、延安、甘泉和白水、澄城一带；一路向南，到陕西西南的汧阳、陇州、长武和甘肃的灵台一带。左宗棠虽然派刘端冕、魏光焘和黄鼎等率军分头阻击，但仍不能奏效。他在同治八年正月二十三日的一份奏折中说："董志原回民军虽迭经剿败，凶焰渐衰，而自延、鄜迤南以达汧、陇，贼骑纷纷四出，冒死掠食，几于无日无之。官军非裹粮数日不能尽力穷追，又步骑相悬，常有不及之势。"① 可见回民起义军的攻势十分凌厉，有防不胜防，攻不胜攻之势。但是由于左宗棠前往乾县督师，且所部都是惯于镇压农民起义的正规军，武器精良，因而针对回民起义军采用的战术，左宗棠采取了各路出击、严密封堵、将之压在董志原一线，尤其严堵欲入关中之回民起义军，不令再扰后路的对策。因而"北路、东路、西南路各军且防且剿，无战不克，大挫凶锋"②，使回民起义军于同治八年二月初八日败回董志原。

在左宗棠大军层层围困的重压下，董志原回民起义军先下令"挈眷先徙金积堡"，继复议暂勿移动，而其中"自缢者纷纷，不能禁"③。二月十八日，董志原回民军在肖金镇开会，将十八营并为由白彦虎、马正和、崔伟以及禹得彦领导的四大营，"其半护家口辎重先行，留崔伟、马正和等率悍党万余伏董志原断后，时出游骑数百，由太昌、政平等镇分扰泾河两岸，以牵缀官军"④。

针对董志原回民起义军出现了撤退到金积堡的动向以及分兵部署的情况，左宗棠因时制宜，制定了各路"锐进追攻"的战术。具体做法是"饬诸路统领急将粮料运足，伺贼窜动则追之。虑各种锐进，而贼或分支扰我后路也，复令各留四成队于后，以期慎密。又虑各军分布数百

---

① 《左宗棠全集·奏稿》（卷四），第 25 页。

② 《左宗棠全集·奏稿》（卷四），第 39 页。

③ 《左宗棠全集·奏稿》（卷四），第 62 页。

④ 《左宗棠全集·奏稿》（卷四），第 72 页。

里，未能克期毕赴，则饬各军相机而进，但觇贼动即各锐进追之，毋怀观望，以至自相牵制，运掉不灵"。① 于是，陕安道黄鼎自邠州率师会固原提督雷正绾于长武，记名提督马德顺、二品顶戴陕西补用道李耀南亦率马步各军屯驻距灵台百里西屯镇一带，均准备十日干粮，"伺贼窜动，即锐进追之"②。

二十二日，探马飞报回民起义军"老弱、辎重均已离巢，分向驿马关、三叉河北窜"。辰刻，雷正绾、黄鼎率师自长武渡泾；午后，马德顺、李耀南亦率马步各营由灵台跟进，均会师于太昌。"时精悍贼众悉伏董志原，伪元帅崔伟等率骑千余扼三不同，凭沟抗拒。是夕，各统领会商，以贼尽萃于三不同，则荔家堡西路必空虚无备，议以雷正绾拨所部总兵陈义步队六营，马德顺派所部提督杨世俊马队四营由太昌入荔家堡，取肖金西路以达镇原，迎头截剿；余军分为四队，以李耀南所统恪靖马队为前锋，马德顺马队继之，雷正绾、黄鼎马队为左右翼，各军步队随后排列而进，均由三不同一路直捣贼巢。"会商已定，二十三日五鼓，各军秣马蓐食，分道进攻。辰后行至邱家寨，回民起义军游骑数百"瞥见即遁，各军风驰电掣，直抵三不同"。其时，回民起义军骑兵"千余排列卡外，官军马队经前冲扑"，回民起义军"恃险力拒，枪炮纷注如雨，马队往来冲击，均为深沟所限，卒不得前"。正相持间，恰好官军步队各军分由左右两路逾沟冲上平原，绕出回民起义军关卡之后，回民起义军惊骇失措，官军马队乘势冲入，枪轰矛击，回民起义军不能支，纷纷后退。原上埋伏回民起义军刚要冲出抵御，又为败退回民起义军牵动，只好一起狂奔。官军跟踪紧追，斩杀千余名，复分军循马莲河而上，遂将焦村、什社、肖金镇、董志一带回民起义军据点同时踏毁。沿途百余里，回民起义军损失很大，抛弃骡马、军械无算。剩余的回民起义军策骑飞驰，"悉向西峰镇北走"。当晚，各军驻扎董志原。二十四

① 《左宗棠全集·奏稿》（卷四），第62页。
② 《左宗棠全集·奏稿》（卷四），第62页。

日五鼓，拨队跟踪，辰后抵西峰镇。回民起义军因"前起老弱、辎重，因人马众多，未能疾遁，相距不过一日之程。……一由驿马关以出环县，一由蒲河川以向三叉河，均在黑城子、下马关会齐"，撤往预望城、半角城、金积堡一带。前面于太昌会商所派提督杨世俊、总兵陈义两军自荔家堡上原，已将镇原县城收复。马德顺、黄鼎等率马步各军追击逃往驿马关、环县方面的回民起义军。午后，驰抵驿马关，追上回民起义军后尾，各军争先驰击，追二十里到党家腰岘，这里"山径逼仄，两旁沟深数十丈"。回民军大队拥塞，急不得前。崔伟、马正和等见势危急，亲帅起义军百人阻隘死拒，难以抵挡清军的进攻，伤亡很大。二十五日清军占领庆阳。左宗棠向清廷报告说："统计是役杀毙、饿毙之贼，及坠崖而死者，实不下二三万人。……积年蚁穴，搜荡一空，贼之精骑悍党，销亡殆半。"① 可见起义军损失是相当惨重的。失掉了董志原之后，陕西回民起义军只有分别依附于甘肃的四大据点。这年五月，左宗棠移驻泾川，步步为营，向西推进，依次展开了对甘肃回民起义军四个据点的进攻。

　　金积堡的战斗对于起义军来说完全是自卫性质。当时，作为金积堡回民首领的马化龙，虽然和陕回因教派不同而有矛盾，但他只是"代为求抚"，并不出兵协剿同类，尚不失其民族立场。而这一点正是左宗棠真抚的首要条件。尽管马化龙在八月至九月间多次求抚并亲赴刘松山营中"禀求停兵，待其劝导陕回听候查办"，还"陆续交抬枪七十杆，战马七十匹"②。而左宗棠则认为这是"籍词耸听，殊为可恶"③。他认为，"维马化隆（龙）之阴贼险狠，天下共知。自就抚后，筑塞修堡，购马造械，仍与陕回互相首尾……自灵、宁西达西宁，南通河、狄，各回民无不仰其鼻息"④。"旋抚旋反，是其惯技。"所以左宗棠一面敷衍，一

① 《左宗棠全集·奏稿》（四），第 74 页。
② 《钦定平定陕甘新疆回匪方略》，卷 206。
③ 《钦定平定陕甘新疆回匪方略》，卷 203。
④ 《左宗棠全集·奏稿》（四），第 193 页。

面催令刘松山加紧进攻并大肆杀戮回民。据其奏章反映，清军每攻破一个堡寨，"寨内贼匪……悉行歼毙"，"斩杀净尽"，"逸出者无几"，"生擒者，立即斩决"①。与此同时，左宗棠还派金顺由定边与张耀进兵金积北面的宁夏，雷正绾、周兰亭沿黑城子北上占据峡口，对金积堡施行了军事大包围。九月中旬以后，宁灵一带的陕西回民军西撤，左宗棠更坚定了痛剿的决心。他讲："现在陕回既去，金积堡贼势已孤，惟马化隆（龙）以甘词求抚，阴谋蓄诡，若非痛加剿洗，必致贻患将来。"②并声称从灵州"搜出马化隆（龙）给伪参领马三重等伪札一封，伪衔刊刻总理宁郡两河等处军机事务大总戎马字样"，更认为马化龙"罪不容诛"③。

金积堡保卫战从同治八年九月到第二年十一月，前后坚持了一年多的时间。尽管他们认不清统治阶级的本质而一再求抚，却同时也在强大的攻势面前进行着殊死的战斗，并给清军以沉重的打击。同治九年正月十四日，刘松山在马五寨被起义军击毙，回民起义军乘机反攻，雷正绾在峡口大败。清廷因此而严斥左宗棠，并一度下令李鸿章来陕甘镇压回民起义。但起义军的反攻终因对手的过于强大而衰落。左宗棠任命刘松山侄子刘锦棠统帅湘军，更加穷凶极恶地对金积堡实行围攻。十一月，金积堡弹尽粮绝，河州和陕西回民起义军的支援亦被阻断。十一月十六日马化龙亲赴刘锦棠营中递呈求降，并表示："罪民所犯情罪，自知不赦。叩恩施恩，如蒙念族众无辜者多，转禀曲宥，仅以罪民一人抵罪，死无所恨。"④ 同治十年正月十三（1871 年 3 月 3 日），左宗棠以"两次挖掘获洋枪一千二百杆"为理由，将马化龙父子"凌迟处死"⑤。其亲属及附近村堡回民被杀害者数千人，新教被正式出示禁绝，宁灵地区的

① 《钦定平定陕甘新疆回匪方略》，卷 206。
② 《钦定平定陕甘新疆回匪方略》，卷 206。
③ 《钦定平定陕甘新疆回匪方略》，卷 207。
④ 《平定关陇纪略》，见《回民起义》（四），第 92 页。
⑤ 《钦定平定陕甘新疆回匪方略》，卷 238。

回民起义很快全部被镇压下去了。

金积堡的失陷和宁灵地区起义军的失败，实际上已经宣告了整个陕甘回民起义的失败。从此形势更加逆转，其余三个据点终被各个击破。

同治十年七月，左宗棠由平凉移驻静宁，八月初由静宁取道会宁到达安定（定西），开始向河州回民起义军发动进攻。河州的回民领袖马占鳌、马尕大（马悟真）托张家川"回目"李得仓求抚，左宗棠坚持认为："河州贼氛不靖，兰州不能解严。……河回轻生，性喜剽掠……变乱十年，未受惩创，更无畏忌。……非创巨痛深，固难望其永久帖服也。"[1] 因此他拟订了三路进攻的计划，中路由傅先宗搭架浮桥强渡洮河；左路由杨世俊取道南坪进攻峡口，右路刘明灯由红土崖进兵安定，扼制洮河康家崖渡口。又另派徐文秀由静宁进驻会宁为后继，还在泯、洮分驻军队并派土司杨元守隘口阻截，企图把河州起义军一举置于死地。另一方面，他又故伎重演，佯装允许退据西宁大小南川的陕回崔三、禹得彦等投诚，让他们先把家属送到兰州为质，并利用与河州一河之隔的地理条件，"相机扼截渡口，以遏河贼出窜之路，方准收抚，如能更设法直捣河巢，不但免罪，而且叙功。"[2] 还装模作样地"收抚"了几支小股的陕回，在西宁和河州起义军之间进行了分化和离间。布置停当，才于八月初向河州起义军发起进攻。由于起义军的英勇反抗，左宗棠的三路并进计划并未如愿施行。刘明灯、徐文秀进犯康家崖兵败受阻，"两军扼以洮河不得开展"[3]。右路渡河立营的计划落空，只有实行中路重点进攻。八月二十六日，傅先宗、杨世俊所部才由狄道（临洮），架桥渡河。起义军退居河西，在黑山头、大坪山、胭脂山一带筑垒坚守。双方展开了激烈的争夺战。

同治十一年正月初六，起义军抓住清军孤军深入的弱点，在太子寺

---

① 《左宗棠全集·奏稿》（五），第100页。
② 《钦定平定陕甘新疆回匪方略》，卷255。
③ 《平定关陇纪略》，《回民起义》（四），第119页。

一带的敌营之间偷筑三垒，突然发起反攻，里应外合大败清军，统帅傅
先宗被击毙，徐文秀阵亡，这就是著名的太子寺之战。但马占鳌、马永
福、马永瑞等领导人却力主胜而后降，"先后呈交马匹四千有奇，枪矛
一万四千有奇"，还"各遣子弟偕回目马永瑞等赴军前献马"①。他们还
把自己的儿子送到左宗棠大营做人质②。左宗棠看到马占鳌决心投降，
便以"办回之道，不外剿抚兼施，如果倾诚来投，自当网开一面"③ 为
借口，接受其投降，还亲自给马占鳌的儿子改名为马安良。河州回民起
义由此而告终。

河州起义失败后，左宗棠立即把矛头指向西宁。当时西宁的情况也
是"抚局"。西宁办事大臣玉通无饷无兵，长期以"抚局""羁縻"起义
军，西宁实际上成了回民起义军的天下。同治七年年底，玉通更保举马
桂源署西宁知府，以马本源为西宁镇总兵，马福为大同营都司，基本上
把地方权力都交给了起义军。以后玉通忧惧成疾，接任者是兰州道豫
师，他也只能驻在平番（永登），不敢前进一步。在左宗棠看来，"西宁
实已名存实亡"，"名为官抚回，实则回制官"④。早在同治十年六月，
他就拟订计划，"俟河州大定，乃图西宁也"⑤。他认为："撒拉回民，
居河、洮、西宁之间，别为风气，亦以剽掠为业。百余年来，不受官司
约束，与河、湟诸回互相勾结。"⑥ 河州战事紧张的时候，他以收抚为
名稳住西宁的陕甘回民起义军，还派了抚回陈琳去察看动静，"和豫师
议章程十二条，委派道员冯邦栋驰往，会同地方官妥为照章筹办"⑦，
骗得"陕回及米拉沟西马营回众，陆续共交马三百六十六匹，枪矛一千

① 《钦定平定陕甘新疆回匪方略》，卷 266。
② 《文史资料选集》第 27 辑，《马占鳌的反清与降清》。
③ 《钦定平定陕甘新疆回匪方略》，卷 266。
④ 《左宗棠全集·奏稿》（四），第 122 页。
⑤ 《左宗棠全集·奏稿》（五），第 101 页。
⑥ 《左宗棠全集·奏稿》（五），第 150 页。
⑦ 《青海奏疏》第 70 页，转引自关连吉《左宗棠与陕甘回民起义》，《甘肃社会科学》1987
  年第 1 期。

二百九十二件……宁回一共交马一千二百三十二匹，枪矛一千零八十五件"①。河州战事结束，左宗棠进驻甘肃省城兰州，立即以"陕回所交马匹多不适用，似借故迟延"为由，"饬令道员刘锦棠率马步各营分赴前进"②，并要求马桂源夹攻陕回，以试其真伪。马桂源等一再要求"官军缓进"，左宗棠执意不从。面临着清军的镇压和屠杀，西宁的陕回和甘回又一次联合起来进行斗争。战事从八月开始一直进行了两个多月，大小峡口五十多仗，清军付出了很大的代价。十月十九日，清军进至西宁城下，马桂源退到巴燕戎格。彻底投降了左宗棠的马永福在清军前面招降，马占鳌、马永瑞随军助剿。同治十二年二月初四，马占鳌等在巴城东山诱捕了马桂源兄弟并解往兰州杀害。大通等地亦告失陷，崔三、禹得彦投降。白彦虎从西宁退往大通，又从大通过扁都口向肃州方向撤去。

肃州之战是陕甘回民起义军与清军的最后一战。肃州城从同治四年三月被回民起义军占领，同治七年又议成"抚局"，实际上一直控制在起义军手中，形势与西宁之"抚局"基本相同。同治十年七八月间，左宗棠攻占金积堡后又移师西进，肃州回民起义军和陕西回民起义军又一次公开占据肃州城。左宗棠在清政府催促下于同年拨徐占彪十二营往攻肃州，第二年正月又派陶生林等率五营清兵去协助攻城。河州和西宁的起义军失败后，白彦虎从扁都口来到肃州，被清军阻截只好向关外撤去。同治十二年八月，左宗棠亲率大军到达肃州，肃州起义军首领马文禄在左宗棠招抚下开城求降。左宗棠让马文禄等交马械、造名册，"分班带大营面谕"。二十三日，忽然"令提逆首马四即马文禄……九犯，数其罪，磔之中军"。"臣金顺、宋庆、徐占彪、刘锦棠立将各起凶悍客回一千五百七十三犯悉数骈诛。是夜，诸军入城纵火，枪轰矛刺，计土

---

① 《青海奏疏》第79页，转引同上。
② 《钦定平定陕甘新疆回匪方略》，卷269。

回五千四百余名，除拨出老弱妇女九百余名外，尽付焚如。"① 事后左宗棠自己承认"肃州克后，首要各逆实无一漏网，土、客回，六十以上、十五以下及妇女概予免诛。数十年征伐之事，以此役为最妥善"②。可是在奏报中左宗棠又讲："入城圈视，尸骸枕藉，即老弱妇女亦颇不免。"③ 这是继金积堡之后更为残酷的屠杀，历时三年的肃州之战结束。从 1868 年算起共计五年，左宗棠完成了镇压陕甘回民起义的任务。

（三）善后、治理与开发

左宗棠所从事的善后是指战乱之后，对一息尚存的各地难民在最基本的生活和生产资料方面所进行的救助与安置。治理是为使各地初步恢复生活和生产秩序而进行的必要的整治与修复。而开发则是为全面振兴经济社会所做的各种建设性的努力。左宗棠在甘肃时，不仅对回族群众进行了大规模的善后与迁徙，而且对汉族百姓也进行了必要的善后与治理。

1. 左宗棠对陕甘回民的善后与安置

在陕甘回民起义节节失利，金积堡、河州、西宁、肃州四大回族根据地渐次被镇压的情况下，左宗棠对陕甘回族群众进行所谓的善后，强制进行了大规模的迁徙。

（1）在甘肃境内对回民群众进行了多起迁徙、安插。

同治八年（1869 年）正月，清政府鉴于部分回民起义军请求投降，

---

① 《左宗棠全集·奏稿》（五），第 503 页。
② 《左宗棠全集·书信》（二），第 410 页。
③ 《左宗棠全集·奏稿》（五），第 504 页。

曾饬令左宗棠考虑安置办法。左宗棠却认为，回民起义军尚未受重创，"求抚虽是真心，而各怀自便之图"，贸然招抚，恐难达到"一了百了"[①] 的目的。因此，他坚持"痛剿以服其心"的既定方略，仍向回民军大举进攻。到同治九年（1870 年）七月，他完成了对金积堡的锁围后，才改变态度，上奏清廷，要求对残余的回民起义军进行"收抚"，并着手对回民新聚居区的选定。左宗棠选定回民新聚居区的原则有五：一是有水可资灌溉的荒绝地亩，但此地需非战略要地；二是自成片段，可使聚族而居，不致与汉民相杂；三是无大山大河之险，距大道不远不近，以便管理；四是安置点之间宜远不宜近，中间要有间隔；五是不在村、州、县城附近。根据这五个原则，当时甘肃东北部（包括今宁夏的东南部）、中部一些州县，便成了理想的安置区。随着金积堡、河州、西宁、肃州的陷落，陕甘回族便经历了一次大规模的、在武力胁制下的迁徙。

金积堡是回民在甘肃的重要根据地，也是陕回从董志原败退后的主要集结地。当左宗棠以其为首要进攻目标时，便派重兵合围。起义军在马化龙的领导下，浴血奋战，使清军迭遭重创。同治九年底，金积堡陷落。左宗棠认为这里的回民反抗程度强烈，当地的战略地位重要，将劫后余生的回民，尽行迁离。对当地回族的迁徙情况是：同治九年十二月，"迁王洪堡回众于灵州附近"，"迁马家河滩回众于张家圈"[②]，王洪堡、马家河滩均在金积堡以东，属其外围防区。同治十年正月，将金积堡"贸易及侨居之客民及被掠被胁之甘回三千余名，解往平凉安插；金积堡老弱妇女一万二千余口，解赴固原州数十里，分拨荒地安插"[③]。流入当地的陕回，则被分作四股陆续解往平凉。其中马寿清一起约一千人，陈琳一起一千五百六十四人，马振江一起八百四十八人，赫选青一

---

① 《左宗棠全集·奏稿》（四），第 11 页。
② 《征西纪略》，卷 2。
③ 《平定关陇纪略》卷 10，见《回民起义》（三）。

起三百八十六名，马化龙一起一千二百七十八名，余彦禄、阎兴春、余兆临、拜万江、金明堂、安杰等各起五千五百五十余人。这一万多人被解送到平凉后，左宗棠亲自点验两次，除留在平凉五百多人外，其余的均又解往当时隶属于华亭县的化平川，进行安置。

将金积堡回民尽行迁徙后，左宗棠将原安置在陕北瓦窑堡的董字三营调到这里，令"董福祥驻金积堡鸿乐府，张俊驻吴忠堡，李双梁驻王洪堡"。金积、吴忠相距十五里，吴忠、王洪堡相距三十里，壤地毗连，鸡犬之声相闻。这个安排，目的十分明显，一方面是为了防止回民"卷土重来"，再据此"形胜之区"①；一方面是对安置在灵州一带回民的"震慑"，所谓"一有变故，荷锄之田夫，皆为荷戈甲士"②。

河州是回民起义军在甘肃的另一重要根据地，随着董志原、金积堡的陷落，大批不甘投降的陕甘回民先后来到这里。同治十年冬，左宗棠欲乘金积之胜，一举平定此地，但汇集在这里的各支回民义军同仇敌忾，殊死战斗。太子寺一役，清军损兵折将，惨遭失败。起义军首领马占鳌等力主胜而后降，左宗棠大喜过望，认为河州回民是"倾诚求抚"，应当"开诚抚治"③，因而在迁徙的手段上，比较温和。左宗棠对河州回民群众的迁徙原则是"迁徙客回，安辑土回"④。这里的客回不单指流入此地的陕回，而且还包括一部分非河州土著，"寄孥其间，以避诛戮"⑤。按照这个原则，他于同治十一年六月，迁杨文彦等二百五十三名于平凉谢家庄、桃家庄；迁陕西张代雨等二百九十一名（《续陕西通志稿》作二百五十一名）于平凉张家庄、曹家庄；迁陕回拜崇花等五百三十七名于会宁姚王庄、曲家口；迁陕回马生彦等六百四十三名于隆德王家下堡、刘戴家山；迁陕回马文元等一百五十七名于安定刘家沟；迁

---

① 《左宗棠全集·奏稿》（五），第224页。
② 《甘宁青史略》，卷23。
③ 《左宗棠全集·札件》，第303页。
④ 《左宗棠全集·奏稿》（五），第281页。
⑤ 《左宗棠全集·奏稿》（五），第281页。

陕回马维骧等七十四名于安定石家坪；迁陕回马振清三百六十三名于安定好地掌；迁甘回安鸿庆等四十三名于安定刘家沟。上述均为"客回"，共计二千三百六十四人。所谓"安辑土回"，主要是编审户口、设保甲。河州原有回民聚居区，除个别地方，如临洮北庄的穆夫提门宦教众，从洮河东岸被迁至西岸外，没有什么重大变化。此外，左宗棠又虑及本籍汉民中一部分人曾"充当勇丁"，多次与回民械斗，"仇隙已深"[①]，如继续与回民杂处，恐再滋事端；还有一部分汉民，随客回而来河州，原籍并不在此。这两部分人，也被列为应迁对象，在迁徙客回的同时，被分三起解往安定，共九百八十三名。

西宁也是回民起义军在甘肃的根据地之一，随着河州的陷落，它的位置更加重要。到同治十一年底，这里不仅聚居了西宁、大通、巴燕戎格的回族、撒拉族起义军，而且陕回四大营残部也在白彦虎、禹得彦、崔伟、毕大材的带领下，相率至此。经七十余日，大小百余阵的激烈战斗，到同治十二年（1873 年）初，西宁陷落。此地集结起来的回民群众又被大规模地迁徙了。同治十二年三月，左宗棠将陕回禹得彦部迁往平凉，经宁夏将军穆图善清点后，安置在西北乡一带。同时，又迁徙陕回崔伟、毕大材等一万三千多人到清水、秦安交界处。这里原有由秦州知府张瑞珍招抚的陕甘回众三万多人，因而后来成了一个较大的回民聚居区。1953 年，人民政府在这里成立了张家川回族自治县。西宁各地的土著回民虽未被全部迁徙，但居住地却发生了一定的变化，原住在城内或自然条件比较好的地方的回民，被逼迁到了郊外或自然条件较差的地区，如将碾伯回民迁到了平番的松山、平城，又"迁大通城关回民于河东，迁城西扎逊布、马厂各堡汉民于城内"[②]。

肃州是回民起义军在甘肃的最后一个据点。这里是河西重镇，通往新疆的咽喉。肃州城防坚固，"高三丈六尺，厚三丈有奇，外环城壕八

————

① 《左宗棠全集·奏稿》（五），第 281 页。
② 《甘肃省新通志》，卷 47。

丈三尺，深两丈"，左宗棠进攻时，回民军据险防守，使其受到了沉重的打击。同治十二年九月，肃州陷落，左宗棠鉴于其重要战略地位，在迁徙回民时，又采取了新的办法。左宗棠对肃州回民迁徙的原则是：先行滥杀，然后不分客土，悉数远迁于内地。按照这个原则，他不但把当地回民首领马文禄奏准寸斩，而且还屠杀了投降的回民军三千余人。之后，他又将劫后余生的"老弱妇女二千数百名"[1] 和原住在沙州、红庙子一带的回民群众概行解赴兰州，分插在金县、平番一带。当时在肃州的二百多名维族群众，虽未参加回民起义，但在左宗棠眼里，仍属危险分子，故和回民一道被迁入内地。对肃州回民的迁徙是十分彻底的。当时有个叫马有福的回民，曾买通肃州书吏，以有病为由，继续留居于此。左宗棠发现后，立即饬令肃州知州"勒令书役迅速交出马有福一名，递解原安插地方，严加管束"[2]，并将这个书吏革职处理，押送人员也被严斥一通。经过这番安排，在河西三州土地上，回民聚居区连一个也没有了。左宗棠对此十分满意，他在给清廷的奏章中宣称：肃州土客逆回业已办结，"现在肃州实无一回羼杂，其甘州、凉州各回，死亡殆尽，亦无遗种。从此关内外花门勾结，当可无虞"[3]。从同治九年底始到十三年初结束，历时三年左右，左宗棠完成了对陕甘回民的迁徙工作。

（2）安排新迁回族的生活，对回族聚居区及其周围的行政建置进行变更与整理，以期强化控制。

生活安排，主要是从经济、政治、宗教信仰三方面着手。经济上，以维持被迁徙回民的最低物质生活为原则。被迁回族群众到达新地，左宗棠即令计口授田，督其耕种。对于极贫民户，由官出资配给农具、耕牛、籽种。耕牛一般是三家一头，或五家一头。同时他鉴于新迁者家无

---

① 《左宗棠全集·奏稿》（五），第 521 页。
② 《左宗棠全集·札件》，第 548 页。
③ 《左宗棠全集·奏稿》（五），第 522 页。

隔夜粮，决定在新粮未收之前，以官粮供应。成人每日每人八两，小孩五两，以维持生计。政治上，以强化控制为原则。左宗棠命令在新聚居区里，普遍设立十家长、百家长，由官府直接统辖。给各新迁户发给良民牌，以备检验。回族群众不准擅离安置点，有事外出者，须向十家长、百家长请假，由他们上报官府备案。有人擅自外出，十家长、百家长须上报稽查，并予以处分，如知情不举，则重加惩处。新聚居区亦不能擅自接纳外来回民，被迁回族更不能擅回原籍。宗教信仰上，以有条件的放任为原则。同治十一年，安置在化平川的陈琳申请修建清真寺，左宗棠认为"尚是向善之意"①，予以批准。此后，各新聚居区都修建了清真寺，从事正常的宗教活动。同治十二年冬，留坝厅的地方官迫令安置在这里的回民，与"汉民联亲，开荤食肉，意在用夏变夷"②。左宗棠知道后，严加斥责，此后，这类事件再也没有发生过。但对马化龙的新教（即哲赫忍耶教派），则坚决限制，不准在新聚居区里传习。

改更建置，加强治理，主要内容有：

改金积堡为宁灵厅。金积堡是甘回起义的中心地区，它背靠金积山，"当秦、汉两渠间，扼黄河之险，擅盐、马、茶之大利"③，十分富庶。它东达花马池，南达固原，迤北昆连中卫，襟带黄河，雄踞边要，战略地位相当重要。其属灵州治，但州治在百余里以外，对该堡几无控制力。镇压回民起义军之后，左宗棠虽曾将本地回民群众尽行迁去，并迁来董字三营加以充实，但该地重要的战略地位和周围回族人民大量存在的事实，仍使他格外担心。同治十一年，他奏准朝廷，将金积堡改为厅治，名曰宁灵厅，"改宁夏水利同知为抚民同知"，移驻于此。并划定辖界，境内命盗重案和一切户婚田产词讼，都归其管理。此外，左宗棠又在金积堡设灵武营参将一员，专门负责地方治安，归宁夏镇总兵

① 《左宗棠全集·札件》，第 276 页。
② 《左宗棠全集·札件》，第 343 页。
③ 《清史稿·列传·左宗棠传》，卷 412。

管辖。

设化平直隶厅。化平川距华亭县城一百七十里，东和崆峒山相接，西北一带都是高山。左宗棠把这里当作一个理想的回民安置区，迁来了上万名回族群众。同治十年，他把金积堡一带的陕回安置到此后，即派千总牟春阳领兵二百四十人分驻在附近的关山、三方镇各口，严加防范，并派一名总兵率领平江营就地弹压。同治十一年，左宗棠又奏准朝廷，设化平川直隶厅，归平庆泾道统辖，设通判一人，专管钱粮词讼，设化平川营都司一人，专司镇压地方。

升固原为直隶州。固原在宁夏和平凉之间，隶属平凉府，是历史上的军事重镇。它南距平凉府城一百七十里，北距灵州二百余里，其中间地带尽为深山大谷，地形十分复杂。在回民起义过程中，它们曾是起义军的极好隐蔽、休整区。固原州城西南几十里的硝河堡，位于州城、静宁、隆德、会宁、靖远、海城等地的中心，是个扼要之地，这里或有甘回聚居，或为陕回的安置区，居住着大量的回民群众。基于这种情况，左宗棠便于同治十二年奏准朝廷，改固原为直隶州，政事由知州总领。并在硝河堡设直隶州州判一人，划定辖界，境内命盗重案，钱粮赋役归其就近勒验征收，由直隶州知州总其成。固原州城原有一个城守营，左宗棠令从中拨派千总一员，带其所部驻硝河堡，以加强对各地回民的防范。

添设平远县。平远县原名下马关，它北达灵州，西接盐茶厅，东接环县，南通固原，和相距三十里的预旺堡，同为要冲之地。这里是回族聚居区。同治年间，当地回族曾积极参加起义，预望堡曾是甘回的首义之区。起义失败后，当地回民未被迁移，人口损失亦不甚大。所以，这里也就成了左宗棠严加防范的地区之一。同治十二年，他改此地为县治，因新设县城与平远驿相去不远，故改名为平远县。在下马关西北一百一十里，是固原州的同心城，清代文献中多记作半个城或半角城，回民起义时，这里曾是金积堡的南门，战略地位相当重要，土著和迁来的回民不少。因此，左宗棠也把它划入新设的平远县治，添设巡检一员，专司缉捕，归平远知县直接管辖。

改盐茶厅为海城县。海城在平凉府西北三百九十里处，原设盐茶厅同知一员，经理地方词讼和钱粮事务，归平凉府管辖。盐茶厅的西北辖境一带，地势辽阔，不但平凉府照顾不到，盐茶厅也鞭长莫及。而且在这片土地上，也有大量的回民聚居。所以，左宗棠于同治十二年奏准朝廷，将盐茶厅同知裁去，改设海城县，将原来的盐茶厅都司移设在该县毗连各地的要冲西安州，把原设西安州的一员千总，移设海城县城，仍归都司管辖。这样严密的安排他还嫌不够，又在海城以西一百多里属靖远的打拉池地方，添设县丞一员，负责该地的民政、军事事务。

左宗棠对陕甘回族上述的善后、安置与治理活动清楚地表现了一个目的，他要一劳永逸地消灭回族反抗，以保卫清王朝长治久安。正由于这样，他的这种迁徙给陕甘回族人民的社会生活造成了诸多不利的影响。

第一，它严重削弱了陕甘回族的经济力量。同治年前，陕西回族的主要经济是农业。据马长寿先生的推算，他们所占的土地，当在两万顷以上①。据道光十一年（1831 年）的"户部则例"，陕西全省共有土地二十五万顷，那么回民的土地就约占总面积的十分之一。自陕回被安置到甘肃后，这些土地都被当作"叛产"而被官府没收。经左宗棠迁徙后，不只土地丧失，财产也被清军抢掠一空。新聚居区和原聚居区相较，自然条件极差。这就使陕甘回族的经济力量大为衰落，在很长时间里得不到恢复。直到解放前夕，有人在介绍甘肃回民情况时，仍说"回民住在甘肃省，大都在穷山沟，四野不毛，耕地不够分配，生活至苦"②。这些情况的形成，与左宗棠这种善后安置有着直接的联系。

第二，这种迁徙也使回族内部的联系大大减弱。安置点之间的距离

---

① 马长寿主编：《同治年间陕西回民起义历史调查记录》，陕西人民出版社，1993 年，第 2 页。

② 《回教在甘肃》，《新甘肃》1947 年第 1 期。

较远。加上官府的严密控制，各地回民基本无法自由来往。安置点内部，原有的教坊制被打破了，代之以百家长、十家长之类的基层行政管理者。回民原有的教坊制不仅是个宗教单位，同时也是一个民政单位。它在伊斯兰教的基础上起着一种团结民族成员的内聚作用。在同治年间的回民起义中，这种教坊制起到了巨大组织作用，董志原上的十八大营就是以其为基础组建起来的。左宗棠所设的百家长、十家长制是一种保甲制，实质上是官府权力的代表，目的在于控制回民，削弱回族的内部联系。

第三，这种安置也进一步加深了回汉人民之间的裂痕。回民起义过程中，由于清政府的反动民族政策，以及回民宗教情绪所引发的排他性，曾发生过不少民族仇杀事件。起义失败后，左宗棠又通过择地迁徙、改革建置、强化治理等手段，让回民聚居区周围的汉族人民去负"震慑"之责，这就进一步扩大了两族人民的对立情绪。回族和汉族关系的疏离甚至对立，严重影响了西北地区回族社区的发展。内在文化活力的受挫与外在文化刺激的空缺，使这些回族社区的文化构成和生活方式既无法创新，又无法保持。而创新与保持是人类适应自然与社会的基本方式，因此，这些被迫迁来的移民基本上一直处于与环境不相适应的状态。这个后果是十分严重的，它不但加深了回族自我禁锢的程度，影响了其本身的发展和进步，而且给一些妄图分裂我中华民族的阴谋分子造成了可乘之机。如抗日战争前夕，日本帝国主义者就曾派遣特务到西北大肆活动，以期制造一个所谓的大回回国[①]。此举虽未得逞，但这种裂隙的负面影响，值得注意。

应该说，这些善后安置活动使回族的反抗封建统治、维护本民族利益的能力大大减弱。自左宗棠安置陕甘回民后，回族群众虽时有反抗反动统治的运动兴起，如光绪二十一年（1885年）的河湟事变；民国十七年（1928年）马仲英事变；抗日战争中三次西海固回民起义等。但

---

① 参见《日本的伊斯兰政策》。

这些都是局部性的，得不到其他地方回族群众的广泛支持和响应。像同治年间的那种全民族性的反抗运动，再也没有出现过①。

2. 对汉族区域的善后与治理

左宗棠对汉族百姓的善后与治理是从庆阳开始的。董志原收复之后，左宗棠认为，甘肃"兵事方始，必先将陕西接壤之平、庆、泾、固一带布置大兴屯政，然后进可战，而退可守"。为此，他一面"派拨官军前赴董志原扼守各要隘，一面办理兵屯民屯，庆阳、合水、宁州亦须次第经理"②，并从如下几个方面进行了善后与治理。

（1）遴选官吏，组织善后。陇东收复后，左宗棠首先奏请朝廷"破除文法"，打破常规，就近"遴访甘肃人员署理（庆阳）府州县各篆，招辑流亡，计口散粮，以延喘息。并给籽种农器，督劝丁壮及时耕种，以规久远。择险隘为兵屯，统领、营官主之；就堡寨为民屯，府州县主之，均因其地之所宜。按节候播种粟、糜、荞、麦诸种，督课军民，日事锄垦"。按清代的人事任免制度，地方州县官员的任命须由吏部从外省铨选，不得就近选调。由于当时陇东新复，许多州县都缺少官员组织善后工作，从外选调官员远水不解近渴，且未必熟悉陇东情况，所以左宗棠特事特办，要求朝廷同意就近从甘肃选配地方官吏，并要求新派"各守令以熟悉风土，稍知稼穑难艰，能恤民隐，能共作苦者为上选"，"且薄给盘费、薪水，以资办公，免其枵腹从事，庶可冀其安心求治，宣布朝廷德意，拯此残黎"③，组织各项善后重建工作。

（2）招徕难民，广兴屯垦。由于战后"庆阳一带只剩空城"，为了解决人口问题，左宗棠决定将曾随从董福祥等沦为土匪，现已归降的平

---

① 参见李伟《左宗棠对陕甘回族安置工作述评》（《史学论丛》第七集，兰州大学出版社，1997年）第94～105页。
② 《左宗棠全集·札件》，第157～158页。
③ 《左宗棠全集·奏稿》（卷四），第109～110页。

庆籍难民招回原籍。这些人由于躲避回民起义，不得已背井离乡，又被逼沦为土匪，招降后大部分已被安插在陕北一带。左宗棠指出："以事理而论，该难民等本平、庆一带之人，乘此时早归庆阳一带，各勤耕种，将来甘肃一律肃清，各归各业，庶免流离失所；其延（安）、绥（德）地方民人既可免逼处之嫌，致起土、客之衅；而官司一次安插，亦省多少劳费、多少心机，诚一举而三善备焉者也。"① 为此，他制定了具体的办法："于绥德、镇（靖堡）、靖（边）各处凡难民积聚之处，出一告示，令平、庆、泾、固各处难民来归复业。先于绥德领取半月行粮、发给护票，填明户口人数；比其回里则给种子，发粮食，督其耕垦。"还预作具体的安排："委员分起护送归庆"；由于庆阳一带乱后"无官、无营、无粮"，应该预先做些接待他们的准备工作，以迎接难民回来。他说："为今计，正须经营庆阳、宁州、合水、董志一带荒地，多为安顿，待其来归。"因为他认为"归并一路，不如分置数处之为愈也"②。就是说安置在庆阳各地，比挤在靖边一带有好处。不久，在左宗棠的号召和帮助下，"庆阳、安化、合水、宁州、正宁难民及董原难民，归者甚多，放赈给种，日不暇给。幸今岁麦收相稔，尚易为力"③。两年后，左宗棠在给朝廷的一份奏折中写道："现在宁夏、平凉、庆阳、泾州、巩昌、秦州、阶州各属，大致实已肃清，赈抚、耕垦、安插、迁徙、兵屯、民屯善后诸务，实已具有端绪。"④

（3）设置县丞，强化管理。如果说左宗棠招徕难民、广兴赈垦是开发与重建董志原的经济措施的话，那么，他奏请朝廷，在董志原增设县丞，则是加强地方政权建设的重要举措。

秦翰才在《左文襄公在西北》一书中指出：清王朝"对于甘肃的治理，太忽略了。特别自从收服了天山南北路，要省出经费来经营这新辟

---

① 《左宗棠全集·札件》，第 161 页。
② 《左宗棠全集·书信》（卷二），第 161～162 页。
③ 《左宗棠全集·书信》（卷三），第 168 页。
④ 《左宗棠全集·奏稿》（卷五），第 100 页。

的土地，所以对于甘肃的建置，也不甚理会了"①。以至造成许多边要之地政治军事力量薄弱，成为动乱渊薮。尤其是"地居秦陇要脊"，"形势之重，自古已然"② 的董志原，长期却由"安化、宁州、镇原三州县分辖"，"距安化、宁州、镇原各州县治所均八九十里及百余里，地方宽旷。因向未设官吏，故钱粮词讼，一切经理乏人，民多不便，且政教不行，奸宄易于藏匿，关系非小。始知汉唐历代于此地建置州县，实有深意"。今"勘得安化县所辖董志镇地方，旧设有经制外委一员。拟添设县丞一员驻扎于此，会同巡缉，庶资控驭而重地方"。"其辖境董志镇，西至何家畔二十里，交镇原县界；南至李家城，三不同三十五里，交宁州界；东至齐家东庄七十里，北至司官寨五里，东北至罗家寺四十里，东南至秦红咀五十里，西北至孙家沟十五里，均交安化印官地界；西南至何家畔二十五里，交镇原县界。"境内钱粮"拨归该县丞管辖征收，以专责成"③。并请添设乡学训导一员，由安化县原设学额十五名内拨给三名，统归知县考取，俾资教化。该县丞定为繁要之缺，名为董志县丞。据相关资料，苏德成担任了首任董志县丞。此人行迹无法考证，但根据左宗棠任命新设地方官缺都十分慎重、选择尤严的特点，此人绝非庸才。董志县丞的设置，在一定程度上填补了董志原作为一个区域单元在行政建置上的空白，加强了战后对董志原善后与建设的督导。从某种程度上说，也为位于董志原中心的西峰小镇以后替代庆阳府城而成为全区政治、经济、文化的中心创造了条件。

此后，随着左宗棠大军逐步向西推进，各地的善后、治理与开发活动依次展开。从时间上来看，陇东在同治八年，河西走廊在同治十二年，而新疆则在光绪三年收复之后了。各地具体情况，在以后各章将分次加以论述。

---

① 《左文襄公在西北》，第 79 页。
② 《左宗棠全集·奏稿》（卷四），第 74 页。
③ 《左宗棠全集·奏稿》（卷五），第 266~267 页。

3. 如何看待左宗棠对甘肃的治理与开发

兵燹之后，左宗棠对甘肃的治理与开发，既是其巩固西北的国防战略的体现，也是其善后政策的延伸。左宗棠深知陕甘问题的复杂性与特殊性，他决计要为西北筹"长治久安"之策："臣之立意仿汉赵充国，议开屯以省转馈，抚辑以业灾民，且防且剿，且战且耕，不专恃军威为戡定之计。"他以为镇压回民起义与剿办太平军、捻军等"群寇"不同，"陕甘事势与各省情形各别，将欲奠此一方，永弭后患，则固不敢急旦夕之效，而忘远大之规也"①。左宗棠的"远大之规"，以眼前而言，就是要搞好善后，虽含有镇压回民起义、消弭回族反抗的意图，但也明白宣示了恢复甘肃社会秩序、发展西北经济、改善各族人民的生产和生存环境的思想；从长远来说，也试图通过加强对西北的治理与开发，调整好民族关系、巩固西北国防、维持清王朝在西北的统治效能。

第一，出于用兵西北特别是用兵新疆的战略需要，左宗棠主张把甘肃建设成为西部筹粮和筹转运的后勤供应基地。但兵燹八年，"秦陇受祸甲于天下，关中尚有可为，陇则土地芜废，人民稀少，弥望黄沙白骨，不似有人世光景。……又多乱沙荒碛，无人烟，无水草之地，劳费不堪，倒毙相继，其不能用大兵求速效一定之局"②。就是说光靠军事手段，不能迅速解决甘肃面临的困难与问题，必须综合运用政治、经济、文化、教育等各种措施以图恢复与重建。为此，左宗棠采取"抚辑遗黎，安插良回，迁徙难回，督令耕垦，多设义学，尤当务之急"③ 的方针，进行重建。由于甘肃战后"遍地伤残，白骨黄茅，炊烟断绝"，"公私困敝"④，且"陇境广袤数千里，土旷人稀，乱后孑遗仅存，不及平时十分之一"。左宗棠又命令："留防后路各军，不但护运以利转

---

① 《左宗棠全集·奏稿》（三），第779页。
② 《左宗棠全集·书信》（卷二），第188页。
③ 《左宗棠全集·奏稿》（卷五），第555页。
④ 《左宗棠全集·奏稿》（卷五），第555页。

馈，殄余匪以保残黎，并宜代民垦荒播种以广招徕，修城堡以利居止，然后民可复业也；治道路以通车驮，浚泉井以便汲饮，栽官树以荫商旅，然后民可资生也。至就地引渠溉地，变渴壤而为沃土；去害就利，拔妖卉而植蔬苗；崇学宫，立社庙，修衙署、驿舍，凡地方官私应复而必资民力者，后路各军皆于操防护运之暇并力为之。"① 力图恢复与发展甘肃的传统经济，使之成为供应军需的可靠基地。

第二，改变过去对甘肃只重军事管理而不注重开发建设的状况。治理与开发甘肃，就是巩固边疆，"甘肃原是边地。自从清政府收复了蒙古、青海和新疆，甘肃却早已成为腹地。可是清政府的设施，还着重在军事"②。左宗棠总结了清王朝在甘肃与西北治军之官多，治民之官少的教训，立志要开发和建设西北，巩固国防。这就使他在措置上有别于以前只重军事管理而不重经济开发和建设的做法，开启了由政府主导开发甘肃与西北的新时代。

第三，受洋务运动时代潮流的影响，把新兴的近代机器工业推广到甘肃，颇想有一番作为。左宗棠在福建创办福州船政局后，到西北仍继续兴办洋务企业，先后创办了西安、兰州制造局和甘肃织呢局等各项军用、民用工矿企业。不可否认，兰州制造局在镇压西北回民起义中起了反动作用；但也必须指出，它在后来摧毁阿古柏在新疆的反动统治、阻止英俄分割我新疆的野心、从俄人手中收复伊犁、维护祖国领土完整的爱国斗争中也起了积极作用。这是在反侵略战争中第一次使用自己制造的枪炮武器捍卫自己的国土。而甘肃织呢局的创办，则完全是为了开发利用西北的羊毛，使"甘人自享其利"，实现富民富国的愿望："以中华所产羊毛，就中华织成呢片，普销内地。""将来有成，尤为此邦师匠所自出，不但数世之利也。"③

---

① 《左宗棠全集·奏稿》（卷六），第379~380页。
② 《左文襄公在西北》，第24页。
③ 《左宗棠全集·札件》，第468页。

第四，左宗棠自身也具备了治理与建设甘肃的才干与威望。左宗棠具有"经世致用"的良好素质和才干。他年轻时钻研过农学，并在家乡种试验田，对农业、养蚕、种茶、种竹诸艺，都曾亲身实践，实力讲求。这使他加深了对农业与农民问题的认识，因而能在甘肃举措得宜。他在给朝廷的奏折中总结说："臣自度陇以来，治军、办贼而外，力务为此。所部均南方农民，素习工作；而营哨各官，又皆勤朴之选。于分防、护运之暇，亦各以耕垦、种树、沟洫为课程。"① 取得了较好的成效。另外，从清代咸、同年间开始，左宗棠先后参与了镇压太平天国、捻军和陕甘回民起义的军政活动，并在其中起了相当重要的作用，充分显示了其才干，成为与曾国藩、李鸿章齐名的"中兴名臣"。到1874年他更被清王朝授为内阁大学士，成为内阁宰辅之一；次年又以钦差大臣督办新疆军务，仍兼陕甘总督。左宗棠这样的地位、声望和政治阅历是穆图善、景廉以至杨岳斌根本无法匹比的，这对于他筹措军饷、影响清王朝的决策显然是很有利的。左宗棠智略才干威重一时，这使他以开拓再造之势而不是以守成维持之势来治理与开发甘肃，起到了其他人难以替代的作用。以下各章，就左宗棠在甘肃的主要活动分别进行论述。

附录：

关于陕甘回民起义的性质，争论一直较为激烈。以下将主要观点作以介绍。林干首先提出双重性质说，认为："清代回民起义是反抗民族压迫的民族革命。同时，基本上也是反抗清朝政权所代表的封建地主阶级的农民革命。"（《清代回民起义》，新知识出版社，1957年，第71页。）

马长寿在基本赞成双重性质的同时，比较侧重强调农民革命的性质。认为："陕西的回民运动是在清代统治阶级（包括官僚地主）的压迫下产生的，因而它和当时其他地区的农民运动一样，具有反压迫、反

---

① 《左宗棠全集·奏稿》（八），第26页。

剥削的农民起义性质。"（《同治年间陕西回民起义历史调查记录序言——兼论陕西回民运动的性质》，《西北大学学报》1957年第4期。）吴万善则比较侧重强调民族斗争性质。他在20世纪60年代撰文指出，这是一次"反抗清朝的反动统治的斗争"，但"这次起义斗争更主要的表现为民族斗争形式"（《1862—1873年的西北回民起义》，《历史教学》1963年第3期）。后来再次强调，"这次起义的主要方面是反抗清统治者的民族压迫，而不是一般的反封建的农民革命"（《清朝同治年间陕甘回民起义性质的再探讨》，《西北民族学院学报》1985年第1期）。1978年出版的《回族简史》亦持双重性质说，并强调这次陕甘回民起义"具有强烈的反抗民族压迫的性质"（见该书第41、48页）。

韩敏、邵宏漠等持农民反封建革命说，认为这次陕甘回民起义是"中国近代史上一次以回族劳动人民为主体并联合一部分汉族人民共同反抗清朝统治者和地主阶级的农民革命"（《论清代陕甘回民起义的性质》，《人文杂志》1980年第3期）。

20世纪80年代以来，越来越多的研究者倾向于民族斗争说。吴廷桢、何玉畴通过对甘肃（甘、宁、青）回民起义的考察指出，这次陕甘回民起义虽然受太平天国的影响而爆发，但性质却不同于太平天国革命运动。"它不是一次以回族人民为主体并联合一部分汉族人民共同反抗清朝封建统治者和地主阶级的农民革命，而是反对清朝统治者的民族歧视和民族压迫，为争取民族生存权利的民族斗争。"（《论清代同治年间甘肃回民起义的性质》，《西北师院学报》1982年第2期。）汪受宽以西宁回族和撒拉族反清斗争为例，指出不能因起义的主体是劳动人民就轻易得出它的性质是农民革命的结论。（《论清代同治年间西宁回族撒拉族起义的原因和性质》，《青海民院学报》1982年第1期。）马汝珩则从全国范围内回民起义发生的社会条件、打击对象和斗争目标等方面说明，这次起义与太平天国革命运动不尽相同，而是"带有明显的反抗民族压迫，争取民族生存权利的民族运动性质"（《试谈清咸同年间回民反清运动性质与领袖人物评价问题》，《民族研究》1984年第1期）。

关连吉认为，民族斗争说虽然比较符合历史真实，但在当时历史条件下，就把民族和宗教问题分开，尚不能全面表述起义的性质和特点。这次起义的民族是与伊斯兰教有着特殊联系的民族，起义指导思想是伊斯兰教的宗教思想，起义的性质是与伊斯兰教有着特殊联系的反对民族压迫的斗争，目的是为了争取民族生存权利和维护自己的宗教信仰，"因而在很大程度上是一种本能的反抗"。（《清代陕甘回民起义的"求抚"问题及领袖人物评价》，甘肃《社会科学》1984 年第 3 期。）

不难发现，20 世纪 80 年代以来在起义性质问题上的认识是进一步深化了。通过讨论，越来越多的论者认识到回民起义的特殊性，比较多的强调其民族和宗教特色。并且有部分学者提出，应该注意到地域的不同对起义的影响，即便同为回族反清斗争，在不同地区的具体社会历史条件下，彼此间亦有一定的差异，需要分别对待，细化研究，不可一概而论。

三、左宗棠对甘肃吏治的整饬

  社会矛盾的积累和激化极易促成社会大动乱的发生，而吏治腐败往往是主要诱因之一。甘肃自经大乱，残破不堪，千里蒿莱，"残黎困于贼，困于兵，又困于纵匪之官、纵兵之将，奏章中不敢尽言"[①]。后人根据左宗棠的书信奏稿，概括出他对当时甘肃现状的基本认识是："陇中苦瘠甲天下，官如传舍不得人。"[②]"苦瘠甲天下"是自然因素，可以说是天灾；"得地不得人"、吏治腐朽则是人祸。自然条件差，人力尚可以改造："论者每谓陇西荒远，不足有为。其实山川城郭，固与内地无殊；土脉泉源，亦无区别。若如内地一一施治，得人久任，未必竟成荒服。"[③]即关键在于治理"人祸"，使甘肃官员能够"得人久任"、吏治澄清，一切就有希望。因此，要治理与开发甘肃，就必须清除固有的腐朽习气和已有的腐恶官吏，挑选廉洁干练的官员，充实各级官府。

  左宗棠是近代有抱负、有见解的政治家，深知吏治的良窳对于国家治乱兴衰的重要作用。面对风起云涌的太平天国起义，他早已看到："天下之乱，由于吏治不修。"[④]"维吏治不修，故贼民四起，此时再不

---

① 《左宗棠全集·书信》（二），第178页。
② 张灏：《略论左宗棠开发西北的思想》，《湖南师范大学学报》1987年增刊《左宗棠研究学术讨论会论文集》，第223页。
③ 《左宗棠全集·书信》（二），第236页。
④ 《左宗棠全集·书信》（一），第181页。

严治奸民，慎择牧令，事更不堪问矣。"① 指出农民起义主要是吏治败坏所引起的，为此，他认为"勘乱之道，在修军政，尤在饬吏治。军政者，弥乱之已形；吏治者，弥乱之未形也。"他把整饬吏治当作防止农民起义的一种手段，提出了基层"州县最须得人"和"州县为亲民之官，尤以得人为重"② 的主张。到西北后，他看到"甘肃官场恶习已深"，"甘肃之官不能治民，反激民之乱"。决心从整饬吏治入手，消弥民变，恢复清王朝在西北的统治秩序，为开发与建设甘肃创造较好的政治环境。左宗棠并不一味地谴责百姓"大逆不道"，而是承认吏治败坏、"官逼民反"的事实，从而主张整饬吏治，并把"饬吏治"放在"修军政"之先，并提出了一套整饬吏治的标准与原则。这些标准与原则的有一些内容，在镇压太平天国革命时已提出，只是在陕甘总督任上进行了充分的实践与运用，变得更加系统与完备了。

（一）甘肃吏治的现状

晚清时的甘肃，虽地处偏远，但地域辽阔，地理位置十分重要。当时，它不仅包括今天的甘肃全境，而且还包括宁夏、青海的西宁地区、新疆的镇西府（巴里坤地区）和迪化州（乌鲁木齐地区）。在这样一片"广二千一百二十里，袤一千四百一十里"③ 的土地上，总督、巡抚是地方的最高官吏，下有管理钱谷民政的布政使和掌管诉讼刑名的按察使，还有七八个道台和七十多个府州厅县的地方长官。这些人构成了全省的统治系统，也就是所谓的甘肃官场。据统计，"在同治以前，甘肃巡抚共有四十人，其中满人有三十人；陕甘总督共有四十一人，其中满

---

① 《左宗棠全集·书信》（一），第83～84页。
② 《左宗棠全集·奏稿》（一），第164页。《左宗棠全集·奏稿》（七），第183页。
③ 《清史稿·地理志》。

人有三十四人。这般满洲官吏，可以说多数都是纨绔子弟，不知政治军事为何物，他们只知道弄钱耍乐"[1]。当时，陕西吏治颓废，士气绵惙，玩泄成习，豪恶全无忌惮，顽梗刁钻成风。渭南回民起义本由统治阶级激变引起，酿成绵延十余载、震撼全西北的惨祸。而甘肃的吏治，更加黑暗。早在乾隆盛世，甘肃布政使王亶望植党营私，在任仅三年即"侵吞赈粮、冒销公帑"五十多万两，通同舞弊的大小官吏十多名。这还是乾隆王朝，清王朝统治较清明的时候。及至晚清，随着清政府的腐朽衰败，甘肃吏治败坏已极。如咸丰晚年的陕甘总督乐斌，西宁正在闹番乱，他还是选色徵歌，胡帝胡天，实践他贵姓的"乐"字。[2] 高官如此，属吏腐恶更是可想而知。据载，"就在西北变局发生后，还有乌鲁木齐提督成禄（字子英），逗留高台七年，不出玉门关一步，苛索民间供应三十万两；最是'岂有此理'的，诬良为盗，残杀二百多命。这三十万两一个数目，看似不大，但要在兵荒马乱、地瘠民贫的高台搜括起来，已极剥肤吸髓之能事"[3]。这还都是经查实核对、参劾处理的事例。没有发现的又有多少呢？因此，当时发生陕甘回民的反清大起义，究其根源，完全是陕甘吏治败坏已极，官逼民反的结果。这一点，秦翰才就曾一针见血地做过分析："像甘肃这样一个汉、回、蒙、番杂处的地方，怎样调和融洽，使大家安居乐业，一般官吏也向少注意。对于汉人和回人的纠纷，对于伊斯兰教徒中新旧两派的争执，更是向来很少衡量酌理，秉公判断解决。不是双方弥缝，便是偏袒一方；不是颟顸办不了，便是任意武断。所以这一次变局，实是积有许多政治上的因素，并不是凭空爆发。"[4]

总之，当时"西事败坏至极"[5]。左宗棠面对如此严峻难堪的局面，

---

① 《左文襄公在西北》，第25页。
② 《左文襄公在西北》，第25页。
③ 《左文襄公在西北》，第25页。
④ 《左文襄公在西北》，第25页。
⑤ 《左宗棠全集·书信》（二），第194页。

"实深叹恨"，认为"吏事为此，乱未已也"①，他决心以一身承其弊，大刀阔斧，在军、政、经交驰、"经纬万端"、极端困难的情况下，一面处置极为紧迫的军事问题，一面着力刷新甘肃吏治，振作政风，力图为振兴甘肃创造良好的吏治环境。

（二）左宗棠对甘肃吏治的整饬

1. 左宗棠在甘肃的用人标准与吏治原则

左宗棠在甘肃时曾指出："窃维治乱安危，虽关气数，而拨乱反治，扶危就安，则必人事有以致之。""将营广厦，预购众材。"② 又说，澄清"吏治首在得人，而人才难得，盖以有为者未必有守，有守者未必有为，非相知之深，相信之久，不敢滥登荐举也"③。为此，左宗棠提出了一套自己的用人标准与治吏原则。

1）用人标准

（1）"廉""干"并用，"心术为本"。左宗棠衡量人才的标准是"德才兼备，以德居首"。他曾说："用人之道，重才具，尤重心术。才具者，政事所由济也；心术者，习尚所由成也。"还说："人不可无才，然心术实是制事根本。心术不正而才具觉优，则所谓才者，亦只是长恶济奸，自便其私而已，于事实何益？"④

从表面看，左宗棠的这两条用人标准只不过是老生常谈。早在唐初，魏征和唐太宗讨论用人问题时就说：战争时期任用将帅，专求其

---

① 《左宗棠全集·书信》（卷三），第153页。
② 《左宗棠全集·奏稿》（卷七），第25页。
③ 《左宗棠全集·奏稿》（卷七），第27页。
④ 《左宗棠全集·札件》，第433～434页。

才,不考其行;"丧乱既平,则非才行兼备,不足用也"。辽金时代,金国的君臣认为:"人有才堪任事而处心不正者,终不足贵。""其心不正而济之以才,所谓虎而翼也。"① 所不同的是:前人讲"心术"、"才干",往往对立起来,常常以心术排斥才干。而所谓"心术",又仅仅是"忠"、"孝"等封建道德。左宗棠的"心术"主要是指"廉洁","才"则是指能干。所以,他又把"心术"、"才干"具体化为"廉"、"干",这就成为切实可行的标尺。

左宗棠主张任用官员,"廉"、"干"并重,缺一不可。上面提到,他把"心术"即"廉洁"当作"制事根本"。但同时,他又认为,"廉仅士之一节,不廉固无足论,徒廉亦无足取"②。官员的廉洁固然是首要的,但只有廉洁而无才能也"不足取"。所以,左宗棠所提出的任用官员的标准实际是德和才的统一。

(2)注重实效,用人"朝气"。左宗棠认为整饬吏治、任用官员最根本的问题是要注重实效,切合实际。他处在封建专制制度行将崩溃的时代,虽有整饬吏治的良好愿望,但廉洁而有才干的官员实在是凤毛麟角。当时,官场营私舞弊,受贿成风,偶有人反对,却反被视为不近情理的怪物。左宗棠主张以"廉"、"干"用人,谈何容易?所以,他又提出了用人所长的原则作为补充。他认为,"只要其人天良未尽泯没,便可有用"。"凡用人,用其朝气,用其所长,常令其喜悦,忠告善道,使知意向所在,勿穷以所短,迫以所不能,则得才之用矣。"③ "人各有才,才各有用,尝试譬之,草皆药也,能尝之试之而确知其性所宜,炮之炙之而各得其性之正,则专用杂用,均无不可……非知人不能善其任。"④ 左宗棠主张用人"朝气"、用人"所长"、人尽其才等原则是可取的。在甘肃也基本上贯彻了这一原则。

---

① 《续资治通鉴》,中华书局,1979 年,第 4415 页。
② 《左宗棠全集·书信》(一),第 664 页。
③ 《左宗棠全集·书信》(一),第 143~144 页。
④ 《左宗棠全集·书信》(一),第 210~211 页。

2）治吏原则

（1）分别等次，严格"察吏"。左宗棠认为，对于吏治"非随时考察，分别汰留，树之风声，正恐人心趋向不专，仍难收激扬澄叙之效"。因而对官吏要"按诸实迹，详加核酌"，才能"择其不职者分别请旨降革，以彰公道"①。为此，他对实际考察、选拔官员制定了具体等级。他认为：官员"朴勤者为上，安静者为中，其沾染近时习气者不可留"②。何谓"朴勤"？他又具体化为："官无论大小，总要有爱民之心，总要以民事为急。随时随处切实体贴，所欲与聚，所恶勿施……斯循良之选矣。"③ 这种官员朴质无华，勤于民事，自然是第一流官员。至于"勤于案牍，操守端谨者次之"。这类"安静"、"本分"的官员，虽然不会出大的差错，但同那些有"爱民之心"、"以民事为急"的官员相比较，只能是次一等的人选。"专讲应酬，不干正事，沾染官场习气者为下。因循粉饰，痿痹不仁，甚或依任丁役专营私利者，则断不可姑容也。"④ 1880 年，在左宗棠即将调离甘肃时，甘凉道与巴燕戎格厅通判龙昆发生矛盾，龙昆要求随左宗棠离开甘肃。左宗棠答复说："身入仕途，即宜立定主意，毁誉听之人，升沉付之命。惟做一日官尽一日心，庶不负己、不负斯民也。"⑤ 这里所反映的那种听天由命的思想是消极的，但他认为，做官必须对得起自己、对得起百姓，这同他任用官员以"爱民"为首要标准的一贯思想是一致的。

（2）制定《要言》，重视"训吏"。如果说对业已腐败的吏治严加整饬和通过察吏辨别是非有助于吏治改进的话，那么对官吏进行教育训导和对其施以体贴亲恤更对吏治的建设具有重要意义。左宗棠对这一点认识得非常清楚。他说："今日道府以至督抚均言察吏，而不知察吏之外

---

① 《左宗棠全集·奏稿》（六），第 783 页。
② 《左宗棠全集·札件》，第 348 页。
③ 《左宗棠全集·札件》，第 440 页。
④ 《左宗棠全集·札件》，第 40 页。
⑤ 《左宗棠全集·札件》，第 492 页。

尚有训吏、恤吏两端。训之使不至为恶，恤之使可以为善。斯其成就者众，而转移自速也。"① 他还说："知府须知一府之事，欲知民事，必先亲民；欲知吏事，亦须亲吏。今人但言察吏而不知训吏，但言课吏而不知亲吏，故贤否混淆，而属吏亦无所观感；所谓亲者，不在勤接见、通声气，要有一副诚恳心肠与之贯注，见善则奖，见过则规，宽其不逮，体其艰苦，则中材自奋者必多，而吏治乃有蒸蒸日上之意。"② 可见，左宗棠在主张察吏（课吏）的同时，更强调训吏和恤吏（亲吏）。

在"训吏"方面，左宗棠主张从以下两个方面着手：

第一，对官吏"兴教劝学"。左宗棠说他"区区于戎马倥偬之余，教稼劝学，姑启其端，以俟后之君子耳"。他将清初名臣汪辉祖的《佐治药言》和陈宏谋的《在官法戒录》分发给官吏，"裨其知所敬畏"。他引用古人"一时教人以口，百世教人以书"的名言，认为"有怀匡济者必取诸此"③。他还于同治十一年（1887 年）在兰州精心选编了陈氏的施政文书、汪氏的《称职在勤》，以及清朝专论吏治的文章共 18 篇，编成《学治要言》一书，"颁诸寅僚"。其目的是"冀同志诸君子玩索是编而有得焉"，"因公接晤时，当即是编相与考订往复，以求一是"。他强调："学优而仕，往训攸章，未有不学而临民者。近世士夫竟习帖括，尚词章记诵，而经术早荒；鹜利禄功名，而儒修罕觏。甲科之选已不古若，军兴捐例频开，保叙辈出，宦途日益猥杂。求仕风之进于古不已难哉？"④ 于是，他试图用《学治要言》来训导官吏，使官吏牢记"官必爱民，乃为尽职"，"地方官职在牧民，民之事即己之事也，一举一动，皆须从民生起见"，"当官三字，曰清、曰慎、曰勤"⑤ 等古训。并希望

① 《左宗棠全集·书信》（一），第 670 页。
② 《左宗棠全集·札件》，第 290 页。
③ 《左宗棠全集·札件》，第 265 页。
④ 《左宗棠全集·札件》，第 536 页。
⑤ 左宗棠编《学治要言》，第 1、8、45 页。

由此形成"善气所召，休祥应之，造福于民者，己必与焉"① 的新氛围。

第二，通过对属吏禀文的批答训导官吏。在左宗棠的批札中，他多次在核阅属吏禀文时亲加批答，对部下提出了剀切的要求。如他在批复临潼县知县伊允祯禀接印视事情形的批札中说："做官要认真，遇事耐烦体察，久之无不晓之事，无不通之情。一片心肠都在百姓身上，如慈母抚幼子，寒暖饥饱，不待幼子啼哭，般般都在慈母心中，有时自己寒暖饥饱反不觉得。如此用心，可谓真心矣。有一等人，其平日作人好，居心好，一旦做官，便不见好。"② 这虽然不是给甘肃官员的批札，但却很有指导意义，表明了左宗棠训吏之勤与劝吏之殷。在甘肃，他更是勤写批札，对属吏严加训导和鼓励。在新选地方官上任之初，他就提出要求。如在给新任崇信县知县李世瑛的批札中训导说："兵燹之后，孑遗之民生计日蹙，一息仅存，亟应筹赈抚以延其残喘，劝耕垦，散籽种以导其生机。实心实力，为之尽一分心力，庶得一分实济也。"并针对地方实政予以具体指导："安口新窑镇煤炭亟宜开掘，饥民得以自食其力，军民炊爨无须樵采，两利之道也，多集人夫为宜。"③ 他要求新任甘州知府余士毅"惟遇事存着视民如伤念头，于政烦赋重时力求撙节爱养，行之无倦，持之以恒，其庶乎"④。大概由于这位知府能实心任事，左宗棠后来便不断在批札中对其鼓励和表扬："所查甘郡各情形尚为明晰"，"据禀已悉。所办各件井井有条，殊深欣慰！"⑤ 左宗棠真是急于在甘肃培养出几个好官吏来。对于那些能根据当地实际，因地制宜作出实绩的官吏，左宗棠更是悉心指导，慰勉有加。狄道州是地杂回、番的多民族聚居地区，知州喻光容由于大办义学，传播儒学文化，深受左宗

---

① 《左宗棠全集·札件》，第 536 页。
② 《左宗棠全集·札件》，第 150 页。
③ 《左宗棠全集·札件》，第 161～162 页。
④ 《左宗棠全集·札件》，第 324 页。
⑤ 《左宗棠全集·札件》，第 333 页。

棠的支持与嘉许。① 兰州府知府铁珊，在任上实心办事，为流寓回族难民过冬，将"寒衣闱务一切均经预为料理，具见深识大体，不同流俗，深堪嘉尚"②。后调任甘凉道，因发展畜牧业有政绩，深受左宗棠的称赞。新任狄道州知州王镇镛，到狄道以后清丈地亩，创制水车牛车筒，造福百姓。左宗棠大加赞赏，表扬他"实心恤民，筹虑恳至，深堪嘉尚"，"为地方造福，即是为自己造福也"③。凉州府知府刘思洵到任后，革除陋规，把地方收入和开销，开单明报给左宗棠，左宗棠看后颇为欣赏，表扬道："该守权篆剧郡，莅任之始即将一切陋规概行裁革，具见清白传家，志趣不苟，深为嘉悦！"文县县令陶模，在任上捐养廉银设立恤嫠经费，留心风化，也受到左宗棠的激赏："文县地僻俗陋，礼教久衰。该令留心风化，捐廉为恤嫠经费，并拟规条以垂久远，具见深识治源，迥异俗吏。"④ 陶模受到左宗棠的赏识和提拔，在不同的岗位上均干出了政绩，被左誉为"治行第一"的吏才。可见，左宗棠的"训吏"之举在甘肃是很有成效的。

（3）体察属下，悉心"恤吏"。在"恤吏"方面，左宗棠以"恤之便可以为善"为出发点，论述了官职高卑与缺分肥瘠的关系。他说："官职高卑，缺分肥瘠，晚近士大夫所较论者。此不过数十年勾当，若作得数十年好官，于得无数济民利物事业，不强于富贵庸人耶？昔人谓当官无政绩，便似宝山空回。诚能修职业，时时存一毋负此官之想，则官成名立，位虽卑而品则高，身虽瘠而民则肥，所得多矣；况官不必卑，禄不必薄乎。"⑤ 显然，左宗棠不是主张为官者只能当苦行僧，而是强调其不要计较职位高低、俸禄厚薄，关键之处是干出政绩，才不似"宝山空回"。

---

① 《左宗棠全集·札件》，第 392 页。
② 《左宗棠全集·札件》，第 390 页。
③ 《左宗棠全集·札件》，第 450 页。
④ 《左宗棠全集·札件》，第 331 页。
⑤ 《左宗棠全集·札件》，第 112 页。

　　左宗棠"恤吏"，大概可以分为三个方面，即制度保障方面、精神鼓励方面和物质支助方面。制度保障方面，就是制定法令，严格考查官员的治行，区分好官与贪官，严惩贪官，奖恤良吏。又不使法令制度过于繁苛，使坏人投机取巧，使好人动辄得咎，要形成奖恤官吏积极向善的环境和条件。精神鼓励就是要形成激励好官和擢用良吏的舆论导向和政策环境。在这一点上左宗棠积极带头，诚心恤吏。他在批复陕西绥德州知州成定康的禀文时指出："该守积劳成疾，实深挂念。血性男子，遇事不肯放过，不肯随人，固是本色。然当百忙之中，亦须稍存暇豫之意，庶心神和适，不致竭蹶。古人云：'爱其身以有待也'，又云：'能事不受人迫促，乃为入粗入细经纶好手'。愿贤者百尺竿头，再加进步。"① 成定康病愈后，左宗棠对他拔擢任用，委以重任，累官至甘肃按察使。他在批复甘州知府龙锡庆的禀文时说："该署守洁己爱民，早所深悉。当此时局艰难，非虚心观理，实心任事不可，于行己、事上、养民、使民一切尤宜细心斟酌，务期措置咸宜，方为尽善。"② 可见期望之殷，给这些官员在精神上以极大的鼓舞。物质支助方面，左宗棠规定，对那些勤于公事，不营私舞弊的官员，如果生活确实清苦，要主动予以照顾，以起到鼓励廉洁的作用。比如，他的得力副手刘典，曾任帮办甘肃新疆军务之职。刘平时"自奉俭约"，居处"环堵萧然，一如寒素"。这位清廉的官员为西征军筹饷运粮，编验、组织后援部队，日夜操劳，忠于职守，终因积劳成疾，病死军中，家中老幼无以为养。左得悉后痛悼不已，毅然拿出自己的六千两俸银交给刘典家属，赡养其87岁老母和抚养其子女。又如张宗翰署西宁道，左宗棠知道他"光景甚窘"，筹给每月津贴一百两；陈万春署肃州镇总兵，也非有津贴不可，给他每月五十两；③ 又例如泾州知州林守发做了几任知州，境况萧条，

---

① 《左宗棠全集·札件》，第133页。
② 《左宗棠全集·札件》，第390页。
③ 《左宗棠全集·书信》（三），第125页。

在他因病请假，回去医调时，致送川资五百两。①

2. 左宗棠整饬吏治所采取的措施与方法

（1）坚持标准，黜退劣员。对那些既不廉洁又无才干的人，朝廷纵有明令，左宗棠也不准其赴任。在他驻肃州，指挥平定阿古柏叛乱期间，有个由吏部铨选委任的庆阳府知府纶增，此人是满洲贵族，"才具甚短"。上任之前，就借了人家几百两银子，六成利息，准备上任后偿还，刚一到兰州，他就申请预支养廉银。左宗棠得知后，不许他赴任，"饬其回省学习，只盼其略有长进，再令履新"。② 另一个满族人文治，由朝廷委任为阶州知州，左宗棠了解到其人也是"债多才短"，立即令其暂缓到任③。对于这类还未做官就张着空口袋准备捞好处的"饿鬼"，左宗棠一概不给官职。新疆军事结束后，左宗棠给甘肃布政使杨昌浚的信中提到两个官员的罢免问题，一个叫范廷梁，本是书记员，左宗棠认为他过去"犯有案件，钻营得保，故抑之"④。另一个叫王裕桂，本是陕西商人，"同本家争财互控"，左宗棠认为其品行卑污，"不可令其补缺，也不可署事"⑤。光绪三年，左宗棠在给朝廷的一封奏折中，分别将甘肃六名不称职的州县官吏罢免，如泾州知州陈台以"办事任性取巧，不洽舆情"的罪名、五品衔甘肃候补通判叶兆封以"浮躁嗜利，工于作为"的罪名、镇原知县李洪己以"鄙劣不职，声名狼藉"的罪名、丁忧前岷州知州花映台以"嗜好甚深，失察门丁，得受赃款"的罪名、署通渭县知县林士超以"性情委靡，诸务废弛"的罪名、署宁远补用知县张炳以"居心浮伪，不知振作"的罪名，"请旨革职"，"以彰公道"，

---

① 《左宗棠全集·批札》，第 379 页。
② 《左宗棠全集·书信》（三），第 462 页。
③ 《左文襄公在西北》，第 164 页。
④ 《左宗棠全集·书信》（三），第 548 页。
⑤ 《左宗棠全集·书信》（三），第 560 页。

"庶庸劣知所儆畏，而廉能者益劝矣"①。光绪六年，左宗棠又奏请朝廷，将衰朽不堪，"难以振作"的安定知县、陇西知县和庸腐不堪、"性识迂拘，办事竭蹶"的镇原知县、宁远知县、安化知县等"开缺另补"。②宁夏部员祥升，驻扎宁夏，办理蒙古民人事务，因"不知自爱，有玷官箴。应请先行革职，由理藩院查办"③。化平直隶厅通判左寿昆"在化平毫无政迹"④，被左宗棠撤职。光绪四年七月，因查禁罂粟不力，左宗棠又将宁夏府一府六属之官，除宁灵厅抚民同知以外，知府李宗宾以下官员，悉数给予或撤职或留任察看的严厉处分。经此整顿，宁夏吏风民情出现了"疵俗丕变，世宙一新"的局面⑤。总之，翻阅左宗棠在这一时期的奏稿，有许多片折都是黜陟官员的。

（2）严惩贪官，振顿纲纪。对于一些劣迹昭著的官员，左宗棠坚决严惩，毫不动摇。甘凉道用人不当，属下各官员"欺蒙，互相容隐……所发差价及官车差价，亦皆隐匿侵吞……"。左宗棠命令当时的甘肃布政使刘典严肃查处，"择尤撤换，以示惩劝"⑥。有个叫徐翰藻的滑吏，钻营得为西和县令，"仍然作恶，可知馋猫之性未改。其妾毒残婢女毙命，尤属奇惨"。左宗棠饬首府查询严办，"勿稍含糊"⑦。还将"于地方应办一切事宜漫不经心，疲玩成性，难期振作，且访闻素有嗜好"的礼县知县东瞻泰请旨革职，"以重民社"而肃官方。⑧尤其值得一提的是，左宗棠在整顿甘肃吏治时不肯徇情，不肯姑息迁就，对那些互相包庇，掩盖事实真相的官员一律给予处分。代理徽县县令杨国光营私作弊，"声名狼藉"，左宗棠令巩秦阶道道员董文焕查处。董文焕在给左宗

---

① 《左宗棠全集·奏稿》（六），第 783 页。
② 《左宗棠全集·奏稿》（七），第 625 页。
③ 《左宗棠全集·奏稿》（卷六），第 44 页。
④ 《左宗棠全集·书信》（卷三），第 57 页。
⑤ 《左宗棠全集·奏稿》（卷七），第 144 页。
⑥ 《左宗棠全集·书信》（三），第 85 页。
⑦ 《左宗棠全集·书信》（三），第 153 页。
⑧ 《左宗棠全集·奏稿》（七），第 183 页。

棠汇报时，引用县丞陈炳基的书信为杨国光开脱；徽县新任县令云庆也替杨国光"弥缝"，说好话。左宗棠非常气愤，说他们上下勾结，"无非为贪猾之令曲意保全起见，殊出意料之外"。他给崇保下令，给陈炳基、云庆记大过处分，陈炳基"永停差遣"，道员董文焕"随俗波靡"，对杨国光的劣迹"漫不加察"，本应重惩，但因事先已记大过一次，仍责令他严查杨国光一案，"如有一字含糊，定唯该道员是问！"他指出："甘肃官场恶习，唯以徇庇弥缝……不复以国事民事为念。驯至上下相蒙，吏事废弛，若再因循，不知伊于胡底。"① 表示了他对甘肃官场上恶劣习气的愤慨和忧虑。

左宗棠整饬吏治，绝不肯向歪风邪气屈服。他在驻肃州期间，敦煌县有两个官员因事革职，两人互相攻讦，竟至于"持刀拼命"，甘凉道铁珊怕激成事变，请求恢复两人职务，"以解其纷"。对于这种懦弱无能的请求，左宗棠回答说："嚣凌之风一开，尚安问吏治士风耶？"他责成崇保重新查询此案，"如该员仍敢狡执，抗不遵依，或竟形同无赖，则禀请刑讯，亦由其自取，不能任其刁横也"。② 官员犯法，无论何人说情，左宗棠一概不准，这在人情与关系学和金钱决定一切的晚清官场，实在是少见的。

对于那些疏于职守，任凭下属胡作非为的官员，左宗棠也不宽容。白马关要修县署，"劝"百姓捐钱，激成事变。县令周捷平事先曾向左宗棠请求过修县署的事没有得到批准，"不料其胆敢擅便，竟至如此，自不能不据实严参"。其上司，阶州知州顾超"庸弱无能，一切均唯吏目之言是听"③。于是，左宗棠将顾超和周捷平一同革职。

（3）打击豪强，保护百姓。甘肃当时有不少豪恶依靠自己的政治、经济实力称霸一方，为所欲为，禀断官私，顽梗无比，全无忌惮，往往

① 《左宗棠全集·札件》，第342页。
② 《左宗棠全集·书信》（三），第184页。
③ 《左宗棠全集·书信》（三），第36页。

成为整饬吏治的障碍。左宗棠以摧枯拉朽之势，破除积习，施以峻法，严惩不贷，决不任其刁横。平凉武生李振基因压迫已经受抚的回民而被左宗棠下令审判处决；灵州吕廷桂因讹诈受抚的回民而被就地正法；甘州乔良庭和李太和因造谣惑众，阻纳官粮而被杖死；平番监生王好贤因干预地方公事而黜革，兰州的张庆元居然穿戴官服去服侍法国传教士，左宗棠立即将他革职。左宗棠镇压这些贪官污吏、土豪劣绅，对百姓是有好处的。同时说明一个事实：左宗棠任用官员以"爱民"为首要标准，并不是纸上谈兵的官样文章，而是切实付诸实施，这也是甘肃吏治有所好转的重要原因。

（4）选拔能吏，安辑回、汉。左宗棠特别注重选配能安辑抚民，融洽民族关系的官员，以图迅速恢复和稳定宁夏、青海等民族地区的社会秩序。左宗棠把引发陕甘回民大起义的"构祸之由"归于吏治窳而民生蹙。因此，慎择善于安辑抚民、调处民族关系的官员。对于宁灵厅抚民同知用什么样的人，他说："今改设之宁灵同知，系初创之区，招抚安辑，尤关紧要。"① 所选官员首先必须要"精明强干之员"，因为"一切抚绥招徕，弹压稽察，在在均关紧要，非勤能明干之员弗克服任。"②其次，要"人地两宜"，既现居要缺，"堪升堪调"，又要有在边疆要地任职的履历，有处理复杂民族关系之经验的人充任。为此，他先选调李宗笏担任宁灵同知，因故未到任之后，于光绪六年九月，从地杂回番的狄道选调署理知州喻光容担任宁灵同知，称其"奋勉有为，明白谙练"，"实堪胜任，人地亦极相宜"。③ 光绪六年九月，左宗棠在给朝廷的奏折中报告了喻光容的政绩："履任以来，抚驭有方，地方安谧。"大概由于喻光容深孚左宗棠之望，又奏请朝廷将其派往更为艰苦，"三面临番，接壤川境"的洮州去担任抚番同知。而将原洮州抚番同知叶克信对调至

① 《左宗棠全集·奏稿》（卷六），第 339 页。
② 《左宗棠全集·奏稿》（卷六），第 177 页。
③ 《左宗棠全集·奏稿》（卷六），第 339 页。

宁灵厅。他认为"似此一转移间，人地两有裨益"。并指出："现当兵燹之余，抚辑善后，在在均关紧要，非得精明强干之员妥为经理，难期长治久安。"又任命"年壮才明，办事精细"的廖溥明担任新改固原直隶州知州，新设海城县知县由"心地朴实，才具明晰"的聂堃担任。左宗棠认为"该两员久署各缺，措置咸宜，舆论素洽，以之署理各缺，可收驾轻就熟之益"。又以"明干耐劳，操守素好"的陈日新，试署新设平远县知县①。这些官员都是经过慎重选择的。

（5）力废陋规，敢于碰硬。左宗棠在甘肃整饬吏治，还有一个很重要的内容：取消一切陋规。清朝末年，官场上人情应酬、不成文法的"陋规"甚多。一人开了先例，以后就相沿成习，视为理所当然。对此，左宗棠从他任用官员务求廉洁、能干、首在"为民"的原则出发作了一些规定："官评以操守为重。属吏馈赠、官价派买与衙门一切陋规不准收受，例禁甚严。晚近以来，仕风不正，道府取之州县，州县取之民间，上下交征，吏事遂不可问……做官不要钱，是本份事；但能不要钱，不能为地方兴利除弊、讲求长治久安之道，于国计民生终鲜裨补……然非操守清严，划定界限，大本不立，其见诸事为之末者，又安足道哉！"②他强调官员"操守为重"，具有廉洁的品质，才是"大本"，认为官场的败坏是由收受陋规等风气引起，所以必须废除各种陋规。

左宗棠是说到做到的，即使是朝廷大员，他也不容许收受陋规。甘肃第一任学政许应骙（因甘肃以前不设学政），来甘肃之前是广东学政，按广东规矩，离任之前必须由官府送一笔路费，名义是"路费"，实际只不过是借这个机会捞一笔钱而已。许应骙在甘肃任满回京时，居然也伸手要一笔钱。当时，学政虽只管科举考试，但不由吏部铨选，而由皇帝直接任命，官品较高，派头很大。对这样一个人，左宗棠不因他是朝廷大员而稍有迁就、"通融"，他说：广东是富庶之地，甘肃却十分穷

---

① 《左宗棠全集·奏稿》（卷六），第98～99页。
② 《左宗棠全集·札件》，第473～474页。

困，没有钱打点。而且，这种陋规本应裁撤，何能因朝廷大员而破坏，因而，他拒绝给许应骙这笔钱。

对于丁书巧立名色需索规费，左宗棠更是深恶痛绝。他指出："吏事之坏，大都见得利而不思义者，实阶之厉。当官而不能持廉，则属吏得以挟持之，丁书得而蒙蔽之，层累朘削，往往本官所得无多，而属吏丁书取赢之数且数倍过之。日久视为应得之款，名曰陋规。踵事增加，无有纪极。家肥国瘠，职此之由。究竟攘夺之财，每多意外之耗，蠹国者未必即能肥家，而公家经入之数已不可复按矣！兴言及此，良用慨然。"官员不能正躬率属，丁书胥吏就会为害百姓。因此，必须"裁革各项杂项，最为正本清源要图"①。所以，左宗棠对查处陋规态度严明。如阶州知州顾超"庸弱无能，一切均唯吏目之言是听"。左宗棠将其革职。巩昌府知府颜士璋，随带门丁放债，对属县索取过当，左宗棠予以警告。颜士璋不听劝告，终于撤任②。丁忧岷州知县花映台，"嗜好甚深，失察门丁，得受赃款"③，被左宗棠奏劾革职。特别是在《札试办甘省茶务章程》中，在以票代引条中做出了"如有丁书巧立名色需索规费，查出立毙杖下"的规定④。

3. 左宗棠以身作则，正躬率属，为整饬甘肃吏治树立了榜样

"上有所好，下必甚焉。"在封建社会的官场上，上司掌握着下属的升降荣辱大权。因此，势必造成一切唯上命是听的习气。从这个意义上看，作为最高地方长官，一言一行都影响着官场习气。左宗棠对此是认识得比较清楚的，他引用长沙一个滑吏的话说："吾辈所工者，揣摸风

---

① 《左宗棠全集·札件》，第 44 页。
② 《左宗棠全集·书信》（三），第 175 页。
③ 《左宗棠全集·奏稿》（六），第 783 页。
④ 《左宗棠全集·札件》，第 543 页。

气耳。使上司所尚者，果是廉干一路，吾亦何乐而为贪庸乎。"所以，左宗棠认为："吏治之振新，全在上司精神贯注，除贪鄙、吸烟及全无知觉运动之人断不宜用外，馀皆随材器使，令其率意导民，亦可渐收转移之效。大抵中人之资，可与为善，可与为恶，吾之好恶一端，斯吏之趋向定矣。"① 从这个认识出发，他把个人以身作则当作整饬吏治、扭转官场恶习的关键。

（1）崇实黜华，以身作则。左宗棠禁止下级吹捧，主张"崇实黜华"。他由西安移驻兰州之前，就有人替他准备好了"高帽子"，在兰州五泉山给他修建了生祠。左宗棠一到兰州，立即下令撤去。

左宗棠还禁止无聊的官场应酬和虚伪的客套。在驻扎肃州指挥平定阿古柏叛乱期间，他专门下了一道命令："新疆军务未峻，本大臣爵阁部堂驻节肃州，居处不遑。所有关内外文武及营局各员，断不准擅离职守，来辕进谒，致旷职守。其有专差呈送礼物者，尤干例禁，已早饬文武摈弃不收。各文武印委均应勤思职业，毋得分外相干，自取咎戾，凛之！"② 这不是自我标榜的空头文字，在行动上，左宗棠也是严禁这些恶习的。早在他驻西安时，有个姓王的县令写信问候他，左宗棠批道："本爵大臣……日接阅各属来禀，于所陈地方利弊及贼情地势，无不随时批答。唯一切称颂贺候套禀，概置不览，且拉杂烧之。该署……地方事宜岂无应行禀白者？乃仅以书启套话上渎，徒烦省览，何耶？原禀掷还！"③ 这个吹牛拍马的官员碰了个大钉子。还有一个官员在给左宗棠呈谢禀时，用了骈体文，大约是显示文采吧，左宗棠对这种腐儒酸调十分生气，说："谢禀用骈语，殊可不必！此即所谓官气懒残，所谓为他人拾涕者也，于实事何益？"④ 由此可见，左宗棠是坚决反对华而不实、"于实事何益"的官场俗套和虚浮风气的。认真阅读一下他这一时期的

---

① 《左宗棠全集·书信》（一），第669～670页。
② 《左宗棠全集·札件》，第554页。
③ 《左宗棠全集·札件》，第129页。
④ 《左宗棠全集·札件》，第261页。

批札，小到对属下的奖许、批评以及对具体事务的详细指导、安排，大到战略战术的商讨、施政原则的确定、人事变动的咨询，都是条理清楚，态度鲜明，内容充实，无一句空话虚言。他的书信，虽然也有人际交往，官场应酬的内容，但更多的都是言之有物，有的放矢，用于解决实际问题的信件。文如其人，从这些遗留的文件中可以想见他当日忙碌的情景。怪不得他自己说他"每一打仗，须发皆白"，经常"食少事多"，"脾泄体虚"。高效率的工作付出了高强度的劳累。

（2）淡泊明志，廉洁自守。左宗棠从不肯接受馈赠。胡光墉（帮左宗棠办洋务的一个道员）从上海送给他一批礼物，左宗棠碍于二人交情只领受了一点食物，并回赠了一些甘肃土产。对胡光墉送给他的金座珊瑚顶、大参等贵重物品，一律退回。陕西布政使王恩沂大概深知左宗棠平时不收任何陋规，在左宗棠离陕甘总督任后，得知他缺钱用，王恩沂就托人带给他一笔款，说是自己代收甘肃捐输（捐官及"报效"的各种款项），上交后剩下的一点零头，送给左公，以表敬意。左宗棠表示：他"无营于外，心亦安焉。入世三十年，渐违素愿，而无负于官私，始终犹可安也。近时于别敬，概不敢收。至好、新契之例赠者亦概谢之，非唯介节自将，人己亦无二致，亦俸外不收果实，义有攸宜。至甘捐尾款，储为甘陇不时之需，以公济公，于是为合。弟已去任，不能指为可取之数。若因一时匮乏，遽议及之，将人知己知之谓何？断有不可！"①这时，左宗棠已不是西北行政长官，所以说得比较婉转，但表明了他反对收受一切陋规、"例赠"、"别敬"的坚决态度。他作为掌握一方行政、军政大权的封疆大吏，严格做到"俸外不收果实"，对人对己"亦无二致"，实在是难能可贵。

（3）不徇私情，秉公执法。左宗棠手握西北地区军政大权，但为了纠正官场恶习，他坚持不走"后门"，不用私人。他家有个看门人叫何三，为人老实勤恳。左宗棠的夫人周氏出面说情，让何三挂名兵籍，领

---

① 《左宗棠全集·书信》（三），第690页。

一份粮饷。但左宗棠认为，兵士的粮饷，决不能发给家人，没有答应。周夫人去世后，左宗棠给何三折算了四年的兵勇粮饷，自己掏腰包，给何三银子二百二十两。左宗棠的两个女婿，一个在四川当道员，一个在湖北当道员，曾要求到岳丈身边谋事，均遭到拒绝。同乡中，不少人不远万里，从湖南到甘肃找他谋个差事。在那个时代，一人做官，鸡犬升天，这是司空见惯的事，但左宗棠对这些人分批打发回乡，临行时，每人给路费六两至十六两不等。仅在肃州行营时，就打发了好几批，他自己拿出路费四千多两，虽然"受累不浅"，但不肯动用公款。

相反，一旦官员有罪，无论私亲密友，他绝不徇私情。有个叫贺升运的人，是左宗棠亲家的儿子，因"禁种鸦片官员失察"一案，贺受牵连，主察官考虑到贺与左有"世谊、年谊、姻谊"的密切关系，想通融了事，左宗棠却不徇私情，从严律亲，指出贺是"咎有应得，岂可以私废公！"结果同其他官员一样受到处分。

（4）严格教子，端正家风。左宗棠对子弟要求严格，不肯因此而败坏官场之风。他有四子，无一留在身边。左宗棠率军驻扎在肃州，他的二儿、三儿曾去看望他，孩子们返回，左只发给他们路费，并再三叮嘱，沿途只许营防就便照护，不准地方州县长官以任何理由设宴招待。光绪五年（1879 年），他的第四个儿子带着五六个人来甘肃看望他。左宗棠给他们规定，"在督署住家，要照住家规模，不可沾染官场气习、少爷排场，一切以简约为主。署中大厨房，只准改两灶，一煮饭，一熬菜。厨子一，打杂一，水火夫一，此外不宜多用人"。并要求儿子三、八日作诗文，"不准在外应酬"[①]。历史上，这类事例也时有所见，但考其实质，大多是官员们为表明个人清廉的沽名钓誉的手段，而左宗棠的着眼点在于扭转败坏的官场作风。他的"廉介"是一贯的，对己如此，对下级也是如此。从这一点看，他不失为一个有战略眼光的封建政治家。《清史稿》中评论说："其志行忠介，亦有过人。廉不言贫，勤不言

---

① 《左宗棠全集·家书·诗文》，第 226 页。

劳……宗棠出治军,胡林翼为书告湖南曰:'左公不顾家,请岁筹三百六十金以赡其私。'曾国藩见其所居幕狭小,为别制二幕贻之,其廉洁若此。"① 秦翰才在《左文襄公在西北》一书中也称赞他是"一个清廉的人,'一介不取、一尘不染',布衣蔬食,度他淡泊的生活;所以虽经费支绌万分,时闹饥荒,而仍能号召朋僚部属,收群策群力,一心一德之效。文襄公在西北的成就,是这一种吾国向来所贵重的士大夫的素养在起作用"。

(三)甘肃吏治人才的改良与吏治环境的好转

历来国家与事业的兴盛,主要靠发挥人才的群体作用。如何发挥人才的群体作用,这又是一门领导艺术。左宗棠以厨丁做菜做比喻,说做菜的原料相同,但不同的厨师做出的菜,味道大不一样,说明作为上司,关键是会不会使用人才。他又把使用人才比做配中药,"人各有才,才各有用。尝试比之。草皆药也,能尝试之而确知其性所宜,泡之炙之而各得其性之正,则专用、杂用均无不可"。说明人才处处有,关键在如何妙用。关于这一点,《左文襄公在西北》的作者秦翰才有过一番很有意思的议论,他说:

"从来担当大事的人,罗致人才,大抵都有一个标准,或许说几个条件。当然,只是相对的,绝不是绝对的。这一点关系很大,所说'物以类聚',引用了某一种人才,就有某一种人源源而来,于是可以帮助一个人或一件事的成功或失败,同时也常就养成一时期或一地方的风气。曹操喜欢用踮弛之才,不问品行卑污,因有魏晋两代浪漫之风。范仲淹喜欢引进气节之士,有宋一代忠义之气,

---

① 《清史稿·列传·左宗棠传》,第12035页。

也就这样作成。清代同治中兴和光绪以后的衰败，湘淮军领袖和他引用的人才，握着一个相当重要的关键。曾国藩部下人才济济，然大家知道他的用人标准，只有六个字：'少大言，有条理'。曾国藩的事业也可以说就在少大言，有条理中成功的。李鸿章用人，驳杂不纯，后来许多事业的失败，本是可以早望见的；而北洋军阀的养成，也可以说李鸿章要负相当的责任。文襄公喜欢用怎样的人呢？从他平日议论中，吾们可以把'廉干'两字，作为文襄公用人的标准。"①

秦翰才这段议论是否全都精当，值得商榷。但他关于持一种用人标准可以引出一类人才，形成一大人才群体和促成一种风尚的说法，是颇有道理的。左宗棠就是以"廉干"为标准，在甘肃引用和培养了一批吏才，促进了甘肃吏治民风的改变和好转的。下面就从地方各级官吏和省级官吏两个方面来作些说明。

先看道府州县各级地方官员中的"廉干"之吏。左宗棠在甘肃十余年中，使用的地方官员，州县一级有政声的有代理平凉知县王启春，试种稻谷，受到左的赞许②。巴燕戎格通判龙昆，"朴廉自爱，番民畏服"。新任徽县知县李裕泽，"守洁才优，民心爱戴"。敦煌知县何桂，"廉隅自励，志在有为"。试用知县汪榘"才长心细，立志不苟"。③ 署宁州知州杨大年、署正宁知县黄绍薪，这两人"于奉檄禁种罂粟，改种草棉一条，尤不惮烦劳。时巡乡野，亲为劝导。并远购棉种，栽莳成秧，分布民间，因时树艺，又购觅纺车具，雇请民妇教习纺织，已有成效"④。左宗棠表奏朝廷予以嘉奖。阶州知州洪惟善"自权阶篆以来，捕匪安良，尽心民事，实牧令中出色之员"。白马州通判罗倅"实心任

---

① 《左文襄公在西北》，第161页。
② 《左宗棠全集·札件》，第528页。
③ 《左宗棠全集·奏稿》（七），第598页。
④ 《左宗棠全集·奏稿》（六），第28页。

事，早已知之，应仍留任，期收实效"①。

府道一级的有平庆泾固道魏光焘，"频年操防护运之暇，修筑城堡，平治道路，搭架桥梁，开浚河流，种植官树，利民之政，百废俱兴"②。甘州府知府龙锡庆"洁己爱民"，为左宗棠所看重；甘凉道铁珊散布羊种，繁殖很快，为左宗棠所称道。③凉州府知府刘思沟更是有名的廉吏，等等。光绪五年，左宗棠在给杨昌浚的一封信中，比较集中评价了一番甘肃有政声的地方要员。他说："魏道（光焘）安详练达，一时之选，弟知其能。龙守锡庆（现署宁夏道），差堪与比。陶子方（陶模）之治秦州，石本清之治阶州，程履丰之治静宁州，王镇镛之治狄道，皆有声迹。周子岩（崇傅）之廉谨（署镇迪道），杨大年之明干（署肃州），巩秦阶之潭道（继沟），志在有为，皆不易得者。"这么多廉干之吏补充到甘肃官场，左宗棠不禁有"时局多艰，安得四方豪俊翩然至此，俾馀生真见太平"之慨。④其欣慰之情，可想而知。翻检左宗棠的奏稿及信札，他在甘肃期间，各道府州县差不多都有不合格的主官被劾撤任降职，经此整顿，全省各地方道府州县都简选了合格的"亲民之官"。其中不乏有才干有政声的循吏廉吏、爱民好官，甘肃各地吏治因而大有起色。以上所列良吏，仅为其中一部分。

再看省一级的骨干官吏，有帮办甘肃新疆善后、署理陕甘总督杨昌浚；甘肃布政使、帮办陕甘军务刘典；总理行营营务刘锦棠；提督张曜；总兵王德榜；甘肃布政使崇保等，这些人都是有德行有才干的治世人才和左宗棠的股肱良佐。前述这些人中，刘锦棠、刘典、张曜、陶模、刘思沟等都是有名的廉吏。刘思沟一到任就向陋规开刀，立志不苟。刘锦棠则对西征各军所上缴的财物一介不取，并注意保持晚节，虽

---

① 《左宗棠全集·札件》，第 378 页。
② 《左宗棠全集·奏稿》（七），第 641 页。
③ 《左宗棠全集·奏稿》（七），第 635 页。
④ 《左宗棠全集·书信》（三），第 450 页。

任新疆巡抚多年，但仍身后萧条，遗箧中只剩几篇奏疏稿件。① 他们与左宗棠或以道义相激赏，或以廉干相砥砺，共同促成了甘肃吏治的好转，也养成了甘肃一时一地的廉正风气。

光绪三年（1877 年）十一月，左宗棠在给朝廷的一封奏折中总结道：

> "窃惟甘肃一省，荒瘠著名，兵燹之馀，凋敝尤甚，筮仕者久已视为畏途。臣度陇之初，府厅州县佐杂候补者，每班寥寥数员，或竟缺乏，不备任使。其实缺署事各员，缺稍优者，或由夤缘钻刺而得，恃有庇护，靡所不为；其苦瘠者，则视同敝屣，弃之如遗，求去惟恐不速。于此而空言遴选贤能，整饬吏事，实恐无从着手。乃裁革陋规，以正其本；崇尚节俭，以养其廉；酌发廉俸，加给津贴，以恤其私；薄予到任盘川，免其挈债之官，以轻其累；又于军营保举人员宽加甄录，以博其选；即保有省分、才堪器使者，亦间由差遣得力，委权地方篆务，以观其能。于是仕风一振，而留省候补及投效随营人员日渐加多，堪资选择矣。"②

由这一段话可以看出左宗棠在甘肃整饬吏治的实况和甘肃吏治人才成长的情况。但他并不以此为满足，时刻保持着清醒的头脑。因为他感觉到，"陇中吏事，虽渐觉改观，而骫皮玩泄，积习已深，非切实整理，难期丕变。所望风纪之司鼓舞振兴，乃有成效可睹"③。这说明他已认识到要彻底改变甘肃吏治，振作政风，还必须作长久不懈的努力。尽管如此，甘肃吏治较前大有好转，甘肃廉政建设已取得了阶段性的成果，却是不争的事实。据其后的甘肃按察使陶模书信中说：左宗棠俭约的作风，确实曾矫正了以往官场"淫靡习气"④，这应当是可信的。

大乱之后需要大稳定和大发展，但在那个时代，这一切都只能依赖

---

① 转自《左文襄公在西北》第 117 页。
② 《左宗棠全集·奏稿》（六），第 782～783 页。
③ 《左宗棠全集·书信》（三），第 184 页。
④ 《左文襄公在西北》，第 172 页。

一支既廉洁又勤政的吏治队伍加以实现。左宗棠整饬甘肃吏治的努力，基本上为甘肃的开发与发展创造了这一条件，这是难能可贵的。左宗棠注重廉政建设的思想和在实践中积累的丰富经验，是我国封建政治史上的一份宝贵的遗产，应加以总结与借鉴。他重视廉政建设客观上有利于社会的进步和当地经济的开发，尤其是他重视边疆地区的廉政建设，更有巩固边省、抵御外侮的爱国主义的一面，是应该予以充分肯定的。

四、左宗棠对甘肃军制的改革

甘肃历来是军事要区，在清代一直受到高度重视，但在研究这段历史的时候，人们却把目光更多地集中在左宗棠镇压回民起义与收复新疆等问题上，对甘肃原有军队的废弛状况与左宗棠对甘肃军制的改革情况涉及较少，实际上，这也是左宗棠治理甘肃的重要内容之一，有必要专门进行记述。

（一）甘肃军制的废弛与腐朽状况

清初，清王朝在各省冲要关口派驻八旗、绿营以弹压地方。在甘肃派拨的八旗兵，分驻在宁夏、凉州和庄浪（永登）。由将军、副都统、城守尉领辖。绿营兵有二提五镇，分驻宁夏、固原、河州、西宁、甘州、凉州、肃州等地。此外还有督标兵五营及各地防勇。不算八旗兵人数，仅绿营一项，兵员即达 82880 多人。驻兵数量之庞大，为历朝所仅见。但到清末时，八旗、绿营已腐败不堪。平时，他们坐食优游，为害地方；战时，一触即溃，"见贼先逃"。再加上太平天国起义爆发以后，甘肃制兵"抽调出征的，也很不少，兵力自然不足。还有甘肃是靠各省协饷的，也为太平军兴，各省自顾不暇，就无力再协济甘肃。……其时每饷银一两，只照时价发八钱五分，还要缓发两成。河西各郡，搭放一半麦子。财政上的窘态如此，原有的兵已常怕饥溃，怎样再能添兵；而挨到咸丰十年，还被迫只好裁兵。所以（陕甘）两省变局发生，本身实在没有实力应付"。①

同治初年，大规模的陕甘回民起义东起陕西渭南，西至甘肃肃州、安西，蔓延陕甘全境。清廷派多隆阿为钦差大臣，督办陕甘军务。派提督雷正绾，总兵陶茂林、曹克忠带兵堵剿。但清兵军纪败坏，营制废弛，"将不成将，兵不成兵，无贼则滋扰，见贼则狂奔"②，成了为害地方的祸首之一。

据载，陕甘总督熙麟"性本狂悖"，在庆阳督办军务，"不出屋门，终日与武弁委员沉醉酣歌"。前后耗费饷项军费 30 余万两，"失陷宁夏、平凉，略无愧耻"，最后竟"扬威而去"。"信任刀匪冯元佐以为大将，见贼而奔……；信任河南勇，补以参将实缺之马天祥，奸淫抢劫，无所不为。"③ 布政使恩麟，本属纨绔出身，"畏葸无能"，毫无主见，护理陕甘总督时，"仓皇失措，颠倒错乱"。在军务方面一无所知，一筹莫展，这些人"既不读史鉴经世之书，又无正人君子从而指教，目不识丁，眼光如豆，奉劣幕为名师，受属员之挟制"④，但"二人皆有奥援，故偾事而犹安其位"⑤。

当时主持甘肃军务的提镇将官有穆图善、雷正绾、陶茂林和曹克忠。除曹克忠治军较严、声誉较好外，其余三个皆有劣迹。比如穆图善，初在多隆阿手下任职，镇压过太平天国革命。此人"与战阵攻取，全不了然。多隆阿视之为奴隶，穆图善尊之如父兄，言语嗫嚅，进退趑趄，有忍人之所不能忍者"。多隆阿死后，穆图善统其旧部，"其人好利无能，所部如黄金山、孟宗福等，一概不服调遣，兵勇亦逃亡过半。所

① 《左文襄公在西北》，第 26 页。
② 张集馨：《道咸宦海见闻录》，中华书局，1981 年，第 381 页。
③ 张集馨：《道咸宦海见闻录》，第 379 页。
④ 张集馨：《道咸宦海见闻录》，第 370 页。
⑤ 张集馨：《道咸宦海见闻录》，第 369 页。

部杀掠奸淫，一月之间，至四百余起，逼死民间妇女一百余人，报案山积，穆图善一概徇庇纵容。兵饷索之不已，白面任意需索，旋即兵勇售卖"①。军队调防时，"所带各勇，自为队伍，三五十成群，淫抢无所不至"②，"一路如火燎原，甚于盗贼"③。

固原提督雷正绾，"既困于烟"，"兼迷于色"，军队全无纪律，"将领颇有思去者"。嗜吸鸦片，每日需膏二两，不管是行军还是打仗，一旦烟瘾发作，"则须觅一间僻处所过瘾，精神日短，身体日衰"④。所带兵丁"军律废弛"，涂炭生灵，无所不为。一次，雷正绾亲兵在街奸抢，连杀三人，砍伤一人，竟扬长而去⑤。

总兵陶茂林"性情尖猾，贪财好色"⑥，当时他坐镇兰州，捍卫省城，"街市滋扰不堪。兵勇于省外掳来女人，在省出卖。恩仁峰（恩麟）奉之若神明，不敢撄其锋。民间俱要需索，否则纵兵奸抢"⑦。正由于省内清兵，形同匪盗，腐败日甚，于是就有"雷（正绾）军一溃于宁夏，再变于泾川；陶（茂林）军一溃于通渭，再变于安定；曹（克忠）军也败退于金积堡，都（兴阿）军也失利于花马池"⑧ 的败绩。"再就西路来说，安肃道黎献，用兵河西，起先很得手，不料战胜而骄，大败于肃州，一蹶不振。"乌鲁木齐提督成禄，过河西出关，清王朝命他顺便平乱，"不料乱平不得，却就此盘踞高台，不肯出关，实在也是不敢出关"⑨。

除了上述腐败情形，这些清军还经常发生倒戈、哗变及叛乱事件。

---

① 张集馨：《道咸宦海见闻录》，第 340 页。
② 张集馨：《道咸宦海见闻录》，第 405 页。
③ 张集馨：《道咸宦海见闻录》，第 340 页。
④ 张集馨：《道咸宦海见闻录》，第 339 页。
⑤ 张集馨：《道咸宦海见闻录》，第 361 页。
⑥ 张集馨：《道咸宦海见闻录》，第 341 页。
⑦ 张集馨：《道咸宦海见闻录》，第 405 页。
⑧ 《左文襄公在西北》，第 28 页。
⑨ 《左文襄公在西北》，第 28 页。

1865 年 4 月间，陶茂林的军队驻扎在安定，由于上司克扣粮饷，军队又屡吃败仗，军心不稳，发生了大规模的哗变，变乱后叛者十余营（每营约五六百人，大多湖南人），经陕西回湘，陕甘清军一路堵截，五个月以后才被镇压。未叛变者，只有五营。紧接着，雷正绾军又叛乱。起初，其部将胡大贵、雷恒攻金积堡失败，死伤惨重，粮饷悬虚，遂发生哗变。变兵围逼泾州，并与赫明堂领导的回民军合并。雷正绾"泣涕开导，百计抚慰"也无济于事。未叛变者仅六营之数。1866 年 2 月，长江水师提督杨岳斌来兰继任陕甘总督，他一到任，督标兵就发生兵变。督标兵因与湘军待遇不同，趁杨岳斌外出巩昌途中，发动兵变，将督、协两署委员、幕僚、亲兵、随丁等皆杀之，等杨岳斌回来，大肆镇压督标兵，又株连了许多无辜。总之，甘肃省内清兵，形同匪盗，腐败不堪，已成不可挽回之势。正如左宗棠所概括的"甘肃之军，不能卫民，反以扰民；甘肃之官，不能治民，反激民为乱"[①]。他不由发出了"甘肃吏事、兵事均不可问，整理最难"[②] 的感叹。正因为有这样的驻军，官府势力日蹙，无法应付各地如火如荼的回民起义军的攻击，只能坐困兰州、秦州等少数战略据点，全省大部分地方遂为金积堡、河州、西宁、肃州四大回民起义军势力分割与占据。

（二）左宗棠对甘肃军制的改革

左宗棠于同治五年（1866 年）九月奉调赴西北，从同治七年十月起到同治十二年九月克复肃州止，用了将近五年的时间镇压了陕甘回民起义，收复了甘肃各地。光绪元年（1875 年）三月，他又奉命督办新

---

① 《左宗棠全集·札件》，第 167 页。
② 《左宗棠全集·家书·诗文》，第 146 页。

疆军务，在指挥大军西进，收复新疆之后，于光绪五年（1879 年）奏改甘肃军制，以作为加强地方防务，巩固善后成果的重要手段。

1. 恢复制兵

按照清代的军制，国家正规的军队只有两种：一种是八旗兵，主要由满族（包括汉军旗和蒙古旗）组成；一种是绿营，由汉族组成——就是由明代的军队改编，因旗帜尚绿，故叫绿营。这是常备的军队，叫做制兵。而湘军和淮军是临时招募的，任务完成以后，就该遣散，叫做勇营。实际上作为勇营的淮军和有些湘军，后来也被作为常备兵保留下来。但就当时的军制而言，制兵与勇营有很大的不同，因为临时编练的勇营是针对制兵的许多弊病而组建的。

首先，制兵是有固定驻扎地点的。士兵常驻而将领需经常调换，打仗时士兵由各个防地抽调，将领由朝廷调派，这就容易造成兵将不相习、上阵不能合作、不便指挥的情况。而湘军则由统领选营官，营官选哨官，哨官选什长，什长按规定的条件再选择士兵，于是这些勇丁或是同乡，或是亲戚，士兵能够彼此照应，团结一致，但长此以往，也容易出现兵为将有，拥兵自重的情况。

其次，制兵在行动时容易滋扰地方。制兵在动员或行动时，要在经过的地方向老百姓捉差拉夫，搅得地方鸡犬不宁。湘军则自雇长夫，所需物资都照价采买，较少滋扰百姓。

再次，制兵的待遇低。比如步队的勇丁，月饷只有一两五钱，守兵只有一两，另外每月给米三斗。如遇军官克扣，连一个人的生活都维持不了，不要说养活一家人了。这迫使士兵只能另谋出路，去做生意，结果造成了制兵平日的训练较差，上阵没有斗志。而湘军规定，步队勇丁每人每月给饷四两二钱银子。长夫也有三两银子。什长每月四两八钱银子，哨官每月十二两银子。这在当时，确是很优厚的待遇。营官每月薪水五十两，另加办公费一百五十两，他们除去各种开销，还有盈余，不必再剥削部下。这就使湘军易于加强纪律、提高战斗力。

对于制兵的松懈与无用，左宗棠已看的非常清楚："国家养兵二百余年，岁糜帑藏，此次军兴，未能收制兵之效者，由于饷薄而额多。夫兵在精不在多。兵之能战不能战，视夫练之精否；兵之能练不能练，视夫饷之足否。若饿乏之卒，自顾不遑，不得不听其别营生业，心志因之而纷，精力因之而懈，技能因之而生，兵与将两不相习，无论不能驱以御敌，即训练亦难按时入操。名为制兵，实与惰民无异，徒为地方之蠹而已。各省戎政废弛，弊虽不一，而其要皆由于额多，不能勤督精练。初以费饷无几，可得多兵之用。不知兵不练，与无兵同；练不精，与不练同。虽名为节饷，实则并此薄费而亦觉虚糜。"[1] 为此，左宗棠一直提倡"减兵增饷"的政策，并把他在闽浙总督任上整理两省军事的经验，用在改革甘肃兵制、恢复制兵上面。应该说，减兵增饷是左宗棠改革甘肃军制的途径，恢复制兵是目标。

2. 恢复制兵的措施

如前所述，甘肃的制兵系统已经在回民起义的冲击下崩溃了，因此裁汰无用冗兵，加强甘肃地方武备，就成了左宗棠整顿甘肃军事的中心工作。

首先，左宗棠对甘肃的军制现状作了认真的分析与研究。他指出："甘肃为材武著名之邦，其风气刚劲，习苦耐劳，并非他省制兵可比。乃此次回乱，列郡沦没，本地无一枝劲旅，杀贼立功，而哗噪之事数见。额兵之数，非不足也，原定饷章本薄，加以层层剥削，马兵差堪自给，步守各兵未免过苦，难得其力。甘肃赋少兵多，军食资他省，饷源稍绌，动滋事端，惰兵骄骑，由来已久。非亟议更张，望其转弱为强，不得也。久留勇，则费不支；全裁兵，则患无备；仍循旧制，则难期起

---

[1] 升允、长庚修，安维峻纂：《甘肃新通志》，中国西北文献丛书（第一辑·23 卷），兰州古籍书店影印，1990 年，四十一卷，第 30 页。

色；另议加饷，则无款可筹；亟宜援照闽浙成案，量减可裁之兵，以节饷糈；即以所裁之兵饷，加之所留之兵。庶兵力较纾，可责其勤练；将弁各予津贴，革除虚冒、应差、挂名、辞全诸弊，庶帑项无增，军政可期精实。"① 由上面这段话可以看出，左宗棠决定在甘肃推行"减兵增饷"的政策，除了意在援引他在闽浙总督任上治理地方军务的成功经验外，还受两个重要因素的影响：一是西北粮运艰阻，"因为不易足食，也就不能足兵"。"减兵增饷"的主张，无疑是"最为经济"省事的办法②。二是当时西北还有大批勇营，必先遣散，才有军费来恢复制兵；甘肃兵事虽已结束，还需有相当可靠的勇营来震慑地方，一时不能全部遣散。为了节省饷银，作为过渡性的办法，只能先把勇营缩编为防营，改照坐饷支给。

其次，努力做好裁营与遣散工作。所谓"减兵增饷"，重点在减兵，而裁减遣散营勇、防营，又是一项十分复杂艰巨的工作。正如秦翰才所说："做一个统帅，不但要会练兵，还要会裁兵。第一，先要统帅襟怀坦白，功成身退，没有拥兵自重或借兵发财的心。这在文襄公和他的直系的几个统帅，都是不成问题的。其次，其时军中欠饷太多，一旦遣散，必须发清，再要发给路费，绝不是空口白话，一纸命令就可遣散；没有钱，便不可裁。平日筹款养兵，还很竭蹶；临时筹款裁兵，同样困难。"③ 对于裁兵，左宗棠付出了艰辛的努力。穆图善曾报告甘军有一百四十营之多，左宗棠认为绝不满半数，坚决要求清理。梅开泰主动先把其所率十营勇丁改为五营，接着敖天印也改十营为五营。左宗棠还命令周开锡到秦州一带，把陇南各驻军分别清点，进行淘汰与归并，不想范铭所率的黑头勇公然反叛，造成了很大的振荡。此事解决后，左宗棠在奏稿中写道："臣维陇事之坏，在于从前饷事艰绌异常，募勇征兵，

① 《甘肃新通志》，四十一卷，第30页。
② 《左文襄公在西北》，第122页。
③ 《左文襄公在西北》，第122页。

日增一日，不能立营制，定饷章，惟幸目前无事，是非之不明，威令之不行也久矣。故逆回而外，土匪横行，溃兵迭起。今欲转弱为强，去冗杂而求精实，开办之始，成效未著，议论必多。然臣不敢因此而有所挠，惟慎以图之。"① 左宗棠顶住舆论的压力，"把贪污的军官，分别开革和诛杀了几人"。还毫不客气地要求穆图善，"除去还算得力的马队，把步队完全遣散"②。

对于遣散勇丁，按当时的统计，每裁一营兵，各种费用加起来需要四万多两银子。如果几十营合起来裁撤遣散，就不是一个小数目了。发了积欠军饷和遣散费，还要提防勇丁们领到钱以后，在驻地或邻近的地方吃喝嫖赌，顺手把钱花光，以至流落他乡，成为游勇或匪盗。左宗棠采取的办法是把各勇夫从遣散地点到本籍的路程，分做几段，每过一段，在指定的机构领取一部分的钱。这样，大概可以确保士兵回归原籍，而到家还有钱可以谋生。另外，为避免同时遣散的大批勇夫沿路骚扰，又把他们分做几个小组，每隔几天，遣发一小组，分批行走，减少他们聚众滋事的机会。

再次，在当地召募勇丁，为以后恢复制兵预作准备。左宗棠在用兵陕甘的后几年，在甘肃募集当地勇丁，用湘军的制度来编制，也用湘军的方法来训练，打仗时和湘军比肩作战。左宗棠的基本用意，就是准备在这些士兵中挑选制兵，比如，刘松山曾命董福祥在甘肃本籍人中招募三营，分别由董福祥、张俊和李双梁各带一营，这就是"董字三营"。他们"随同老湘军平定甘肃，平定新疆，对于文襄公完成西征使命，实有重大助力"③。这算是用湘军编练的方法训练勇丁的一个例子。后来，在固原归降的回民中又编练三营，也仿照湘军营制，叫做"旌善营"。"旌善营"还不断得到扩大，在西宁时，又增加由归降的陕西回民骑兵

① 《左宗棠全集·奏稿》（四），第504页。
② 《左文襄公在西北》，第75页。
③ 《左文襄公在西北》，第49页。

组成的马队五营。这一支骑兵，作战时非常得力。左宗棠奉命从哈密进京，还带走了一部分。在收复新疆后，左宗棠允许出关的勇营，内中强壮可用之人，愿意留在新疆的，拨给荒地，教他们屯垦。当时金运昌的卓胜军中，就有许多人弃甲应征。左宗棠的用意，就是准备将来新疆恢复制兵时，在这些人中挑选士兵。

第四，恢复制兵的几项原则。其一，根据甘肃实际，左宗棠确定了恢复制兵的总额。甘肃与新疆两省承平时的饷额统共是每年三百多万两，左宗棠主张就依照这一饷额去确定恢复制兵的总额。制兵的饷项，约为勇丁的一半。那就是一营勇丁，招募一营半的制兵。其二，减骑增步。由于马队开支较大，所以左宗棠主张只保留少量的马队，使骑兵和步兵构成三比七的比例。这样，大概减少一分马粮，可以维持步兵战守兵各一名。减去骑兵而保留步兵，这原是西汉时赵充国在湟中平羌时的成规，可资借鉴。其三，取消换防兵，缩减开支。新疆制兵中有一部分军队是从甘肃制兵中按期调驻的，叫做换防兵。这一制度由于关内外交通艰阻，实行起来劳师伤财，所以左宗棠主张加以取消。其四，减甘增新。左宗棠认为，甘肃与新疆的防务，只要新疆巩固了，甘肃就可保平安，没有问题。剩下的蒙古、青海、西藏的防务，就容易加强。因此，左宗棠主张减少甘肃的制兵，把省下的饷粮，供给新疆支配。左宗棠还提议从光绪五年起，清政府每年拨足协饷五百万两，并以三年为期限，由他给甘肃与新疆两省训练制兵，挑选精壮的士兵和有经验的军官留任，逐渐裁去防营，最终恢复制兵。三年之后，便可改照平时每年三百万两之数拨给。左宗棠认为这样做，"各省每年可省二百万两的协饷，甘新两省也有精练的制兵可用"。清政府采纳了左宗棠的建议，只是最初三年，"每年五百万两的协饷，不能拨足，仍是前空后欠"①，不能尽如其愿。

虽然如此，左宗棠对甘肃军制的改革仍然取得了一些成果。甘肃原

---

① 《左文襄公在西北》，第123页。

有的制兵，包括新疆换防兵九千名在内，计马步战守兵共五万五六千名。在左宗棠减兵增饷的政策执行以后，约保留了三分之一，共计一万七千名。每年节省六七十万两饷银补贴新疆。这件事由左宗棠委托给帮办甘肃新疆善后的杨昌浚处理。杨昌浚曾在浙江办过整军事宜，很有经验。新疆则在左宗棠离任后，由刘锦棠负责办理，仍按左宗棠的预计，定兵员为二万一千名。"只是由勇营改成防营，已非制兵旧规。"陕西大概从四万二三千名减到二万四五千名。

此外，陕甘军制中还有一些很奇特的现象，值得一书。甘肃很早以前已于陕西分省，但陕西提督仍驻在甘肃的固原，还节制着甘肃的河州镇总兵。左宗棠打算把河州镇划归驻防在甘州的甘肃提督节制，而把宁夏镇划归陕西提督节制。再就是各省军政，按制应归总督主持，而陕甘的军政，却由于前任陕甘总督乐斌厌恶兵事，索性把兵权让给了陕西巡抚，于是甘肃境内陕西提督辖下的标兵，陕甘总督却不能调动，如要调动，先要知会陕西巡抚，左宗棠认为这是极不合理的事，曾说应恢复旧制。但是这两个合理的调整，最终并未实现。

五、左宗棠对甘肃基础设施的建设

关陇经过十余年的战乱，"凋耗殊常，陇中尤甚。……弥望黄蒿孤城，人烟阒寂，不特俵赈给种、买犊开荒诸务大费绸缪，即筹粮草、筹转馈无一不艰阻万状"①。左宗棠为了迅速恢复甘肃的社会秩序和生产秩序，给收复新疆提供后勤支援，十分重视甘肃的基础设施建设，本章主要介绍对道路、城镇、水利等基础设施的建设情况。

（一）交通建设

左宗棠从进入潼关，踏上西北土地开始，在全力筹谋军政大计、安排西征事宜的同时，投入了相当大的精力整修西北道路。随着大军西进，道路不断向西延伸，修建了一条横跨陕甘新三省的战略要道。这条交通要道的兴建，为当时中国平定阿古柏匪帮、巩固西北边防、开发和建设西北，起了至关重要的作用。

---

① 《左宗棠全集·书信》（二），第184页。

1. 左宗棠为什么要在甘肃兴修大道

（1）这是由用兵西北的军事需要决定的。主要目的："一是调动大队人马；二是转运军实；三是传递文报"①。当时，陕甘回民起义军充分利用西北黄土高原特有的地形，纵横出没，屡挫清军，几乎控制了大小交通要道。而关外遍布沙漠戈壁，交通更为艰难。因此，要稳定西北，收复新疆，就必须打通道路，保障后勤供应。因为西北用兵空间大，战线长，主要是打后勤保障牌。而后勤保障的关键就是运输问题。左宗棠把这精辟地概括为"筹饷难于筹兵，筹粮难于筹饷，筹转运难于筹粮"②。即运输问题是决定西北军事胜负的要害中的要害。西北用兵的特点，决定了左宗棠必须把道路建设作为一项战略任务来完成。

（2）这是由甘肃的地理特点决定的。甘肃不通水道，不能航运，在近代交通工具不发达的情况下，"行旅的往还，货物的运转，差不多全靠着车驮"。因此，"道路的修筑，格外重要"③。陆路交通就成了西北唯一的运输手段。

（3）开发和建设甘肃的需要。交通不便，道路不畅，是甘肃与西北贫穷落后的根源之一。因此，收复之后，要开发和建设甘肃，就必须从兴修大路、恢复交通开始。对西北而言，陆路交通不仅是行军打仗的战略资源，也应该是社会稳定、生产发展的经济资源，因为道路建设是经济开发的基础设施。

2. 甘肃筑路的措施

左宗棠在甘肃筑路，主要采取了战役前抢修防护和战役后驻兵维护的措施，参与抢修维护的工作主要由兵勇承担。

---

① 《左文襄公在西北》，商务印书馆，1947 年，第 128 页。
② 《左文襄公在西北》，第 34 页。
③ 《左文襄公在西北》，第 128 页。

（1）战前抢修和防护。如左宗棠在派兵进攻河州的过程中，抽出大量的兵力对定西一带的主要道路进行了整修，并根据需要开辟了新的道路。整修的主要道路是陕甘大道，开辟的主要线路是安定至狄道运粮线。另外，此前的"金积堡之役，从平凉经固原到灵州，九百余里间，便连屯三十多营，更番护送军需"。又如"兰州省城北三十里，火烧岩到十门间四百七十里，分扎马步九营，以保秦王川粮源，护运军道，并通凉州、甘州、肃州和关外文报之路"①。左宗棠所部西征军，有相当一部分是筑路护路的，如"魏光焘一支兵，可以说最善于筑路"②。

（2）战后驻兵护路。在兰州东路，有"记名提督、借补镇海协副将周绍廉一军分住安定、会宁、静宁一带，现署臬司、平庆泾固道魏光焘一军驻平凉、泾州、隆德一带，频年操防护运之暇，修筑城堡，平治道路，搭架桥梁……"③。可见，左宗棠对筑路兵勇有着周密细致的安排与分工。

3. 甘肃筑路的政绩

左宗棠西征，是从潼关开始的。那时，东南运来的军火、军装和军饷，大部分由潼关转口。所以，左宗棠筑路便从潼关开始，由东而西，横贯陕甘两省。后来，大军进入新疆，筑路也继续向西，北路一直到了精河，南路一直到了喀什噶尔。在收复新疆之后的数十年间，这条路线对陕、甘、新交通的通畅起着重要的作用。因而，后人将此路尊称为"左公大道"。下面，把这条路分为陕西段、陇东段、定西段、河西段、新疆段，并随大军西进的步伐，依次加以介绍。

（1）陕西段。潼关到西安省城一段，左宗棠一到陕西，就吩咐把路

---

① 《左文襄公在西北》，第53页。
② 《左文襄公在西北》，第43页。
③ 《左宗棠全集·奏稿》（七），岳麓书社，1996年，第641页。

面平整修治。华州"路当要冲"，但知州万家霖"全不关心，迨至阴雨连绵，民夫不愿前进，不得已遂给予重价，聊顾目前，其中耗费已大"。他申饬该州"一面妥将该州大路修治，一面申报兴工日期，仍遵札定章程办理"①，使其不敢再行延误。但大体而言，关中地区地势平坦，修整公路较为省力，是左宗棠西北筑路最容易的一段。

（2）陇东段。即由泾州经平凉翻越六盘山至静宁段。此段著名的险隘有"平凉的三关口，就是金佛峡，路到这里，高峰突起，从前路在山上越过，异常危险；这时，则在山脚另辟了一条车路，长约二十里"。过了三关口，路靠泾河走，一经大水，便难涉足。这时，则从蒿店到瓦亭，另筑了石路四十多里。另一个险隘，"就是六盘山，古时叫做陇坂，正为它山高而路陡；这时，则在上坡和下坡两面，另筑了车路二十多里"②。据载，泾州属境修筑大小木桥九座；平凉属境修筑大小木石桥二十九座；固原属境修筑大小木石桥十座③。为了保障西征军的后勤供给，此段大路常年由魏光焘所部勇丁驻防维护，工作非常出色，多次受到左宗棠的嘉奖。此外，"平庆泾固各属驿路，固原北至平远以达惠安堡盐路，均已一律修治平坦"④。可见，陇东地区修筑的道路是各路段中最出色、最模范的。

（3）定西段。即由静宁经会宁、定西到达兰州的大道。此段道路由于经过交通发达、地形复杂的定西地区，因此，陕甘大道中最艰险、最困难的地段位于这里的会宁、安定两县之间，全长三百里。这里沟壑纵横，山高屹多，道路多穿行于屹涧，被商旅视为畏途。同治十年六月，二路大军向洮河集结，战线延长，后路粮运不继。原先行驶在静宁至安定间的十三帮（一帮多少，待考）车骡和重新组织的一百四十辆大车，在这一线很难加快速度。左宗棠便令"刘明蹬军自马营监（今通渭马

① 《左宗棠全集·札件》，岳麓书社，1996年，第81页。
② 《左文襄公在西北》，第128页。
③ 《左宗棠全集·奏稿》（七），第522页。
④ 《左宗棠全集·奏稿》（七），第523页。

营）进安定，徐文秀军由静宁进会宁，以次修治兰州大道"①。随后运输军火储静宁。八月，左宗棠经过重新整修的大道将行辕由静宁迁往安定。刘、徐两军对所经道路略加整理之后，便通过安定、狄道间的便道开往洮河要津康家崖。整修道路的任务则由周绍廉的五营湘军承担。裴景福在他的《河海昆仑录》中这样写道："（青家驿）行馆，为李良穆军门建，左厢有碑，记湘军周绍廉修路筑桥缘起。"② 由此可知，前由刘明蹬军整修会宁道路，徐文秀军整修安定道路，后由周绍廉军全部整理而成。

从史料来看，周绍廉的湘军从进入这一地区到撤离这一地区，均未参加过河州战役。河州战役结束后，即由安定开往肃州，仅有的史料都是筑路修桥的情况。可以推断，周绍廉的湘军，在这一带是一支专门整修道路的部队。从开始到结束大体是一年有余。

陕甘大道由平凉越过六盘山，在静宁界石铺进入会宁县境，再由五星桥、青江驿、尚家湾、大山顶、太平店到翟家所。这段路线基本沿古驿道而行。翟家所至会宁城东一段，属祖厉河流域，当地人称"七十二道脚不干"。这里溪涧交错，冬天冰滑难行，夏日满道泥泞，大部分路线又左右徘徊于河床之上。一遇山洪不但阻断交通，而且危及行人生命。自古以来，行旅叫苦连天。为免除夏秋因洪水而发生意外，加快军实的转运，避开河床新筑车路四十三里。

大量的物资源源不断地从平凉运往兰州，大车、驮骡对道路的损坏是相当严重的，再加上雨天车马的辗压、山洪的冲刷，对道路的损坏更是在所难免。所以，常年四季对道路的维修成了留守部队的主要任务。光绪二年（1875年），平庆径固道魏光焘上书左宗棠，拟改修翟家所至会宁车路，左宗棠对此十分称赏，批示："……此路迂回倾险，役车艰

---

① 朱德棠：《续湘军志·平回后篇》，《湘军志·湘军志平议·续湘军志》，岳麓书社，1983年，第281页。
② 《河海昆仑录》，第101页。

阻，商旅苦之。果能一律修治完善，洵行人之福也。防营将卒踊跃急功，该道复捐廉助之，俾得成兹善举。从此，不知行路之难。披玩再三，形神均畅，仰即勉力图之。工竣赏犒及运脚所需雇匠之费，如需官钱，亦不之吝，可随时禀请刘京堂（即刘锦棠）核酌示知。"① 看来这段路线后来由魏光焘重加整治过。

另外，左宗棠还修整了马营监至安定道，内官营至狄道驮运线，巩昌至狄道线，下面对此简单作以介绍。

马营监至安定道。此道为西汉平襄道之一段，可行车马。明、清达到极盛时期，是一条安定通往秦州（今天水）的重要驿道。马营监设立于明代，是明在西北的养马基地。清初，一跃而成为甘肃四大商业重镇之一，交通十分发达。左宗棠西征至静宁时派少量部队游弋于秦安、通渭、马营至安定一线，并在马营设立粮局。这些部队所需粮料、物资从安定由一帮大车和一帮驮骡承运到马营粮局。部队撤离后，保护商旅行人的任务由马营游击署担任，而道路的整修则由沿线群众承担，所费银一般由山陕会馆以及商旅捐助。这段路线，由马营经油坊、牛营店、红土窑而至安定，是兰州通往秦州的一大捷径。

内官营至狄道驮运线。这条路线是在人行便道的基础上开辟而成的。同治十年，进至狄道的中路军，由于转运不足，粮料供应发生绝大恐慌，不得不向安定大营求援。左宗棠遂在安定的内官营设立粮局、屯储大量粮料，以备中、右两路使用。并在通往狄道要口站摊派平江营两旗（五百人）驻扎，以便护运和往来勇夫歇息。内官营粮局的粮料以及少量的物资皆由平庆泾固各站运来，再由驮骡、驴从这里运往狄道各军。因道路艰险，只作少量修整，河州攻克后，此线由民间驮帮使用，并有独轮车行走于其间。

巩昌至狄道线。这条道路为回民起义军的主要控制线，也是西征军中路部队向河州推进的一条军事路线。巩昌至渭源一段，路线沿渭河左

———————————

① 《左宗棠全集·札件》，第391页。

岸而行，较为平坦。渭源至狄道一段，中间隔着险峻的关山梁（即洮、渭河分水岭），道路亦常险阻，不易行走大车。所以，当时左宗棠用驮骡二头抵车一辆的办法来弥补粮运工具之不足。驮骡的多少，根据部队需粮的多少而定，由各州县摊派。但是，这一线上的护运兵力十分单薄，回民起义军多时拦截运粮部队，交通经常中梗，前方粮料不足也就成自然而然的了，这就是中路军向安定大营求援的重要原因。由于是驮骡运输，对这条道路的要求也不甚高，也就没必要进行整修。上述四条路线中，唯有陕甘大道是左宗棠及其将士们苦心经营的。在收复新疆之后的数十年间，陕甘大道一直处于繁忙状态。

西征军在整修道路的同时，于较大的河沟上架起了桥梁。计会宁县境修筑大小砖石、土木桥十九座；安定境内修筑木石桥八座；临洮境内搭成浮桥两座。这些桥梁中，以砖石拱桥修建较为困难。这种桥梁，用砖石跨沟砌成，积土于上，一般土厚四五尺，桥栏也用土筑成。砖石结构的桥梁以会宁县的"利济"、"履顺"、"平政"和安定县的"永定"桥最为著名。

"利济"、"履顺"两桥修建于同治十一年，由周绍廉部属李良穆创建。"利济"桥长十二丈，宽三丈，跨东倒回沟。"履顺"桥长十六丈、宽二丈，跨尚家湾。两桥建成后，左宗棠撰名，刻石立碑纪念，碑云："会宁属青家驿，迤东七里许，有水曰倒回沟；迤西三里许，有水曰尚家湾。记名提督周绍廉从左文襄公转战来甘，驻军于此。同治十一年春，督其营员李提督良穆于两处各创一桥，并筹垦荒田为修桥永远之费。桥成，文襄为之赐名，倒回沟曰利济，尚家湾曰履顺。是年十一月立石。"①

还有一座也在会宁城东数十里的山谷险阻之中，左宗棠题名"平政"。安定宋家沟，乃官商往来要道，清乾隆时巩昌府知府王廷瓒倡议修建一桥，后人称"王公桥"。此桥一遇山洪，即行坍毁，年复一年，

---

① 朱伯鲁：《西辕锁记》，秦翰才辑录：《左宗棠逸事汇编》，岳麓书社，1986年。

劳费民力不少。此次进行了彻底修建，桥型为砖石拱，左宗棠题名"永定"，垂行四十余年，当地人呼为"神桥"。在西南的洮河上，于同治十年八月至十月间，分别在狄道城西门外和康家崖两处搭成浮桥。资料所载，八月己巳，"宗棠橄中、左路自狄道支浮桥先济。庚辰，渡毕"①。所说即此浮桥。

总之，左宗棠及其部属仅在平凉、会宁等8个县境内，就新修桥梁79座。说到修桥，还有一段值得一提的插曲：左宗棠原准备在流经兰州城北的黄河上修建一座横跨南北的大铁桥。当时驻在上海的德国泰来洋行老板福克听到消息后，立即赶到兰州与左宗棠洽谈，表示愿意投标60万两白银承建工程。左宗棠因嫌其索价太高而作罢。当时如果不是因为经费困难，那么黄河上的第一座大桥将会出现在兰州，而且还会提前30多年结束黄河上没有大桥的历史。

（4）河西段。即由兰州经河西走廊至玉门关的大道。此段道路要过黄河，经戈壁沙漠，又距离长，跨度大，是比较艰难的一段。据载"西征军曾在平番县境烂泥湾，修筑石路一道"，"石桥一道"，"车店一区"②。总之，为进军新疆，河西一线道路均经认真修整。光绪六年底，左宗棠由哈密进京路过河西时曾看到："途中所见，沟洫桥梁，靡不整饬。"还说"安肃道王必达、甘凉道铁珊……兴修水利，平治道路，栽植树株，均能尽心劝督"③ 甚为欣慰，上折奖叙。应该说这一段公路的修治也是较为成功的。

如前所述，左宗棠修建道路，其主干线是从陕西潼关开始的。到兰州后又分头发展：一路向西修到青海的西宁、大通、湟原等地；一路向北出嘉峪关后再向西进入新疆乌鲁木齐等地，然后又由北疆向南疆发展。这还只是主干线，还有许许多多的支线。其中有些是对原有道路进

---

① 朱德棠：《续湘军志·平回后篇》，《湘军志·湘军志平议·续湘军志》，第283页。
② 《左宗棠全集·奏稿》（七），第524页。
③ 《左宗棠全集·奏稿》（七），第634～635页。

行修整和扩建，但更多的是新建。这都是在一边打仗一边开荒种地的过程中修建的，其任务之艰巨可想而知。

4. 道路配套设施的建设与效果

左宗棠修筑的陕甘新大道，全长三四千里，宽度大抵为三丈至十丈，至少可供两辆大车来往并行，最宽之处，则有三十丈，随地形地势而变化。这条道路在收复新疆及其以后的十余年里，承担了繁重的运输任务。为了保证这条交通大动脉的畅通无阻，左宗棠设置了许多配套设施，来保护和维修这条交通线。

（1）沿途留下了大量的护运和护路的部队，其规模之大是其他路线上没有的。相传是五里一小墩，十里一大墩。光绪三年（1877年），冯焌光在其所著《西行日记》中记载："自长武西三十里交甘肃界……直抵兰垣，五里一卡，十里一哨，百里一营。"[1] 光绪三十一年（1905年），裴景福在其所著《河海昆仑录》中说："自黄冲（按在平凉境）以西，每十里，建兵房三间，旗竿台一，土墩五，标明里地。"[2] 裴景福所记，大概便是"一大墩"的规模；而冯焌光所说的"卡"大概便是"一小墩"；至于"十里一营"，应该是当时在用兵的紧要关头防护交通路线的一种军队布防措施，并非常例。但从此也可看出，左宗棠为此花费了多大的代价。

（2）沿路种植了大量的行道树。这些树有的地方只有一行两行，有的地方有四五行。栽种行道树的目的：为了巩固路基、"限戎马之足"和夏时供给行旅阴蔽[3]。据左宗棠自己说：仅从陕西长武境内到甘肃会宁县止，六百多里间，历年种活的行道树，就要26万多株[4]。其奏稿和

---

① 冯焌光：《西行日记》，《宁海纪行》，甘肃人民出版社，2002年，第94页。
② 《河海昆仑录》，第95页。
③ 《左文襄公在西北》，第128页。
④ 《左宗棠全集·奏稿》（七），第522～523页。

书信中还有许多更为详细的描述："道旁所种榆柳，业已成林，自嘉峪关至省，除碱地砂碛之外，拱把之树，接续不断"①；"兰州东路……所种之树，密如木城，行列整齐"；又"过长武，则别有天地。种树开渠各节，并未遑议及，殊为惜之。值州县与防营来迎，即加指示"②。说明他即使在进京汇报途中，也时刻不忘提醒属下种植行道树。对这条绿带的建成和左宗棠首倡之功，时人及后人都赞叹不已。陆无誉《西笑日觚》云："左恪靖命自泾州以西至玉门，夹道种柳，连绵数千里，绿如帷幄。"③ 甘肃布政使杨昌浚见此壮景，不禁吟诗一首："上相筹边未肯还，湖湘子弟满天山。新栽杨柳三千里，引得春风渡玉关。"④ 甘肃人民甚至把这些柳树誉为"左公柳"，以表达对倡导者的缅怀之情。为此，当时人们在沿途立一榜示，上面写道："昆仑之墟，积雪皑皑；杯酒阳关，马嘶人泣；谁引春风，千里一碧；勿剪勿伐，左侯所植。"这些树都是护路的，爱护左公柳其实就是爱护这条大道。

（3）设置驿站、官店，便于传递信息和商旅往来。中国传统的驿站传递方式有三种，即驿站、军台和营塘，它们共同的作用是传递文报。陕甘境内全部设置驿站；新疆境内情况复杂，这三种方式都存在。但在战乱之后，大多遭到了破坏。左宗棠就充分利用各地驻防护路兵丁节节传递文报，骑马传递叫马拨，步行传递叫步拨。每隔一个月，酌给犒赏。等到驿站制度恢复，然后取消。这样做大大提高了信息传递的速度和效率。左宗棠还在人烟稀少的地段设立官店，尤其是出了嘉峪关，几十里甚至几百里没有人烟的地段很多，无地食宿，给商旅行动造成了极大的不便。于是，左宗棠"在驿站、军台或营塘旁边，或别的相应地段，用官款兴造简单房屋，置备些柴草，以供赶车人等歇宿。有些还搭

---

① 《左宗棠全集·奏稿》（七），第634～635页。《左宗棠全集·书信》（三），第662～663页。
② 《左文襄公在西北》，第130页。
③ 《左文襄公在西北》，第130页。
④ 《左文襄公在西北》，第130页。

着安放牲口的棚圈，也备着绳索、口袋、鞍等什物。也招着木匠和铁匠，使车驮损坏或缺少了什么东西，可以就便添补，省得停顿下来，耽误了行程。这一应设备，叫做官店。公家略略赔贴了些钱，但于大军行进，大有好处"①。由于有了这些设施，也吸引了一些随营的商贩，为军队提供了一些日用品。这些商人在军营附近搭棚做买卖，出现了清军取新疆，汉商踊跃追随的景象，促进了经济和贸易的发展，真是一举多得。

（二）城镇建设

城镇无论大小，往往因其位置重要、交通汇注、人口聚居而成为一个地方政治、经济、文化的中心。城镇的繁荣景况，总能反映一个地方的经济发展水平；城镇的破败萧条状况，也会反映一个地方遭受天灾人祸的景象。清同治年间，陕甘回民起义军攻破了不少的甘肃城池，给清王朝在西北的腐败统治以沉重的打击，但也使许多城镇遭受了巨大的破坏，市政设施受损严重。左宗棠到甘肃以后，组织人力、财力对各地劫后余灰、人口凋残、受损严重的城市进行了修复重建，还在一些地方改设行政建置，新建了一些城镇。

1. 兵燹之余甘肃城市受破坏的状况

西北回民起义持续了十余年的时间。在战争中，甘肃全省先后被攻陷的州县城池，约有三十个；先后被围攻的州县城池，也有十多个。其中平凉府城三度陷落，狄道州城、河州城和洮州厅城也都是三次陷落，受损相当严重。三面与河州接壤的兰州省城，也曾两度被攻，常在戒严

---

① 《左文襄公在西北》，第132～133页。

状态之下。三次被攻陷的城镇，受破坏的程度自不待言。就是一次被攻占的城市，遭受的损失也触目惊心，如庆阳府城，兵燹之后，"郡城一带杳无人迹，城内荒草成林，骨骸堆积，奇禽猛兽相聚为薮"①。面对此情此景，左宗棠命后路"各防军复于暇时平治道路，开浚河渠，助垦民田，广植官树，城堡、驿舍、桥道、河梁凡民力所不逮者，皆防军任之"②。重视对各地受损城堡进行修复。

2. 甘肃修治城镇的几种类型

左宗棠修治的城垣遍及全省各地，主要类型分述如下。

（1）新建城市

这类城池主要为新设置的行政建置而修建。左宗棠在战后向清政府建议改革固原、庆阳的行政建置，以加强这一地区的统治效能。"前因甘肃平凉迤北一带，与宁夏所属灵州接界，中间广袤八九百里，山谷复沓，素为逋逃渊薮。原设固原州、盐茶厅，形势辽阔，治理难期周密。"又因"建置太疏，多留罅隙，民间堡寨团庄，距州县治所近者百数十里，远或数百里，又且犬牙交错，经界难明，汉与回既气类攸殊，回与回亦良匪互异，治理乏员"③。"是故欲筹平、庆、宁夏久远之规，非添设县治，更易建置不可。"④ 于是，左宗棠把固原州升为直隶州，仍隶平庆泾道管辖。在化平川设直隶厅。在固原城北二百四十里的下马关，设立平远县。在平凉府城东三百九十里的盐茶同知驻地海城，设立海城县，将原平凉府驻此的盐茶同知改为知县。这两个县共同隶属固原直隶州。又在庆阳董志原收复一年以后，因其地"距安化、宁州、镇原各州县治所均八九十里及百余里，地方宽旷"，奏请"添设县丞一员驻于此，

---

① 惠登甲：《庆防纪略》（下卷），第70页。
② 《左宗棠全集·奏稿》（七），第463页。
③ 《左宗棠全集·奏稿》（五），第460页。
④ 《左宗棠全集·奏稿》（五），第458页。

会同巡缉，庶资控驭而重地方"①，并定名为董志县丞。嗣后，在平庆泾固道台魏光焘的主持下，各新设建置的治所，陆续兴建完工。化平川直隶厅，"城长四百十六丈，高二丈五尺，上宽一丈二尺，基厚二丈；城堞五百五十四枚；城门四；炮台十二"。宁灵厅，"城长一千一百三十丈；东西址宽一丈五尺；顶宽七尺；南北址宽一丈，顶宽三四尺；女墙高五尺；城堞一千二百一十枚；东西两门"。平远县，"城长八百五十丈，城堞七百二十枚；炮台八"。董志原县丞，"城长三百九十六丈；高二丈五尺，上宽一丈二尺，基厚二丈；城堞五百三十二枚；炮台十二；城门四"。②

（2）重建、修复的城市

这是就原有城垣扩建、修复的一类。先是兰州城，光绪元年，左宗棠在外城的西北隅，创建了一座贡院，在院外包筑了一段外城，长二百四十丈。光绪二年，左宗棠又把原有的外城彻底大修。城根深一丈多，宽一丈数尺，城高三丈七尺，顶宽八尺多。又掘城濠，深宽各有二三丈。皆由营防修竣。还兴修了城外的四墩堡。四墩堡是指四个方形的碉堡，排列在城西龙尾山上。四墩堡基址每边长一丈多，高约二丈。

其余州县城垣，含光绪五年地震时塌陷的，都得到了修复或重建。如河州城，修整城堞二千三百四十九枚，更房一百四十座。狄道州城，修筑炮台六十三座，城堞二千零八枚。秦州城，先后加筑中城，小西关城，西关城炮台和东关城，又在南门外修耤水新堤，长三百五十丈，高八尺，厚二丈；吕二沟新堤，长三百零四丈。阶州城，长百余丈，高三丈，宽八尺，炮台二，城堞一千一百六十八枚；并修筑南堤，长一百二十丈，宽一丈三尺；北堤长四百余丈，宽一丈三尺。阶州白马关，重筑石城，长二千八百十一丈，高一丈九尺，炮台四，城堞四十二枚③。这

---

① 《左宗棠全集·奏稿》（五），第266～267页。
② 《左文襄公在西北》，第136页。
③ 《左文襄公在西北》，第136页。

是陇中、陇南各重镇的重建情况。

陇东除前述新设的县城以外，又先后承修平凉、庆阳、隆德、合水、镇原各府县城垣、衙署及各祠庙、堡寨、驿馆。"所需经费皆由各营随时捐发，并由魏光焘陆续捐给经费银八千七百余两，以上各工，业经委员勘验，均已完竣坚固。此关内东路一带兴作工程之著有成效者也。"①

左宗棠初次驻节肃州时，发现西北要塞嘉峪关年久失修，边墙已有四处坍毁，大车尽可自由通过，"因命防营一律修整，每日按时开闭关门；手题'天下第一雄关'横额；安置关头，字大于斗"②。左宗棠第二次驻节肃州时，又修整了积沙淹没城墙的安西州城。把东西两面积沙，从城头掘下二丈二尺，直到城根。至于肃州城，曾被重炮轰毁，当时就已修复。这是河西走廊各城的情况。

这些工程全靠后路驻防兵勇修建。经费除少量向清廷报销，即由朝廷拨给外，相当一部分由左宗棠自筹。像重修兰州城的工程，历时一年，用工一百七十多万人次，是由十一个防营合力做成。"估计价值，非十多万两银子不办；事实上只为购买绳索、箕斗、芨草、石灰、砖瓦，花去了三千三百九十七两多。这样一个便宜的城工，报销上去，却给工部驳下。"③ 左宗棠只能设法另外报销。其他各地方经费，都由各营旗随时捐发，用的都是自己节余下的经费，没有使用正款。对此，左宗棠总结说："兵燹之馀，百废肇兴，不资民力，不耗官帑，难矣。而论其实济，则皆承平时所未经见者。非诸将士来自田间，习惯工作，而皆知以勤民为重，其效或未易臻此也。至诸工程皆设防护运之馀率作兴事，未可与工部例章并论，且不列款请销，自可免由部议。而工成犒劳酒食，本与军需赏耗不同，为数又微，业经酌提各营截留款下支用，并

---

① 《左宗棠全集·奏稿》（七），第523页。
② 《左文襄公在西北》，第135页。
③ 《左文襄公在西北》，第134页。

未开报正款。臣等现咨商刘锦棠、张曜，转饬善后局各员酌量划拨荒绝地亩，招佃承租，以作岁修经费，庶可保固而规久远。"① 总之，各工程不光花费极少，且多为自筹。

3. 市政设施建设

左宗棠除重修城垣、炮台、城堞，加强军事设施建设外，还非常注重市政设施的建设。

（1）植树绿化。植树绿化是美化和保护城镇的重要手段，也是城市最基本的市政设施。左宗棠非常重视在其驻兵的城镇周围种树，绿化城镇。光绪二年（1876 年），他移节肃州、于修整安西州城时，号召军民"引疏勒河水，环城挖壕，既深且阔，两岸遍栽杨柳，不光是形成严疆形势，还饱和着江南景色了！"② 修筑秦州城，下令广造堤岸防护林，出现秀丽的景致："夏之日，红的是堤内的荷花，绿的是堤畔的柳树，衬着堤上的白沙，何等风光旖旎！"③ 又重修阶州城，"环城沿堤，栽树数十万株"④。

在兰州，光绪六年四月左宗棠要求帮办甘肃新疆善后的杨昌濬在兰州莲花池——小西湖侧种桑千余株。同时还在附近的东校场、河壖和总督衙门后的空地亦栽满桑树。还在给杨昌濬的信中满怀信心地说："十年之后，可衣被陇中矣，幸何如之！"⑤ 他自己也在清明这一天，于肃州分栽桑秧数百株。左宗棠提倡植桑虽主要出于经济上的考虑，但在城中植桑，也有美化城市环境的作用。

（2）饮水工程。供水问题是城市的大问题。左宗棠在平凉时，曾命人修葺柳泉湖，并凿暖泉，供民汲用，并立碑题识。十年之后，左宗棠

---

① 《左宗棠全集·奏稿》（七），第 525～526 页。
② 《左文襄公在西北》，第 135～136 页。
③ 《左文襄公在西北》，第 136 页。
④ 《左文襄公在西北》，第 136 页。
⑤ 《左宗棠全集·书信》（三），第 595 页。

奉召入京，路过平凉，访寻旧迹，发现此泉已被道台魏光焘用围墙圈入书院之中，阻断了老百姓的汲用之便。左宗棠不同意这样做，且道："此泉向本用灌地，旱时尤为急需，与其私之院中为乐饥之用，曷若引之田畔为救稼之用乎？"① 立命另开墙门，恢复人民的汲用。还写信嘱杨昌浚，叫转告已升调甘肃按察使的魏光焘：这是左宗棠的意思，不要责怪后任者。这件事说明，左宗棠对居民的饮水问题极为重视。这还只是很小的一件事，值得一书的还在后面。

为了解决兰州市民的饮水问题，同治十一年，左宗棠在陕甘总督衙门前面左旁，开凿了一个饮和池，从衙门后的黄河引水，春冬两季用吸水龙（抽水机）抽水入池，夏秋两季用水车引水入池，还给饮和池题楹联：

空潭泻春，若其天放；

明漪绝底，饮之太和。

他在任陕甘总督时，常常亲自灌园种菜。民国时甘肃省府曾悬有左宗棠所题的联语：一幅是"八月船横天上水，连畦菜长故园春。"另一幅是"五风十雨岁其有，一茎数穗国之祥。"从这几副联语中，足见左宗棠严以自律，艰苦朴素又随时随地关心民瘼的本色。

同治十二年，左宗棠又在总督衙门的右边，开凿了挹清池。水从玉泉山西南水磨沟，经西城门通过渠道引入。开凿这两个池子，就是因为左宗棠感到兰州人民饮水不卫生，以此改善饮用水水质，同时也为消防提供了水源，两池所用吸水龙都派专人管理。这为兰州市民生活提供了极大的方便。

（3）城市园林。园林或公园，是一个城市标志性的建筑。左宗棠在重建甘肃的一些城市时，也兴建和开放过城市的园林胜景。

左宗棠第二次驻节肃州时，于料理军务之暇，捐出廉银 200 两，将酒泉疏浚成湖。湖中留有三个沙洲，并建了一些亭台楼阁。环湖筑堤，

---

① 《左宗棠全集·书信》（三），第 663 页。

周围三里，种上杨树和花树，堤外拓出肥田数百亩。这给荒凉的西北大地带来了一派生机盎然的江南风光。左宗棠还专门为酒泉湖赋诗一首，以记其胜：

> 我心如白云，舒卷无定着。身世亦如此，得泊我且泊。
> 昔岁来兰州，随槎想碧落。黄河横节园，牛女看约略。
> 以槎名其厅，南对澄清阁。走笔题一系，乡心慰寂寞。
> 今我访酒泉，异境重湖拓。杖适出新泉，堤周三里廓。
> 洲渚妙回环，树石纷相错。渺渺洞庭波，宛连湘与鄂。
> 扁舟恣往还，胜躅游行展。邦人诧创见，旁睨喜且愕。
> 吾党二三子，时复举杯杓。
> 频年南风竞，靖内先戎索。出关指疏勒，师行风扫箨！
> 强邻壁上观，弭伏一丘貉。老我且婆娑，勉司北门钥。
> 桓桓夫子力，盛美吾敢掠？西顾幸无它，吾归事钱镈。
> 水国足鱼稻，笋蕨耐咀嚼。梓洞暨柳庄，况旧有丘壑。
> 一觞醉飞仙，有酒盈陂泺。不饮酒不溢，十日饮不涸。
> 仙来笛悠扬，我来歌且号。丰年醉人多，仙我共此乐。
> 他年倘重逢，一笑仍凤诺。①

诗的上半部分，描述了节园和酒泉湖的胜景，泛舟湖中，仿佛见到了洞庭湖的滔滔波浪。下半部分述明了他在西北征战的目标、步骤和决心，重申夙愿，事平之后，要回到梓木洞和柳庄，去度那悠游的岁月。

他还为酒泉前的清励楼撰写了楹联：

> 中圣人之清，有如此水；
> 取醉翁之意，以名吾亭。

楼后为一方厅，题额"大地醍醐"。厅后明廊可俯瞰酒泉，泉水甘洌如酒。厅前又有左宗棠所书楹联一副：

> 甘或如醴，淡或如水；

①《左宗棠全集·家书·诗文》，第464页。

> 有既学佛，无即学仙。

生活环境的美化，园林的建设，既有利于优化西北城镇的人居环境，同时还可以保护西北生物的多样性。肃州池塘，向不产鱼。左宗棠在修浚酒泉湖时，曾命人在湖中养鱼一万余尾。

相传左宗棠听人说外国有公园，待他搞清是怎么回事以后，便把兰州总督衙门后花园开放两个月，供市民游玩。酒泉湖的兴建，大概也含有这个用意吧，这可算作是西北城市公园兴建与开放的开端了。

左宗棠还给兰州的几处名胜景点题写了很有气势的楹联。他给兰州拂云楼题的楹联是：

> 积石导流趋大海，
>
> 崆峒倚剑上云霄。

并题"大河前横"四字为横额。

左宗棠给兰州澄清阁题写的楹联是：

> 万山不隔中秋月，
>
> 千年复见黄河清。

经过几年的建设，甘肃的城镇和其他各项基础设施建设取得了很大的成效。左宗棠在一份奏折中概括说："凡设防置戍之处，虽残破至极，频年次第完缮，农安其野，商出其途，东自泾州，西至安西、哈密，盗贼衰息，诸废渐举，均欣欣然而有生气。是无兵屯、民屯之名，而实效固有可睹也。"[1] 总之，战后的各项恢复与重建工作，均已取得阶段性的成果。对各地城垣的建设，使老百姓有所"居止"，为人民生活的改善提供了基础条件。从军事方面讲，在当时近代化武器尚未发达的情况下，大大加强了甘肃各地的军事防御能力。而且在和平时期，重建各州县城垣的政治意义显然大于军事意义，它对清王朝加强对西北地区的管理具有重要的作用。尤其是兰州城重建以后，人们见到特别雄壮的西门城楼，"真足表显西北重镇的姿态，对于西路来的人，踏进第一个省城，

---

① 《左宗棠全集·奏稿》（六），第380页。

便给他第一个很深刻的印象"。①

（三）水利建设

左宗棠在青年时代就高度重视农田水利事业，认为"王道之始，必致力于农田，而岁功之成，尤资夫水利"②。到西北以后，他清楚地看到，"西北地多高仰，土性善渗，需水尤殷"。③ 没有水源或不兴修水利，就无法发展农业生产。特别是沙漠戈壁地区，无水草、无民人、无牲畜，其生态环境尤其恶劣，更需兴修水利，以改善西北各族人民的生存环境与条件。因此，在西北十余年当中，他特别重视水利建设，把兴修水利作为恢复和发展当地社会经济的头等大事。

1. 对兴办甘肃水利的几点认识

首先，从水利与屯田的关系上看，他认为"开屯之要，首在水利"④，即水利是推行屯田的基础。屯田是左宗棠收复失地以后恢复和发展当地生产，解决军粮和老百姓口粮的首要措施。而且"历代之论边防，莫不以开屯为首务"。⑤ 据载，左宗棠在甘肃，"一路进兵，一路屯田，便从泾州一直到了敦煌"⑥；其部将刘锦棠、张曜等人也在新疆大规模推行屯田。而屯田政策要取得成功，最基本的条件就是要解决水源和水利灌溉的问题。为此，他认为"水利为屯政要务"⑦，把兴修水利

---

① 《左文襄公在西北》，第 134 页。
② 《左宗棠全集·家书·诗文》，第 427 页。
③ 《左宗棠全集·奏稿》（卷七），第 518 页。
④ 《左宗棠全集·书信》（卷三），第 515 页。
⑤ 《左宗棠全集·奏稿》（卷六），第 288 页。《左文襄公在西北》，第 125 页。
⑥ 《左宗棠全集·札件》，第 455 页。
⑦ 《左宗棠全集·奏稿》（卷七），第 518 页。

作为屯田垦荒、辑边安民政策的重中之重。这主要有三层含意：第一，解决水源或兴修水利是搞好屯田的基础，这是由西北农业发展的特性决定了的。第二，选择靠近水源或便于灌溉的地方屯田垦荒，集中在屯田面积成片的地带兴修水利，"新增屯垦均在新开渠工两岸"①。第三，水之多少决定地之肥瘠和发展生产之潜力。他说："水足者地价倍昂，以产粮多也；水歉少收，价亦随减。将欲测壤成赋，必先计水分之充绌，定地方之瘠饶，科粮赋之轻重。"② 以水利是否便利来判定当地发展农业生产的效益和潜力。

其次，从水利对西北开发和发展的影响来看，左宗棠认为"水利兴废，关系民生国计"，若"不得水之利"，"则旱潦相寻，民生日蹙，其患将有不可胜言者"③。为此，他指出："甘肃治法，以……兴水利为首务。"④ "治西北者，宜先水利。"即把水利作为振兴经济的关键，把兴修水利作为开发西北优先发展的要政，表现了左宗棠与众不同的眼光和超越其他官僚的才干。光绪四年，他给坐镇新疆的刘锦棠写了一封长信，信中就西北兴修水利的重要性系统阐述了自己的看法。他说："西北素缺雨泽荫溉，禾、稼、蔬、棉专赖渠水，渠水之来源惟恃积雪所化及泉流而已，治西北者，宜先水利，兴水利者，宜先沟洫，不易之理。惟修浚沟洫宜分次第，先干而后支，先总而后散，然后条理秩如，事不劳而利易见。此在勤民之官自为之，令各知其意，不必多加督责，王道只在眼前，纲张斯目举矣。其要只在得人，勤恳而耐劳苦者，上选也。"⑤ 信中包含了对西北兴修水利的重要性、步骤、方法等问题的认识，具有很强的指导性。后来，他总结治水经验说："治水之要，须源

---

① 《左宗棠全集·奏稿》（卷七），第 518 页。
② 《左宗棠全集·奏稿》（卷七），第 518 页。
③ 《左宗棠全集·奏稿》（卷八），第 25～26 页。
④ 《左宗棠全集·札件》，第 458 页。
⑤ 《左宗棠全集·书信》（卷三），第 387 页。

流并治。下游宜令深广，以资吐纳；上游宜多开沟洫，以利灌溉。"①
这些思想，对其在西北大兴水利，整体推进开发西北的各项事业产生了
重要影响。

再次，从水利与养民、安民的关系方面看，左宗棠认为："水利所
以养民，先务之急，以此为最。"② 即把水利作为养民安民的根本。他
之所以特别重视水利，除他一贯的重农思想外，主要出自重民思想。在
他看来，既要维护国家利益，就要重视赖以维持这个国家存在的民众。
在这样的思想基础上，他深谋远虑，提出了"保民"、"养民"、"爱民"
和"民可近不可狎"的一系列正确观点，认为"保民之道，必以养民为
先"③，"诚心爱民，其为民谋也"④。对于在西北治理旱灾，他坚持"若
从养民之义设想"，非兴修水利不可的主张⑤。左宗棠心系于民，得到
了人民的支持和拥护，这是他兴办西北水利取得成绩的先决条件。

2. 甘肃兴办水利的灌溉类型和兴工方式

西北地区土地广袤、气候干燥、地形复杂、水资源的分布极度不
均。水源紧缺是西北干旱的主要症结。因此，河流、水泉、地下水、雪
水就成了西北水利工程赖以兴建的基础。左宗棠根据不同地区可资利用
的水源地的差异，因地制宜兴修不同种类的水利工程，主要可分为三种
类型：

（1）沿河开渠灌溉型。西北地区除新疆外，甘宁青诸省区的水系多
属黄河流域。所谓沿河开渠灌溉型主要是指在靠近黄河及其支流的一些
地方开渠引灌。左宗棠到西北后，首先进行治理和开发的是贯穿宁甘陕
三省的泾水。在洮河流域，兴修沫邦河水利工程。在宁夏，左宗棠支持

① 《左宗棠全集·奏稿》（卷八），第 26 页。
② 《左宗棠全集·札件》，第 104 页。
③ 《左宗棠全集·书信》（卷三），第 759 页。
④ 《左宗棠全集·书信》（卷三），第 716 页。
⑤ 《左宗棠全集·书信》（卷三），第 695 页。

宁夏道陶斯咏修复汉渠。先是，金积堡收复之后，左宗棠拨马化龙缴出的部分余款，整理各渠，主要是唐、清、汉三渠，因为避险省工，新修不久又出事，左宗棠十分不满。同治九年（1870年），宁夏道陶斯咏要求拨款万两修复汉、唐、清旧渠时，左宗棠正处于"饷项万分支绌"的困境，但他认为"事关水利农田，未便任令荒弃"。因而，"于无可设想之中筹备湘银三千两"，并指示陶斯咏，"照引水灌田之户计亩摊捐"办法，将官办改为官助民办，"令附渠各庄堡回、汉绅民从公拟议，开造某户应摊银数，悬榜通衢，限日呈缴"①。这项工程进展很快，但在完工后就发现渗漏，野狐坝外堤坍塌，需载石修复，左宗棠对此"殊深系念"，要陶斯咏"赶紧设法修筑，务期坚实耐久，毋许草率贻误"②。光绪元年，左宗棠拨银一万两，兴办宁夏垦务，又以半数银两整治境内渠道。大约光绪五年，固原州代理知州廖溥明向左宗棠"禀办固原海城水利，似尚切实"③，得到了左宗棠的肯定。可见，左宗棠在宁夏兴办水利的工作从未间断过。在西宁湟水流域，左宗棠于同治十一年冬命各厅县详细调查境内荒废的古代渠道，并于来年修复，计有西宁城西阴山崩裂时压坏的渠道约一里许；新修碾伯棲鸾堡一带沟渠二十余里。以上所引，均为投工投料较多、影响较大的引河开渠的灌溉工程，小规模的水利工程尚未计算在内。

（2）川塬凿井灌溉型。西北多数地方降雨稀少，极易发生旱灾。大旱之年，河水干涸，无水可资灌溉，何况还有许多本无河流的旱塬就只能靠掘井汲水灌田。光绪三年，针对这种情况，左宗棠在陕甘两省受旱灾影响严重的地方，总结前人掘井灌田的经验，推广掘井方法，掀起了一个掘井运动。查阅左宗棠这一时期与同僚下属的来往函件，多涉及这个问题。在给陕西巡抚谭钟麟的信中说："民间开井，虽可以工代赈，

---

① 《左宗棠全集·札件》，第236页。
② 《左宗棠全集·札件》，第268页。
③ 《左宗棠全集·书信》（卷三），第515页。

不必另为筹给。"对赴工之人，"则宜察酌情形，于赈粮之外，议加给银钱，每井一眼，给银一两或钱一千数百文，验其深浅大小以增减之。俾精壮之农得优沾实惠，而目前之救奇荒，异时之成永利，均在于此。计开数万井，所费不过数万金。如经费难敷，弟当独任之，以成其美。"①陕西平川较多，凿井历史悠久，适宜大规模掘井，他把陕西作为凿井的重点区域。而甘肃只有陇东的部分地区适宜掘井，对此他也大加督责，作了不少的安排。他说："甘肃各州县，除滨河及高原各地方向有河流、泉水足资灌润外，惟现办赈之庆阳、宁州、正宁等处川地较多，尤宜凿井。兹已将成法刻本，会列台衔，札发司道转饬各州县仿照陕西开井加赈办法，迅即遵办……计富者出资，贫者出力，两得其益，民当乐从。"他认为如能抓紧抓好，乘现在"正当农隙之时，地方尚无饥馁之苦"的有利条件，"赶速图之"，甘肃"当较陕西尤易集事"②，取得成效。而且他还大力推广"区种"法。具体做法是将地亩划片作成小畦，谷物种在一行行沟内；灌水时由渠内引水入沟，好处是"捷便省水"。他认为推行凿井灌田之法，必须与推广区种法同时并举，才能收到实效。因为"开井、区种两法本是一事。非凿井从何得水？非区种何能省水。但言开井不言区种，仍是无益"③。

（3）河西井渠灌溉型。甘肃祁连山麓连绵千里的河西走廊，自古号称戈壁瀚海，气候干燥，环境艰苦。但凡能汲引由雪山融水形成的内陆河水和凿井开渠、导引丰富的地下水灌溉的地方，往往成为当地发展农业生产的膏腴之区。自汉代经营西域以来，历代在西北迭有屯垦之举，兴建了一些水利设施。这些水利工程可称为河西井渠灌溉型，即开渠导引由雪山融水形成的河水灌溉或充分利用地形，开渠导引雪水形成的地下水入田灌溉。左宗棠到河西走廊以后，先安抚百姓，使之着地生

---

① 《左宗棠全集·书信》（卷三），第 277 页。
② 《左宗棠全集·书信》（卷三），第 279 页。
③ 《左宗棠全集·书信》（卷三），第 277 页。

产，不再流徙；对最穷荒的安西、敦煌、玉门三州县，拨给赈银二万两，寒衣一万套①，拨专款兴办军屯民屯，整治河渠。张掖、肃州旧有的水利设施得以修复，农业生产逐渐恢复起来。

左宗棠在甘肃兴办水利工程，主要采取了防营独办、兵民合力和官贷民办三种出资兴工的方式。

（1）防营独办。这是左宗棠在甘肃兴修水利的主要方式。这种方式主要集中在军屯要地或防营驻地附近。由左宗棠筹资出钱，勇丁出人出力完成。据载，在甘肃境内，"各地防营所修灌溉工程，则有河州三甲集的新挖水渠四十余里，祈家集的兴修水渠一道；狄道州的疏浚旧渠两道"。② 在新疆境内，自张曜在哈密兴修石城子渠给予成功示范以后，其他地方如镇西厅、迪化州、绥来县、奇台县、吐鲁番、库尔勒、库车等地所修各渠及坎儿井等，"皆各防营将领饬兵勇轮替工作"③，独立完成。

（2）兵民合力。即由左宗棠拨款，兵勇和老百姓共同兴建的水利工程。在甘肃境内主要有王德榜主持的军民共同开挖抹邦河的水利工程。在新疆，不少水利工程都雇用民夫，据载："其兼用民力者，给以雇直。地方官募民兴修者，亦议给工食。"④ 特别是"库车阿寺塘，工程尤大，驻扎库车统领……易开俊督率弁兵，辅以民夫，修筑通畅，增开支渠，灌溉称便"。⑤

（3）官贷民力。就是由官府出资，由地方官督率农民兴建的水利工程。这主要有两种形式。第一种是由官府直接拨款，由地方官督办兴建的水利工程。如宁夏修复秦、汉、唐三渠，左宗棠曾三次拨给款银，还曾小规模地推行过由灌田户计亩摊捐集资的办法，但修复渠道的效果都

---

① 《左文襄公在西北》，第 189 页。
② 《左文襄公在西北》，第 190 页。
③ 《左宗棠年谱》，第 378 页。
④ 《左宗棠年谱》，第 378 页。
⑤ 《左宗棠年谱》，第 384 页。

不佳，左宗棠很是不满。另外，收复西宁后，左宗棠曾命地方官"准备夫料，以待来年实施春工兴修"①，修复了一些古渠。第二种是以工代赈，兴修水利。光绪三年，西北大旱，左宗棠想利用以工代赈办法开泾，还嘱托平庆泾固道魏光焘去筹划，未果。但以工代赈的方法却在当年的陕甘凿井运动中得到了某些实施。左宗棠"督各守令劝谕有力之家一律捐资开井，计富者出资，贫者出力，两得其益"。而且，他认为"以工代赈"，"多兴水利，似所费少而为利多"②，值得大力提倡。陕甘的一些地方，就是用以工代赈的办法凿井，应付当时的大旱荒年。

3. 泾河治理——虎头蛇尾的工程

（1）左宗棠为什么重视泾河治理？

首先，力图通过治理，使泾水"复郑、白之旧"，重新发挥灌溉功效。郑国渠和白渠是古人分别在秦和西汉时期在陕西境内的泾水下游开挖的两条最早的引泾灌溉的水利工程，曾产生过很好的经济效益。后来，由于黄土高原植被遭到破坏，水土流失日见严重，河渠淤塞，水量渐小，加上年久失修，逐渐失去了灌溉功能。左宗棠看到这种情况以后，经多方考察，决定从上游着手，对泾水进行治理，使其发挥旧有的功效。

其次，从现实情况来看，对泾水上游进行治理，开渠灌田，既可使泾水正流水势变小，减少下游的涝灾，又可使泾水流域"得腴壤数百万顷"③，最终实现避害趋利，综合开发的目标。泾水治理是一件让人伤脑筋的事，主要是因为"泾流之悍激性成，自高趋下"，岸高水急，且"来源既长，收合众流，水势愈大，但于其委治之，断难望其俯受约束。若从其发源之瓦亭、平凉、白水、泾州一带，节节作坝蓄水，横开沟

① 《左文襄公在西北》，第189页。
② 《左宗棠全集·书信》（卷三），第279页。
③ 《左宗棠全集·书信》（二），第205页。

洫，引水灌平畴，则平、泾、白水、泾州一带原地，皆成沃壤；而泾之正流受水既少，自可因而用之。泾州以下，均属陕辖，再能节节导引溉地，则聚之为患者，散之即足为利，而原田变为水地，泾阳南乡可无涝灾"①。这是左宗棠驻节平凉期间经实地考察得出的结论，包含了他决心治理泾水的基本意图，而贯穿始终的目的则是意欲"为关陇创此永利"②，使当地人民群众永获实惠的思想。

（2）治理泾水的几点设想。

同治四年（1865 年），左宗棠的重要助手——帮办陕甘军务的刘典，在郑、白渠的遗址上，重修了龙洞渠土渠一千八百丈，渠堰和石渠长五十七丈二尺。还有一条渠道叫利民渠，是明代成化末年修的一条引泾灌溉的渠道，可以灌田三百余顷。由于民间用这条渠道运转水磨，所以又叫做头道磨沟。左宗棠于同治年间对之进行疏通，还改名为"因民渠"。左宗棠并不满足于这种修修补补的小规模治理，他把着眼点放在对泾水全流域的治理上，力图使泾水通过治理发挥避害趋利的综合效益。他把治理重点放在泾水上游，并提出如下几点初步的设想。

第一点，"节节作闸蓄水，并可通小筏"。左宗棠设想在泾水试行通航，并以湖南老家的一些河流为例，进行比较。他给正在泾阳疏导泾水的袁保恒的信中说："吾乡湘（水）、资（水）之水，均可于源头通舟楫；醴陵渌水，小筏可至插岭关下。弟驻平凉久，常览形势，知郭外泾流大可用，若浚导得宜，何以异乎？"③ 他认为只要治理方法科学、正确，在河上节节作水闸蓄水，是能通木筏的。

第二点，"速开支渠，治其上源"④。左宗棠认为"平凉西北数十里，为泾水发源处，南数十里为汭水发源处，至泾州合流水势渐壮。若

① 《左宗棠全集·书信》（三），第 279 页。
② 《左宗棠全集·书信》（二），第 205 页。
③ 《左宗棠全集·书信》（二），第 205～206 页。
④ 《左宗棠全集·书信》（三），第 695 页。

开渠灌田，可得腴壤数百万顷"①。如果从开发水利，发挥优势上着眼，"从其发源之瓦亭、平凉、白水、泾州一带，节节作坝蓄水，横开沟洫，引水灌平畴"，则平凉至泾州一带川地"皆成沃壤"②，可收避害就利之效。而从根治水患、克服劣势上看，泾水"水性悍浊，不但泾川、平凉受患之烈较他处为最，甚至由于干流狭急，无支渠宣泄以杀其势，故遇涨发，则泛滥无涯涘，积潦难消，足以害稼"。他认为若从上游"多开支渠以资宣泄"，则泾阳以下无水灾，又可收减灾免祸之效。因此，"益见支渠开浚之工不可缓也"。③

第三点，先开挖二百里正渠，以作示范。光绪三年（1877年），西北大旱，严峻的旱情使左宗棠下决心对泾水进行治理。他打算用以工代赈的办法开渠，并安排平庆泾固道魏光焘实施。但治理泾水工量大，耗资多，加以"泾流之悍激性成，自高趋下，宜非人力所能施"④。于是，左宗棠决定采用先进机器开河，打算开一条长二百里的正渠，以作示范。这就是左宗棠从国外引进新式掘井开河机器之源起。这样，前述三种初步设想，最后只落实为机器开渠一种方案，并得到了一定程度的实施。

（3）引进开河机器。

泾河发源于平凉附近的崆峒山西麓的陇山之中。《甘肃新通志》说："泾河水，在县城（平凉）西，源出笄头山下。"⑤《平凉县志》："泾河水在县西南笄头山。"泾河自六盘山东麓发源后，东南流经宁夏泾源，甘肃平凉、泾川等地，到陕西省高陵县入渭河，全长达四百五十公里。要使这样一条流经三省区、全长近千里的河流为民造福，其上源"平、

---

① 《左宗棠全集·书信》（二），第205页。
② 《左宗棠全集·书信》（三），第279页。
③ 《左宗棠全集·书信》（三），第695页。
④ 《左宗棠全集·书信》（三），第279页。
⑤ ［清］升允、长庚修，安维峻纂：《甘肃新通志·水利》（卷十），中国西北文献丛书（第一辑·23卷），兰州古籍书店影印，1990年，第562页。

泾、白水、泾州一带原地，皆成沃壤"，"泾州以下……原田变为水地"，全靠人力治理是困难的。左宗棠原先就听说外国有开河机器，知道"自明以来，泰西水法既已著称"①。他曾在光绪元年托两江总督沈葆桢代为购买掘井、开河机器，同时又让在英法留学的学生顺便研究这样的机器，但均未见答复。光绪三年（1877 年）春夏间，泾州一带"旱，麦歉收，至秋旱甚，麦未下种，斗价一千八百文，民大困"②，更加强了左宗棠根治泾水的决心。他想试行以工代赈的办法来治河。恰在这一年，胡光墉来信说外国有"新出掘井、开河机器"，左宗棠便要胡设法买几台，"并请雇数洋人，要真好手，派妥匠带领来甘，以便试办"。他认为："此种机器流传中土，必大有裨益，与织呢织布机同一利民实政也。"③ 接着，又嘱咐胡光墉，开河、掘井机器，"请先购其小者来"④。还确定"将来开河机器，拟先留之平凉，治泾川正流……"⑤ 事毕再解送兰州。开河、掘井机器是通过泰来洋行从德国买来的。光绪五年（1879 年），这些机器和织呢机一起启运来甘。次年开河机器运到泾源工地。左宗棠派平凉府知府廖溥明主持其事，并请了德国技师，其中之一便是曾主持过兰州织呢局局务的福克，打算先开一条长二百里的正渠。左宗棠采用先进机器治理泾水，这在西北乃至中国近代治河史上都是一个创举，在中国水利建设史上具有划时代的意义。

泾河工程的营建以左宗棠所部勇丁为主，还征集了部分民工。这些军民都由德国技师指导。但德国技师认为开渠计划有问题，鼓不起干劲。光绪六年冬，左宗棠奉召入京，路过平凉时，亲往开渠工地视察。对德国技师进行了严厉的批评。据他说，"洋匠经训饬一番，颇有振作之意"。他还指示平凉知府，新渠应再拓宽，并应再多开几个渠道，"以

① 《左宗棠全集·书信》（三），第 297 页。
② 《泾川县采访录·灾异》。
③ 《左宗棠全集·书信》（三），第 297 页。
④ 《左宗棠全集·书信》（三），第 356 页。
⑤ 《左宗棠全集·书信》（三），第 481 页。

资容纳，上流宽缓，下流就可没有急溜，实为两利之道"①。但工程进展仍十分缓慢。据德国技师说："渠底多系坚石"，人力施工困难，德国还有一种开石机器，如能买到，工程更可迅速。左宗棠很以为然，打算安排胡光墉再去添购。但不幸的是，光绪七年四月，泾水暴涨，冲毁了河渠，对工程是否继续下去，陕甘总督杨昌浚与左宗棠意见相左。但此时左宗棠对此已鞭长莫及，只是在光绪七年（1881 年），在给杨昌浚的信中提到"平凉水利，冬前或可蒇工"一句②。此后，治泾工程似乎再无下文。这里有两件事情需要专门讲一讲。

第一，左宗棠引进的凿井开河机器到底是一种什么类型的机器？史无明文记载，也很难考稽。只能依据现代人对相关机器类型和机械知识的了解进行推测。但据福克说它不能开坚石，说明它不是开石打眼的钻孔机，似乎是小型挖掘机或铲土机一类的机器。据秦翰才在《左文襄公在西北》一书中的考证和推测，这台机器到光绪三十四年（1908 年）时，还静卧在平凉府署，已锈迹斑斑，零件缺失。他不禁对之产生了"没有英雄用武之地"的喟叹③。

第二，开河的具体地段在哪里？也是史无明文，只是在《平凉县志》中有这么一段记载："湟渠，起县城西，绕城北，东注五十余里，清光绪初左文襄公所辟。旋以水低，不能上田，遂寝。"

左宗棠被调回关内后，对西北水利建设依然十分关注。1882 年，当他闻知"泾源暴涨"，渠坝被冲毁时，内心痛惜不已。此时左宗棠虽已离任，但仍主张继续修治。他说："惟泾源猛涨，小有所损，益见平凉支渠修治之功未可缓也。"④ 当护理陕甘总督杨昌浚来信向他征询意见，想"以节劳费"为名义，停止施工时，他在复信中指出："惟思六府之修，养民之道，政典所系，未宜草草。"治泾工程虽"猝遇此灾，

---

① 《左宗棠全集·书信》（三），第 662 页。
② 《左宗棠全集·书信》（三），第 720 页。
③ 《左文襄公在西北》，第 187 页。
④ 《左宗棠全集·书信》（三），第 693 页。

致从前已成干渠一并湮塞",但工程不应就此停止。尽管德国技师福克也主张停工,认为"泾源纷杂,治之劳而见利少",但这主要只从经济上是否有效益而言;如果站在政治的高度来看,即"从养民之义设想,则多开支渠以资宣泄,实事之不可缓者"①,泾水不容不治理。不久,在给甘肃按察使魏光焘的复信中写道:"种树、修路、讲求水利诸务,切实经理,必有其功。"并情不自禁地说:"不佞十数年一腔热血,所剩在此,至今犹魂梦不忘也。"② 其言谈情真意切、感人肺腑,表现了左宗棠对在西北经营未竟事业的关切和怀念。

诚然,左宗棠对泾水的治理以失败告终,没有实现他当年治水的一系列设想和理想,留下了许多的遗憾。治泾失败的原因是很多方面的,但最关键的一条还是治理方案缺乏科学的规划和论证。泾水自古以来水文情况就极其复杂,它从六盘山麓的岩石中发源,流经陇东黄土高原地区,已由清清的溪流变成含沙量较大的浊水,古代民谣就有"泾水一石,其泥数斗"的说法。清朝乾隆时期仍是如此,"泾河自邠以上滩浅而流急,故浊"③。泾河水量变化也很大:冬季流量较小,夏季则猛增;平常年景和洪水暴发时节更不相同,例如泾河的一大支流汭水,"每值暴雨,山洪骤发,河水猛涨,汪洋一片,宽达二三百公尺,历时一日或数小时不等。常年多在小水时期,清流一溪,明可鉴底"④。这样一条水流湍急,"暴涨无常"⑤ 的河源,怎么能同"小筏可至插岭关下"的"醴陵渌水"同日而语呢?根本没有考虑到泾水变化大、季节性强的特点。他提出的"作闸通航"一事根本无法实施。至于用机器开渠的方案也犯了同样的错误,对泾水的水文、开渠上水的高度等缺乏科学的论

---

① 《左宗棠全集·书信》(三),第695页。
② 《左宗棠全集·书信》(三),第705页。
③ [清] 张延福修,李瑾纂:《泾州志·地舆》,《中国西北文献丛书》(第一辑·42卷),兰州古籍书店影印,1990年。
④ 《甘肃经济建设纪要》,甘肃人民出版社,1980年。
⑤ 光绪《泾州乡土志》,中国公共图书馆古籍文献珍本汇刊,《中国西北稀见方志》(八),中华全国图书馆文献缩微复制中心,1994年,第421页。

证，工程可行性差，修建三年，只好"旋以水低，不能上田，遂寝"，成为治泾史上的一大憾事。

4. 开挖抹邦河——一个成功的范例

抹邦河水利工程是清同治十二年（1873年）左宗棠部将王德榜率军驻扎在陇西狄道（即今临洮县）时所建，是左宗棠在甘肃各地兴建的诸多水利工程中最成功的一项，很值得一述。

王德榜（1837—1898），字朗青，湖南江华人。湘军将领，随左宗棠参与镇压太平天国与捻军起义，曾任福建布政使。后来随左宗棠到西北，又参与镇压陕甘回民起义。左宗棠所部湘军，原是湘军中的另一支派，独立于曾国藩所率湘军之外，系王鑫旧部，号称老湘军。这支军队的勇丁多是湖南农民，所以一直保持着农民的特色。左宗棠不仅给老湘军制定了严格的纪律，他本人对于农事，也确有浓厚的兴趣。而楚军勇丁又都是农民，所以"遇他们在某一个地方驻防时，便常教他们就路旁、河边、屋角，种树种菜"①。因此，左宗棠凡遇到地方的公共工程，像开河、筑路、造桥、修城之类，也常派勇夫去做。王德榜所部湘军，就是这样一支既能打仗、又能辛苦劳作的部队。

同治十年，王德榜参与了进攻河州回民起义的几次战役。河州回民起义被镇压以后，根据左宗棠的安排，"前福建布政使王德榜所部定西等营，仍驻狄道，西北接宁河、太子寺、三甲集各营，南接岷、洮各营，东接巩、秦所属各营"②，并要求他们耕垦自给。王德榜以前为了向岷州运粮，曾炸过洮河的九岭峡，以便打通粮道。现在，为了搞军屯，他又打算引抹邦河水来灌田。抹邦河是洮河的一条支流，流过狄道岗关坪之上，坪下就是洮河。在引水的地方，有一个山头，"高三十五六丈；这一个山坡，长四百二十丈"。王德榜决定把这一段四百

① 《左文襄公在西北》，第43页。
② 《左宗棠全集·奏稿》（五），第283页。

二十丈的山坡，挖低二十五丈，开成明渠。他估计要人工五六十万。他施工的要求，经过多次的请求才得到了左宗棠的同意，并给予了支持。因为工程太浩大，以致使从来不怕困难的左宗棠也产生了犹豫和动摇之心。在工程动工以后，王德榜每天抽调一半的勇丁约二千五百人来工作，大概经过六七个月后才告完工，可灌田数十万垧——每垧二亩半①。

关于详细情况，王德榜在龙王庙碑文中记述到："斯渠也，始造于同治十二年六月既望之翼日，以同治十三年五月晦日讫功。其长七十里，广丈有六尺。堤高三丈五尺，宽二十丈余。横亘两崖。糜金钱四百万有奇。火硝磺二千六百石。"在巩昌府知府给左宗棠呈文中，记载了勘验该工程的情况："知府于七月（同治十三年）初四日起程，初六日抵狄道州城。次日，会同王藩司德榜，狄道州知州喻光容（字仙稿，湖南宁乡人）等携带丈尺，驰往距狄道城南三十里岚关坪地，从迤东之陈家嘴行水旧道勘起。勘得此股渠水，旧由陈家嘴分出之岚关坪山腰，穿洞入渠。据该处民人称：道光年间，山洞崩塞，是以水不归渠。此次王藩司于抹邦河上流，筑坝一道，阻往来水；另开新渠，引水灌溉田亩。坝高三丈有奇，宽二十丈；俾河水鼓起入渠。引至岚关坪山脚，复凿平山石，高七丈有奇，长四百余丈，中开石渠一道，而宽三丈，深八九尺不等。水由石渠绕入土渠。并于狄道城南川一带，开挖支渠十一道；川北一带，开挖支渠七道。所有南北两川民田，均可以资溉灌。其渠口之西，设有板闸一道。需水多少，则按闸板启放。坝右石山，又开便河一道，东西长三十八丈，深一丈八尺，宽约十余丈，以备水旺时分水势，免致伤堤。坝之南，便河之北，就石坪上立庙一座，横联三楹。其沿山一带之土沟，碱水下注，均筑桥漕，架水过渠，由田间另辟水路，将碱水泻入洮河，不致有伤禾稼。洵为筹划尽善，办理得法。查由入水渠口，西行抵岚关坪高坎，计长七里；自高坎迤北至狄道州城，三十里；

---

① 《左文襄公在西北》，第 188 页。

过州城迤北搭视渡，过东峪沟，以及八里、十里、十五里，直达清水渠。计自坝口至清水渠，统长六十余里，始由清水渠泻入洮河。卑府周视岚关山脚渠道及新开便河，均系石山开凿，地雷轰成，委非民工民力所能举办。且时值雨后，水势颇旺，渠内源源灌注，亦无泛滥之势。"① 从这段记载可以看出抹邦河水利工程质量优良，岚关坪灌区可灌田约25万余亩。

关于这项水利工程，左宗棠的记述很少，只在同治十二年给王德榜的一份信中说："狄道荒地甚多，又阁下新开水利，使旱地变为上腴，尤便安插，诚为一劳永逸之举。"② 这实际是对这项工程给予了充分的肯定和赞誉。

应该说，在左宗棠的部属中，"魏光焘一支兵，可说最善于筑路；王德榜一支兵，可说最善于开河"。③ 因为魏光焘一军长期驻扎在从平凉经六盘山到定西一带，这段路是关内最难走的，也是最难维修的。而王德榜自在狄道炸山开渠以后，在督带恪靖定边军出征越南以前，还帮助左宗棠"在北京做成了永定河上源一千数百丈的石坝；开成了六合境内滁河下游二十多里的别支，铲除其中最艰阻的二十丈的石脊；整治句容赤山湖到南京秦淮河间又是一个二十多里的水道"④，故而被秦翰才称作"开河专家"。

5. 成绩与评价

水利是农业的基础，水利更是西北农业的命脉。开发西北首先面临着兴修水利的艰巨任务，但开发本身又是一项艰巨复杂的系统工程。因此，大军每收复一地，随着左宗棠大营向西推进，关中、平凉、宁夏、

---

① 慕寿祺：《甘宁青史略》（二十四卷），第5页。
② 《左宗棠全集·书信》（二），第414页。
③ 《左文襄公在西北》，第43页。
④ 《左文襄公在西北》，第189页。

河州、西宁、河西，都依次出现了兴修水利的场景。

通过前面的记述我们看到，左宗棠在其任期内兴修的水利工程几乎遍及甘肃的各个角落。工程项目从治河、修渠、筑坝、凿井，到挖掘坎儿井等，内容丰富；工程动工主要依赖人力畜力，甚至使用炸药开山炸石，运用最新治河机器施工开渠，使用了他当时所能动用的所有的工具和手段。因此，从西部开发史来看，在一个相对集中的时间里，有组织、有步骤、大范围地开展如此大规模、多类型的水利建设，在甘肃还是第一次，在中国历史上也不多见，很值得总结与研究。

左宗棠短时间内在开发甘肃水利的创举中取得如此丰硕的成果，主要是因为：

第一，左宗棠非常重视水利建设。他对西北进行建设性开发，使他与以往的官员相比，在措置上大为不同，能够把着眼点放在经济社会的恢复与发展上。在这样的背景下，兴修水利自然就被摆在突出的战略位置上，成了各项工作的重中之重。

第二，用人得当、施工得力。在兴修水利工程时，左宗棠非常注重考察和选派得力可靠的官员。他认为兴修水利，"其要只在得人，勤恳而耐劳者，上选也"。"此在勤民之官自为之，令各知其意，不必多加督责，王道只在眼前，纲张斯目举矣。"① 如指派王德榜开挖抹邦河，选派张曜在哈密开渠引灌，使用刘典、杨昌浚、刘锦棠等人督办水利工程，都能如期较好地完成任务。尤其是王德榜将军，后来几乎成了协助他兴办水利的"开河专家"②。

第三，注重采用先进的生产力设备和技术兴修水利。左宗棠虽偏处西北一隅，但却能放眼世界，引进德国先进的治河机器，聘请德国技师，用于对泾河的治理。泾河的治理虽以失败告终，但在中国率先使用开河、凿井机器，表现了左宗棠作为洋务派巨擘应有的眼光与

---

① 《左宗棠全集·书信》（卷三），第387页。
② 《左文襄公在西北》，第189页。

气魄。

当然，左宗棠在西北兴修水利的活动，还有许多不足之处和教训，也值得后人汲取：

第一，水利建设方案缺乏科学的规划和论证。左宗棠在西北各地兴办水利，基本上是按当地收复的先后顺序逐步开展的，虽然也有因地制宜的成分，但从总体来看，仍缺乏整体科学的统一规划，小范围也缺乏整体科学的规划和设计。具体的水利工程有的虽有简单规划，但该规划能否行得通，又缺乏必要的科学的可行性论证。以治理泾水为例，该项目虽为左氏花费心力最多的水利工程，但由于治泾规划没有进行可行性研究，规划的适用性差，无法继续实施，只好中道而废，留下了不少的遗憾。

第二，兴修水利的政策缺乏连续性。左宗棠在任内重视兴修水利，所以能取得巨大成就。但他之后的继任者，未必都能持之以恒地重视水利建设。许多水利设施后来都停建或废弃了，无人过问，这是很令人痛惜的。

第三，西北兴修水利没有得到清政府和民间的有力支持。左宗棠投入到水利工程上的资金，都是他本人想方设法筹措的，很少有来自清政府的直接拨款。至于民间出资，由于战乱使西北各地一片赤贫，几乎没有人有能力捐资治河修渠。连年战争，也使西北人口锐减，百姓元气大伤，民间很难独立完成较大规模的水利工程。再加上地方官吏推诿扯皮，许多难题都压到左宗棠的肩上。在这种情况下，能取得上述成就，实属不易。

左宗棠在甘肃兴建的水利工程，虽然有治理泾水失败这样的损失，但也有王德榜开挖沫邦河一举成功这样的成就。由于他历时十余年不间断地治理和建设，西北一些地方一度出现了"水利大兴、而垦事亦盛"[1]的局面。左宗棠在甘肃兴建的各项基础设施，为此后西北社会经

---

[1]　《左文襄公在西北》，第193页。

济的恢复与发展奠定了基础，尤其是水利工程的兴建，对甘肃农业生产的恢复起了重要的促进作用。左宗棠的功绩永远值得西北人民铭记！他在西北兴办水利的经验教训也值得今人汲取和借鉴。

六、左宗棠对甘肃农业与手工业的开发

兵燹之余，甘肃许多地方土地芜废，人烟稀少，"弥望白骨黄蒿、沙石斥卤，不似人世光景"①。左宗棠认识到，单纯依靠军事手段不能迅速从根本上解决面临的困难与问题，必须进行综合治理与建设。于是，他于军事之余，"随时察看各属情形，招徕赈垦，设法补苴，不遗余力"②，采取了一系列重建与开发甘肃传统农业、畜牧业、手工业等经济门类的措施。

（一）农业生产的恢复与开发

左宗棠从青年时代就特别重视农业，视之为"人生第一要务"③。到甘肃以后，看到这里由于连年灾荒和长期的战乱，农业生产遭到严重的破坏，便决心从恢复和发展农业生产入手，振兴甘肃的经济。

---

① 《左宗棠全集·书信》（卷二），第 194 页。
② 《左宗棠全集·札件》，第 384 页。
③ 《左宗棠全集·书信》（一），第 49 页。

1. 制订有利于开发农业的优惠政策

（1）无偿发放农业生产资料。左宗棠十分清楚，饱受战乱之苦的农民要从颠沛流离中安定下来恢复农业生产，开始时一定是两手空空、一无所有。要在这样的情况下开发和发展农业生产一定是困难重重、举步维艰。于是他下令把口粮、籽种、农具、耕牛等生产资料无偿分发给那些一无所有同时又愿意开展农业生产的农民。用他自己的话来说："陕甘频年兵燹，孑遗仅存，往往数百、十里人烟断绝。新复之地，非表给牛种、赈粮，则垂毙之民势将尽填沟壑。……甘肃克复一郡县，即发一处牛种、赈粮，非是则有土无民，朝廷亦安用此疆土。"① 为防止农民们把生产资料挪作他用，左宗棠规定只发实物不发现银；为防止农民们把籽种吃掉，则规定必须到播种时节才发放籽种。除了无偿发放农业生产资料外，左宗棠还无偿向发展农业生产的农民们发放口粮。发放口粮的标准是：青壮劳动力每人每天8两，老人、小孩5两②。由于耕牛等牲畜大多已在战乱中被杀被抢，所以左宗棠就挪出一部分军饷去购买耕牛，然后分发给老百姓。耕牛不够就用驴、骡、骆驼代耕，还不够就把军队中老弱的军马淘汰下来支援农耕，再不够就几家人轮流使用一头牲口。实在没有牲口就三人拉一头犁，用人力也要恢复农业生产。

（2）对开垦荒地者实行政策倾斜。大西北地广人稀、土地贫瘠。熟地本来就不多，只种熟地根本就不足以富民，不足以养军。为了扩大耕地面积，左宗棠鼓励农民们开荒种地。他规定：凡开垦荒地者，从开种之日起，第一年全免税赋，第二年半免税赋。为了吸引内地居民移居西北开荒种地，左宗棠还建议朝廷对移居西北开荒种地的家庭给予科举考试方面的照顾。清政府在科举取仕中对各地区都规定了录取名额，同时还规定考生必须在报考地居住达到一定年限才有报考资格。左宗棠一方

---

① 《左宗棠全集·奏稿》（五），第119页。
② 《左文襄公在西北》，第78页。

面建议朝廷适当增加西北地区的取仕名额，另一方面又建议对移居西北家庭中的考生可以不必受居住年限的限制①。清政府采纳了左宗棠的建议。

（3）减轻农民负担。在左宗棠到达西北地区以前，那里的各级官吏都要在正常的税赋之外层层加码向农民乱收费、乱摊派，使当地农民不堪重负。左宗棠到西北以后把税款以外的各种收费统统取消，并把过去当地官府实行的借一还四的高利盘剥政策改为借一还一②。过去农民向官府借贷籽种和口粮，收获后要四倍偿还。左宗棠痛斥这一政策是杀鸡取卵、竭泽而渔的政策。他认为民不聊生、逼民为贼的混乱局面就是这些不合理的剥削政策造成的。1874 年 3 月，左宗棠上奏朝廷："当此清理田亩，广事招徕之时……若复追呼逋赋，徒启胥吏作索之端。小民观望徘徊，情有难免，于招垦事宜实有关碍"，请求"准将甘肃省同治十三年以前实欠在民地丁、正耗等项钱粮、草束以及番粮、番草，并向随地丁额征课程等项杂赋，概予豁免"③。清廷准奏，这次免赋对招垦归耕、恢复生产有一定的积极作用。

2. 大兴屯田

秦汉以来，用兵西北，为了筹集军粮，大多就地屯田。左宗棠早在 1833 年（道光十三年）的《癸巳燕台杂感》诗中，就有"兴屯宁费度支钱"的建议④。1866 年（同治五年），他在赴西北前夕一封家书中谈到在江浙用兵屯田时亦说："关陇则地多平衍，人民死亡过半。回产既无人耕牧，汉产亦多荒芜。""若不开屯，则立虞饥溃。人之粮糗，马之刍豆；举待给于数百里、千余里之外，战何以战？守何以守？自古边塞

---

① 《左文襄公在西北》，第 145 页。
② 《左文襄公在西北》，第 145~146 页。
③ 《左宗棠全集·奏稿》（六），第 7 页。
④ 《左宗棠全集·家书·诗文》，第 456 页。

用兵，无不以兴屯为首务者此也。"① 为此，他到西北以后，一直十分重视屯田。如在陕甘，提出"首以屯田为务"的主张②。对新疆，他督办新疆军务后，就要张曜在哈密把屯田和筹粮结合起来；巴里坤由甘肃同知"襄办屯垦事务"；古城迤西地区除景廉原有公屯和私屯外，又让甘肃补用道前去"经画屯垦事宜"③。

在西北如何进行屯田？当时有几种不同做法：一是以屯田为名，"其志不在恤民，不在济军，惟勒派取盈以顾目前而已。预借籽粒，秋后数倍取偿。民不能堪，弃耕避匿，则系累其家属，追呼迫索至不可堪"。结果是："立开屯之名，而地亩转荒。"二是设局兴屯，增加经费，"徒骛开屯之名"。结果是："复业之民少，而局员、丁役之费反多于散赈给种之费。"④ 三是抽调旗丁屯田实边。左宗棠不同意将内地八旗丁壮移来新疆屯田。他在 1877 年（光绪三年）的一份奏折中说："今新疆北路除伊犁外已一律肃清，汉回土著孑遗仅存，屯务难以复旧"，特别是让"未习农务"的八旗来到"艰难新复、边远阔绝之地，于生计未能裕，于国计未能节，而边防亦未能藉以为重，不但劳费可惜已也。若先修直隶水利，徐议移屯新疆，似于事体尚无窒碍，于人情亦免疑沮"⑤。

左宗棠办理屯田，采用三种形式：

（1）民屯。他说："筹军食必筹民食，乃为不竭之源；否则，兵欲兴屯，民已他徙，徒靠兵力兴屯，一年不能敷衍一年，如何得济？"他认为"哈密地方沃野，五谷皆宜，节候与内地不异"。因此，要张曜调查哈密现有维吾尔等族有多少？"其力可耕垦，无籽种牛力者酌其能耕地若干，分别发给，令其安心耕获。收有余粮，由官照时价给买，以充

---

① 《左宗棠全集·家书·诗文》，第 117 页。
② 《左宗棠全集·奏稿》（六），第 637 页。
③ 《左宗棠全集·奏稿》（六），第 289 页。
④ 《左宗棠全集·奏稿》（六），第 122 页。
⑤ 《左宗棠全集·奏稿》（六），第 639 页。

军食。其必须给赈粮者，亦酌量发给粗粮，俾免饥饿。""其籽种必须临时发给，庶免作赈粮食去，又不下种。"他说："若民屯办理得法，则垦地较多，所收之粮除留籽种及自家食用，余粮皆可给价收买，何愁军食无出？"他还指出：要"用廉干耐劳苦之人分地督察，勿任兵勇丝毫扰累，勿于银粮出纳时稍有沾染，则闻风至者多而事举。此民屯要策也"①。

（2）军屯。他说："营中兵勇办屯田，要好营官哨长多方激励劝督，乃可图功。每日出队耕垦，均插旗帜，分别勤惰。每哨雇本地民人一二名当夫，给以夫价，以便询访土宜物性。籽种须就近采买，或用粮斛换。牛力如不能多得，骡驴亦可用。如骡驴不可多得，即以人力代之，三人一犁，每犁日可数亩。"而最重要的是："照粮给价，令勇丁均分，勇丁有利可图，自然尽力耕种；营哨出力者存记功次优奖，否则记过。如此，则各营勇丁吃官粮做私粮，于正饷外又得粮价，利一；官省转运费，利二；将来百姓归业，可免开荒之劳，利三；又军人习惯劳苦，打仗更力，且免久闲致生事端，容易生病，利四。此兵屯要策也。"②

（3）兵屯、民屯依情况而变。如喀喇沙尔县令报告该地兴办屯务土地，"昔本兵屯，后改民屯，仍为官产。现在招民仅三百余户，开种尚未及十分之三。此间兴屯并不占民业"。左宗棠批示说："关外乱后，地亩荒芜，无论兵屯、民屯，总以开垦为要。来归者众，兵屯可给与民垦；来归者稀，民屯亦可给与兵垦。"他不仅认为该营在驻防之暇屯垦所余闲田是正办，而且指示该地："应即仿照民屯之例划拨地亩，一律发籽种，饬令各弁勇实力垦种，收成后照数归还。至所收粮石，准其缴局，照章发价。"此外，他还同意为该地开垦城南官马牧厂良田，"开挖

---

① 《左宗棠全集·书信》（二），第438～439页。
② 《左宗棠全集·书信》（二），第438～439页。

渠道，以备招徕"①。但是，兵屯还可变民屯，左宗棠说："比事定后，地已开荒成熟，仍还之民，此即甘肃近时办法。"②

由于左宗棠兴办屯田注重实际，注重民食，注重耕者实际利益，照粮给价，有利可图，从而使屯田取得显著成绩。他写信给刘典说："秦民度陇就食者安插耕垦为宜"，"自闻南疆告捷，远民踵至，肃州报每日出关者数十百计。金运昌提督所部踊跃就屯，禁之不止，盖习见耕获之利优于口粮耳！"③ 正是左宗棠采取这种军民结合、耕战结合，特别是把经济利益驱动机制引进古已有之的屯田举措中，才使屯田垦荒得法，才使进军顺利，又为战后农业开发与建设作了准备。

3. 改良耕作方法

甘肃地多人少，一般不注重耕种方法，往往是广种薄收。这既费地，更费水，单位面积产量不高。左宗棠为改进农业，采取了如下措施：

（1）提倡精耕细作，推广区种法。中国古代农业有"区田"和"代田"两种耕作方法。左宗棠早年对古代两种耕作方法作过考究，并在家乡亲种区田进行试验，留下一篇《广区田制图说序》，说区田法有六善三便，"治田少而得谷多"④。当时，陕西也有人倡导区田，著有《区田图》。左宗棠认为，这种"《区田图》与古代农书不合"。"区陇无相并者，意取四面通风，根不相交也。"可是，"区法宜于人稠地狭之处，非陕甘所急，惟宜种棉耳"⑤。他说，区种法是"改区田之隔一区种一区为间一行种一行，与赵过代田相同。特代田者今年种此行明年种彼行，而区种只就一年种法言之"。因此，"区种"是"改区田而兼用代田之

① 《左宗棠全集·札件》，第480～481页。
② 《左宗棠全集·奏稿》（六），第124页。
③ 《左宗棠全集·书信》（卷三），第351～352页。
④ 《左宗棠全集·家书·诗文》，第247页。
⑤ 《左宗棠全集·札件》，第298页。

意"。这种"区种"在"井既凿成，农民当知汲灌，其去繁就简之法，今农当自知之，不烦官司教督耳!"①左宗棠对谭钟麟推广开井、区种两法"深为欣然"。因为，"开井、区种两法本是一事，非凿井何从得水？非区种何能省水？但言开井不言区种仍是无益"。要谭钟麟对倡开井、广区种一事，"与司道诸公熟阅而预图之"②。左宗棠推广"区种"时采取实事求是的态度。他在甘肃时说，庆阳"自以开井、区种为宜"；而"平凉川地甚多，俗称为粮食川，似开井、区种尚不如多开引地，其利更普"③。

（2）用沙压碱，提高土壤的利用率。西北少雨易旱，多戈壁碱地。1880年（光绪六年）5月，左宗棠西出玉门，见沿途"戈壁乏水草，不能度地以居民"，因此寻思解决办法。他认为："沙石间杂，中含润气，虽无涌见之源泉，雨露之滋润"，但"足萌嘉谷"；"兰州北山秦王川，昔称五谷不生者，近则产粮最多，省会民食取给于此，老沙、新沙、翻沙时形争讼"；"惠民堡迤西而北，沙碛尚杂石片，安西前后沙滩则石子相间，并少块片，疑可仿效秦王川法，用植嘉禾，就中大小沙堆遍生野草，间有芦苇丛杂。既产草则必宜禾，奚仅宜畜牧不便耕垦乎？至沙滩戈壁，虽乏树木，然近水各处亦见榆柳，疑下湿之地皆可种植，奚仅宜榆柳不宜蔬菜果乎？"在对这些经过反复调查研究后，就写信给杨昌浚，主张："拟先畜牧导民，而令其渐谋耕获，庶几因其所明加以劝相，渐合古昔实边之政，而无其扰也。"④在甘肃，有用沙压碱、细石铺地，以减少蒸发，保护农作物生长的习惯。据《中农月刊》所载《甘肃之碱地铺砂》一文说："砂田之发明，距今不过百年。""左宗棠平定西北，乃安抚流亡，贷出协饷库粮，令民旱地铺沙，改良土地。由是各地流行，成为甘肃特有之砂田，盛行于皋兰、景泰、永靖、永登、洮沙、靖

① 《左宗棠全集•书信》（卷三），第301页。
② 《左宗棠全集•书信》（卷三），第277页。
③ 《左宗棠全集•书信》（卷三），第279页。
④ 《左宗棠全集•书信》（卷三），第610～611页。

远等县。利用荒滩僻壤，铺沙耕种，化不毛之地为良田。""当地农民憬憧当年左公之丰功，常有殷丘故墟之叹。"① 可见左宗棠此举有益于开发甘肃，而且影响深远。

4. 增加农作物品种

左宗棠到西北后，"见民间种谷只有大小麦、黄白粟、糜子、油麻、包谷诸种，虽终岁勤劳，得获再收，而皆穗短苗单、颗粒细小。计问一亩之地不过收百余斤，其价又贱，每岁除留自食外，易钱必不能多，则一切人生日用之需费将安出？"因此，他于1870年（同治九年），在平凉就让军队试种"利以倍之"的南方稻谷。因系晚稻籽种，没有成功；后改作早稻籽种，每亩产400斤，"民间效种收获亦多"。他认为："大约平川足水之地，以之种稻本无不宜，惟须购得六七十日可收之种乃能成熟。否则，天寒较早，露结为霜，即有秀而不实之虑也。"他要陕甘各州县试种稻谷②。随后，他于1880年（光绪六年）对敦煌县令说："该县地土膏腴，南湖一带荒歇地亩引水灌田，种植稻谷，自无不宜。"③ 关于左宗棠种植稻谷的成绩，据当时到过西北的福克说，陕甘一些地方，"昔栽罂粟之处，今为艺稻之所，近来大有收成"④。可见，左宗棠推广种稻取得了一些成效。

（二）畜牧业的试办

畜牧业对西北而言其重要性并不亚于农业。左宗棠针对西北地域辽

① 《左文襄公在西北》，第195页。
② 《左宗棠全集·札件》，第528页。
③ 《左宗棠全集·札件》，第487页。
④ 《西行琐录》，《小方壶斋舆地丛钞》。

阔、宜耕宜牧的特点，提出在有些地区"拟先以畜牧导民，而令其渐谋
耕获"，或搞农牧兼营的主张。左宗棠在 1876 年（光绪二年）的一个批
札中就认识到："畜牧为西北急务"，"畜牧之政自当亟讲"①。他致书
刘锦棠说："将来腴疆克复，当讲农田、水利、畜牧、通商，以规久
远。"② 把畜牧放在与种植业同样重要的地位。他对各地，特别是适于
发展畜牧业的地区一再强调其重要性，并加以落实。

1876 年（光绪二年），左宗棠给皋兰贫民拨银 6826 两，令多买羊牧
放。1880 年（光绪六年），他批示安西知州龚恺，"于前发安西协羊本
内提拨 400 两，如不敷分拨，即在安西州存余官款内提拨"，以购种羊。
由于安西州无现存银两可拨，故他到哈密经安西时，乃于自己养廉银内
拨银 2000 两，以 1000 两"发安西协购买种羊，散发兵丁领牧"；另
1000 两"发该州买羊，分发贫民畜牧"③。他将此事告诉杨昌浚，指出：
"戈壁乏水草，不能度地以居"，"拟先畜牧导民，而令其渐谋耕获"，故
在自己养廉费内拨银 2000 两，"饬令购买种羊，交发兵民，以收畜牧之
利，冀流亡尽复，荒地续开，尚有可为"④。《甘宁青史略》一书还记
载：左宗棠"因军兴后畜牧寥落，由厘局拨款供给贫民买羊孳牧"。"原
订三年归本，后贫民无力归还，催缴至三十二年（1906 年）仍欠羊银
九千余两。前制军杨（昌浚）以追呼扰累，奏请豁免。"但仍收效不大，
"盖以富民有羊不能自牧，逆计羊本之扰累，不肯承领；贫民领到羊本，
又以饥寒交迫，知近忧而不知远虑，坐食消耗，以致牧业废弛，不能振
兴"⑤。可见，发展畜牧业涉及的问题很多，不是一经提倡就可发展起
来的。

---

① 《左宗棠全集·札件》，第 390～392 页。
② 《左宗棠全集·书信》（卷三），第 149 页。
③ 《左宗棠全集·札件》，第 486 页。
④ 《左宗棠全集·书信》（卷三），第 610～611 页。
⑤ 《甘宁青史略》，卷 25，第 43 页。

（三）手工业与多种经营的兴办

1. 甘肃传统手工业的发展概况

甘肃手工业有着悠久的历史。它同甘肃近代工业的产生、发展存在着密不可分的联系，因此，有必要首先对手工业的发展状况作一点介绍。

甘肃盛产羊毛，因此，手工纺织业发展较早。据《皋兰县志》记载，早在秦汉之前，民间就有"拈毛成线，织褐为衣"的手工劳动，这种毛线衣称作"毛褐"。但在相当长的时期中，"毛褐"只是穷苦百姓在农耕之余，自织自穿，并不出售。到乾隆初年，"毛褐"生产技术有所改进，有"绒褐"之名，"造为织锦装花之丽，五采闪色之华"，"一袍所费百金，一匹价值十余两"①。织褐手工业有所分工，出现了脱离农业专门从事织褐领取工资的手工业者。"农民闲暇之余，捻毛为线，俗称褐线，待织褐匠来时，交给织褐匠"。这些织匠，"自己携带简单织机，循游各地兜揽织褐，或计日给付工资，或计件给付"。农家织成的褐，"有乡民带赴集市或县城出售者，亦有售褐小商人分赴农村零星收售者，亦有自己备用完全不出售者，亦有专营毛褐其目的在于完全出售者"②。这种状况，在兰州、临潭、皋兰、榆中等地都很普遍，尤以秦安之所产最为有名，其生产"不以自用为目的，已演变为商业化之生产"③，其产品远销兰州、天水、汉中、西安及四川等地。

甘肃的织毡、织毯等手工业也很发达。早在鸦片战争之前，兰州等城市就有织毛毡、毛毯的手工作坊，"以毛绒制成毡毯、毡帽及毡鞋，

---

① 慕寿祺：《甘宁青史略》，卷二十九。
② 甘肃省银行经济研究室编：《甘肃之工业》，1944 年。转自林植《甘肃近代工业略论》（《社会科学》1984 年第 4 期）。
③ 《甘肃之工业》，1944 年。

品质精美，行销西北各省"。规模较大的称毡房，"毡房组织，有独资经营及合股经营之别"，各地还有行会组织。毡房的经理与工人为"师徒关系，在收徒拜师之前，徒弟待遇，除供给食宿外，所得为数极微，且不得任意离去"①。这一方面反映了某种程度的封建人身依附关系，另一方面也反映出这类手工作坊中雇佣劳动的出现。

甘肃的水烟制造业也发展较早，分工较细。乾隆年间，就有"兰州别产烟种，铸铜为管，贮水而吸之"的记载。其后，这种生产水烟的"烟坊"在兰州周围就有上百家，而且，出现了细致的分工。就生产而言，"有专制条烟者，有专制棉烟者，有专制麻烟者"，"有专生产烟叶的农民，有专加工制造之烟坊"；就销售而言，"有制造商，烟箱商，运销商。制造商为收购原料加工制造者，烟箱商为专制装烟木箱以运销者，运销商以经营水烟运销为目的"②。甘肃水烟运销江、浙、华北、东北及川、陕等地。

尤其值得一提的是甘肃兰州的手工翻砂业。远在明朝初年，手工翻砂就已经具有一定规模。洪武年间，为了在兰州架设黄河浮桥，需铸两根铁柱，这个任务就由兰州的王家承担并如期完成。王家当时翻砂业务的规模、雇佣人数等现已无从查考，但用手工方式铸造两根铁柱，需要较大的力量和一定的技术，这是可以想见的。到道光二十二年（1842年），黄河浮桥需补铸一根铁柱，又由王家承担。因为这样的功劳，王家获得了兰州地区翻砂的"专利"，每年向政府交"押贴"（税款），政府允许其独家经营。从此，翻砂业务在兰州有了迅速的发展③。

其它如酿酒、造纸等手工业都很普遍，有的作坊规模较大，雇佣工人较多。鸦片战争后，随着外国资本主义侵略活动的加剧，甘肃的手工业受到了很大的打击，受到影响最大的是毛纺、毛织业。"海禁开放，

---

① 《甘肃之工业》，1944 年。

② 陈鸿卢：《甘肃之固有手工业及新兴工业》，《西北问题论丛》第三辑第 184 页。转自林植《甘肃近代工业略论》（《社会科学》1984 年第 4 期）。

③ 《甘肃省新志·工业志》，第 61 页。

洋布输入极多，物美价廉，影响土产之生产"，"致毛毯之产销，沦为无人过问之趋势"。毛毡生产也是如此，"舶来品源源输入，我国固有之手工业多被摧毁，兰州毡房自不能幸免"①，这同沿海地区是一致的。所不同的是，在鸦片战争之后，甘肃某些手工行业一直在缓慢地发展着，并演变为民族资本企业。

2. 蚕桑业的推广与发展

鸦片战争以后，甘肃原有的某些手工行业，由于自身的特殊条件而能继续存在，并缓慢得以发展。对于其他的传统手工行业，左宗棠在甘肃的时候，也套用南方的经验，试图加以恢复或推广，这主要集中在蚕桑业、种棉和手工棉纺织业方面，下面就此略做探讨。

（1）左宗棠发展西北蚕桑业的原因

首先，他认为发展蚕桑业可以解决老百姓的穿衣问题。如果说左宗棠采用举办"民屯"、以工代赈等办法可以解决老百姓吃饭问题的话，还有一个更大的问题，即穿衣问题摆在他面前。左宗棠初到西北就看到，"今甘、凉一带及笄之女且无襦裤，犹如昔时"②。"老弱妇女衣不蔽体"，因而得出结论说："民苦无衣甚于无食。"③ 他亲自动笔，于同治十年写下了"札陕甘各州县试种稻谷桑棉"的布告，派人四处张贴，决心以发展蚕桑业为"养民务本之要"。

其次，种桑养蚕也是为老百姓"开利源"的一个措施。为什么西北的老百姓没有衣服穿呢？那是因为他们实在太贫困了。对此，左宗棠从几个方面作了分析和研究。他说："丝缕布匹，甘省素未讲求，全恃商贩，又不能有南方舟楫可资重载，以故价值昂贵异常。民间耕作所得收入不多，本地银钱向本缺乏，遂不得不忍受风寒。每至隆冬，念吾民短

---

① 《甘肃之工业》，1944年版。
② 《左宗棠全集·书信》（卷二），第379页。
③ 《左宗棠全集·书信》（卷三），第464页。

布单衣，而为上者轻裘重茵，实为悯恻。"① 作为地方官，对百姓"教而不先之以富，则执衣食不足之民绳之以法，为上者亦大不仁"②，没有尽到应有的职责。因此，若"以衣食为人生所急需，必有以开利赖之源，而后民可得而治也"③。并认为"甘肃可兴之利，耕垦之外，织呢、养蚕二者尤急"④。可见，他把种桑养蚕当作"开利源"的一个措施，热心地进行推广和宣传。

第三，西北具有发展蚕桑业的土壤和气候条件。左宗棠认为"关中草棉桑柘，地无不宜，陇则山高气寒，不能一律"。而"实则向阳之地，未尝不可栽种"⑤。他还从历史角度考证西北自古就有蚕桑养殖，如《诗经》中，"女桑之咏，《豳风》具有明征，陕之邠、甘之泾即其故地"，以释众疑。其中，甘肃发展蚕桑业的条件无疑较他处差些，所受局限大些。但左宗棠还是强调指出："甘省地偏西北，温和之气少，长养不如东南。然天备四时，寒暑亦自迭代；地育万物，草木亦既繁生，断无处处不宜之理。"⑥

第四，把广种棉桑当作替代罂粟种植、禁绝烟祸的一项重要手段。左宗棠为了在西北禁绝鸦片，铲除罂粟，因地制宜地运用经济手段，以广种棉桑作为禁种罂粟的有效方法，广泛加以推广，并采取一些相应的办法，取得了显著的效果。比如严禁种罂粟，"如有抗违种莳者，将地充公"，就是将违禁种植罂粟的田地予以没收。为了鼓励老百姓改种棉桑，左宗棠又专门规定："若从前犯种罂粟之人，以后能报种稻谷、棉、桑，该州县验看确实，即着将原充公地亩仍还该地主管业。"并要求各地"一并晓示"，使农民领会他"兴利除害之至意"⑦，把这项兴利除弊

---

① 《左宗棠全集·札件》，第528页。
② 《左宗棠全集·札件》，第528页。
③ 《左宗棠全集·札件》，第528页。
④ 《左宗棠全集·书信》（卷三），第639页。
⑤ 《左宗棠全集·书信》（卷二），第379页。
⑥ 《左宗棠全集·札件》，第529页。
⑦ 《左宗棠全集·札件》，第529页。

的工作真正落到实处。

(2) 发展蚕桑业的具体办法和措施

第一，大力宣传栽桑养蚕的益处，消除上下存在的主观懒惰思想和客观畏难情绪，造成重视蚕桑业发展的舆论氛围。

同治十三年（1873 年），左宗棠认真阅读了陕西巡抚谭钟麟写的《蚕桑辑要》一书，大力称赞，认为该书与前代学者"杨崇峰中丞所刻《蚕桑简编》略同，而采摭尤备，其为民生计者至周，庶复古幽之旧"①。二人对西北发展蚕桑业的重要性与可能性产生了强烈的共鸣。既然西北具备了发展桑蚕业的诸多条件，为什么工作却难以开展呢？左宗棠认为实在是"民情痼惰，有其过之。上年符檄频催，郡县多以风土不宜为辞"，以至"坐失美利，甘为冻鬼"。问题的关键是当地百姓和地方官吏都"无以久远之计存于胸臆者。因循相沿，遂至此极，亦非仅风土之不宜"②。可见，做好宣传开导工作，实在是一件刻不容缓之事。

首先是设法克服地方官员和老百姓的主观懒惰思想。左宗棠指出"桑树最易长成，村堡沟坑墙头屋角一隙之地皆可种植"、栽种"不需肥美之地，与种谷田亩毫无相碍。且初种不甚费资本工力，迨及合用，则养蚕、纺织诸务又皆妇女所能，未有妨农事。此皆自然之利，只待人自取之者也"。所谓"土性非宜，天时早冷"③ 等理由，只不过是毫无道理的托词借口而已。百姓只要勤于栽种，终将有所成就。

其次是竭力消除客观畏难情绪。左宗棠指出："西北宜桑，试课蚕务，颇易见效。"④ 但由于西北存在着巨大的地区差异性，各地不同程度地都流露出畏难情绪。特别是甘肃的人认为，"桑为秦之宜，陇则山高气寒，不能与秦同候"⑤。左宗棠则认为，办理桑务，要有长远眼光，

———————————

① 《左宗棠全集·书信》（卷二），第 379 页。
② 《左宗棠全集·书信》（卷二），第 379 页。
③ 《左宗棠全集·札件》，第 528 页。
④ 《左宗棠全集·书信》（卷三），第 616 页。
⑤ 《左宗棠全集·书信》（卷二），第 444 页。

不能只顾眼前，他说："此时课民种桑，利在五年以后，蚩蚩者未能远虑。"① 他要求地方官员要克服畏难情绪，"勤求治源"，把"蚕桑、学校（看做）今时急务"②。尤其在甘肃，"是赖该州县尽乃心力，襄兹善政"，"为甘省开万年之利"。③

他教育地方官员应"先详察夫土地之宜，更勤求夫种植之法与夫秧种之宜，召乡中父老明告其利，剀切晓示，俾咸知之，然后督其试种，一二年后稍有利益，小民即趋之若鹜矣。十年之后，有不家给人足，歌诵父母（地方官）者哉？"④ 左宗棠把这种善政，看做是"将来政绩可书，功德无量"⑤ 的盛举而加以提倡。

第二，左宗棠以身作则，带头植桑，树立榜样。

左宗棠自称青年时期曾"拟长为农夫没世，于农书探讨颇勤，尝自负平生以农学为长"。带兵到西北以后，"师行所至，辄教将士种树艺蔬，为残黎倡导，并课以山农泽农诸务"，始终保持着农民的本色，也做了许多造福百姓的实事，"故劫馀之区，得稍有生意，兵民杂处，临去尚颇依依，亦当年为农之效也"⑥。这些话并非夸张之辞。而究其本源，左宗棠处处以身作则，在西征军中起了很好的带头作用。光绪六年他在酒泉时，于清明节前后栽了几百株桑秧，以鼓励带动当地百姓植桑。他要求帮办甘肃新疆善后的杨昌浚在兰州莲花池—小西湖侧种桑千余株，同时还在附近的东校场、河壖和总督衙门后的空地亦栽满桑树。在左宗棠的带动下，各地官员栽植桑秧之风，蔚然大兴。其中有一位紫荆关转运分局的委员瞿良份，竟擅自截留了一批送往西北的桑秧，分送当地州县栽种。左宗棠对此又憎又喜。"憎者憎其自作主张，喜者喜其

① 《左宗棠全集·书信》（卷二），第444页。
② 《左宗棠全集·书信》（卷二），第392页。
③ 《左宗棠全集·札件》，第530页。
④ 《左宗棠全集·札件》，第529页。
⑤ 《左宗棠全集·札件》，第530页。
⑥ 《左宗棠全集·书信》（卷三），第299页。

与有同情，于是予以薄惩而仍称许其为好人哩。"① 这也算是左宗棠发展西北蚕桑业时难得一见的小插曲吧。

第三，普查已有的桑树数量，确定宜桑地域。

提到兴办蚕务，左宗棠指出："窃谓甘肃、新疆要务，无逾于此。"② 在陕甘两省，左宗棠要求"该各州县奉札之后，即当各察所属地方，何者宜桑，何者宜棉，逐一禀明"。"或有平昔讲求农桑之学，于种植之法实有心得……均着详悉各陈所见，并绘图贴说，以便采择施行"，并以对这些事是否重视作为考核"各州县之留心民事否"③ 的依据。

他还将过去陈宏谋（字榕门）担任陕西巡抚时刊行的《广行山蚕檄》中所列可以养蚕的槲树、橡树、青冈树、柞树、椿树的形态开列出来，让当地的人们去寻找。"如有此树，可养山蚕，亦大利事。"④ 以此作为发展蚕桑业的重要补充手段和方法。

第四，从浙江引进新的蚕桑品种和养蚕能手，设局教民种桑养蚕。

西北发展蚕务的主要问题是既缺乏新的蚕桑品种，也缺少养蚕能手和技术。鉴于此，左宗棠决定从我国桑蚕业最发达的省份浙江一带引进桑种和人才，以解决西北发展蚕务的诸多难题。于是，他向朝廷奏调"于蚕桑诸务最为谙悉"⑤ 的浙江籍人氏祝应焘，招募湖州一带熟习养蚕、种桑的工匠六十名，并带桑种、蚕种及各项器具西来，试办蚕织局务。"教民栽桑、接枝、压条、种葚、浴蚕、饲蚕、煮茧、缫丝、织造诸法。"⑥ 自甘肃安西州、敦煌至新疆哈密、吐鲁番、库车以及阿克苏等地，各设局授徒，大办桑蚕业。

---

① 《左文襄公在西北》，第 198 页。
② 《左宗棠全集·奏稿》（卷七），第 631 页。
③ 《左宗棠全集·札件》，第 529 页。
④ 《左宗棠全集·札件》，第 529 页。
⑤ 《左宗棠全集·札件》，第 468 页。
⑥ 《左宗棠全集·札件》，第 521 页。

第五，督令官府倡导和推进种桑养蚕事业的发展。

西北地区地域辽阔，战后各地应办事项之侧重点不尽相同。在百废待兴、经纬万端的重建工作中，左宗棠始终把兴办蚕桑业作为改善人民生活的重要事项，并把它列为考核地方官吏政绩是否优良的标准之一。

继任陕西巡抚冯誉骥，重视农桑，受到左宗棠的称赞："种树、开渠、农桑、学校，古之言治者，莫或遗之……公言及此，秦民之福也。"①

帮办西北军务的杨昌浚，更是左宗棠发展蚕桑业政策的支持者和执行者。左宗棠还委托刘锦棠和杨昌浚，督察"蚕丝、织呢等局雇用中外师匠及办理局务华、洋各员弁，有实在出力，著有成效者……随时汇案奏请奖叙，以示激劝"②。总之，在左宗棠和西北各地方官的努力之下，"当地人民，自提倡之后，渐知兴感，从事蚕桑矣"③。

（3）成绩

左宗棠到西北以后，"以为农民之利，莫过于蚕桑之业"④，便坚持大兴蚕务，开创了近代西北地区蚕桑业发展的一个新阶段。至光绪六年（1880 年）十二月左宗棠奉旨由哈密入关时，西北各地已是"广植浙桑，关内外设立蚕织局，收买桑叶、蚕茧，俾民之不知饲蚕缫丝者均可获利"⑤。他沿途查看河西走廊一带"民物安阜，较五年以前大有起色"。由于广种桑棉，"向之衣不蔽体者亦免号寒之苦"⑥。而甘肃东路也是"开浚河渠，种植官树，利民之政，百废待兴"⑦。陕西自"长武而西，复荷芟筹，种树、栽桑、修路、开渠，靡利不举"⑧。总之，西北

---

① 《左宗棠全集·书信》（卷三），第 689 页。
② 《左宗棠全集·奏稿》（卷七），第 631 页。
③ 曾问吾：《中国经营西域史》，商务印书馆，1936 年，第 395 页。
④ 《中国经营西域史》，395 页。
⑤ 《左宗棠全集·奏稿》（卷七），第 634 页。
⑥ 《左宗棠全集·奏稿》（卷七），第 634 页。
⑦ 《左宗棠全集·奏稿》（卷七），第 641 页。
⑧ 《左宗棠全集·书信》（卷三），第 685 页。

地区的蚕桑业较五年前已取得了显著的发展。

3. 提倡种棉与手工纺织业的推广

左宗棠推广种棉除了像提倡栽桑一样进行大力宣传外，还采取了如下一些措施。

第一，向各地推广种棉的技术。

同治十三年（1874 年）正月，也就是左宗棠督师酒泉凯旋而归的两个月以后，于省城兰州"刊行《种棉十要》及《棉书》，分行陕甘两省，谆饬官吏士民一律切实经理"[1]。编印这两本书，就是要详细地介绍种棉方法，使西北各族人民都学会种棉的基本要领。这里只简要地介绍一下《棉书》的内容，该书计有："选种、布种、分苗、灌耘、采实、捡晒、收子、轧核、弹花、擦花、纺线、挽经、布浆、上机、打油等十五项。"对于选种，有这样的说法："棉质最重者曰青核，核色青，细于他种；曰黑核，核细，纯黑色；今所种者，宜择此二种为上。"至于如何灌溉耘田，书中这样说："凡种棉者，必先凿井，一井可灌四十亩。"[2] 两部种棉技术宣传书籍内容的简明与仔细，于此可见一斑。

第二，制定推广种棉的政策。

首先是从理论上解决草棉替代罂粟政策的可行性与必要性。左宗棠说："窃维兴利除害，必审时势，顺人情。"[3] 禁罂粟种草棉虽是一件利国利民的大好事，但只有采用老百姓乐于接受的方式加以推行，才能到达事半功倍的效果。对此，他进行了一番认真的探讨："论关陇治法，必以禁断鸦片为第一要义；欲禁断鸦片，必先令州县少吸烟之人；欲吸烟之人少，必先禁种罂粟；欲禁种罂粟，必先思一种可夺其利，然后民知种罂粟之无甚利，而后贪心可渐塞也。弟之劝种草棉，以其一年之

---

① 《左宗棠全集·奏稿》（六），第 28 页。
② 《左文襄公在西北》，第 196 页。
③ 《左宗棠全集·奏稿》（六），第 28 页。

计，胜于罂粟，因其明而牖之，不欲用峻法求速效，致扞格不行。高明
必能鉴及。"① 这种因势利导的办法，显然受到了农民的欢迎，是一种
推广种棉的有效方法。

其次，为了考察以草棉替代罂粟政策的落实情况，左宗棠还亲自到
田间地头考察，与老农攀谈种棉收益。"上年（1873 年）赴肃，路过山
丹、抚彝、东乐各处，正值棉熟时，每停车，父老聚观，辄传令近前，
与谈一切，皆知棉利与罂粟相埒，且或过之。一亩之收，佳者竟二十馀
斤，每斤千文，其费工力翻省于罂粟劙果刮浆也。"因此，"近凉、甘之
民亦知务此"②。

第三，奖励积极推广种棉的官吏，惩治推行不力之官员。

为了保证禁罂粟种草棉的计划取得成功，左宗棠还从"课心"与
"课吏"上入手。他指出，要求实效，不走过场，"专以切实两字为课吏
与课心之要"③。所谓"课心"，即做好宣传教育工作，从思想认识上解
决问题，真正使老百姓懂得种烟之害、植棉之利。所谓"课吏"，即要
严格考核各级官吏执行、落实情况。奖优罚劣，酬勤惩懒，务使这项工
作落到实处。为此，他于同治十三年（1874 年）三月，专门向朝廷上
了一道奏折，提出对"官绅士庶有能实力奉行，著有成效者，准予择尤
奖叙"④ 的建议。署宁州知州杨大年，署正宁县知县黄绍薪两员，"于
地方新复之时，委权斯篆，履任至今，百废具举，而于奉檄禁种罂粟、
改种草棉一条，尤不惮烦劳。时巡乡野，亲为劝导。并远购棉种，栽莳
成秧，分布民间，因时树艺。又购觅纺车织具，雇请民妇教习纺织，已
有成效"⑤，要求奖励这两位官员"以劝循良"。署镇迪道周崇傅"禀称
购办草棉籽种发民分种"，受到左宗棠的赞扬，并勉励说："应仍勤加劝

---

① 《左宗棠全集·书信》（卷二），第 444～445 页。
② 《左宗棠全集·书信》（卷二），第 444 页。
③ 《左宗棠全集·奏稿》（卷七），第 147 页。
④ 《左宗棠全集·奏稿》（六），第 27～28 页。
⑤ 《左宗棠全集·奏稿》（六），第 28 页。

课，以趁天时而察土性，方期实效。"① 对于那些查禁不力，对严禁罂粟"视若缓图"、"颟顸从事"、"虚词掩饰"的官吏，左宗棠先后于同治十三年五月初六日、光绪四年（1878 年）七月初四日，上奏朝廷，分别给予革职、降职等处分。其中光绪四年七月初四日的奏折主要针对宁夏府官员查禁罂粟不力一事，未提及硬行推广种棉的政策，这说明左宗棠对宁夏种棉一事，主要立足于劝导，并未完全采用强制推行的办法。这也是左宗棠推行种棉计划的一大特色。

虽然左宗棠在西北把种棉当作严禁罂粟种植的配套措施加以推行，但由于种棉能给百姓带来好处，所以他始终把劝农种棉当作"敦崇本业，力挽颓风，于陕、甘民生习尚不无小补"② 的惠民实政来办。尽管他只严惩查禁罂粟不力的官员，未见惩办劝种草棉不力的官吏，对老百姓种棉也采取因势利导，只劝谕广种而不强令推行的办法，充分体现了左宗棠求真务实、因事制宜的领导作风。各地官员对左宗棠禁罂粟、种草棉的政策也给予了有力的配合与支持。同治十三年，甘肃宁州知州杨大年，正宁知县黄绍薪两人"其种棉教织，实著成效"③，受到左宗棠的奖励。光绪四年，新疆镇迪道（辖今巴里坤地区、乌鲁木齐地区）道伊周崇傅"禁种罂粟，功令森严"，"于所辖境内周历亲巡，认真查禁，以绝根株"，还"购办草棉籽种发民分种"④，受到左宗棠的赞许。同年，左宗棠在给陕西巡抚谭钟麟的回信中说："得十六日惠书，悉甘霖大需，各属均沾，积诚之感，理有固然。此后人寿年丰，各得其所，加之拔除罂粟，广种草棉，秦中渐有复元之望，曷胜庆幸！"⑤ 也在同一年，左宗棠还在皋兰县学署"设立纺织局，给民间妇女传习"纺棉技

---

① 《左宗棠全集·札件》，第 455 页。
② 《左宗棠全集·奏稿》（六），第 29 页。
③ 《左宗棠全集·奏稿》（六），第 28 页。
④ 《左宗棠全集·札件》，第 445 页。
⑤ 《左宗棠全集·书信》（卷三），第 354 页。

术①。光绪六年，秦州知州王镇墉"于查禁罂粟，劝课棉桑，稽查保甲各事，均能认真"②，受到左宗棠的嘉奖。总之，各地对推广种棉的计划均给予了应有的重视，也取得了一些成效。

过去，甘肃所需棉花"每净花一斤，市值大钱七八百文，皆由川、陕转贩而至"。"数年前刊发棉书，教民种植，近始稍有成效，罂粟禁严，加意课种，此后或可有增无减。上年净花每斤值钱四百内外而已，吐鲁番花价每斤亦须三百文上下。"棉价下跌，是种棉面积扩大、棉花产量增加造成的，只是棉花销售市场还未形成，"即内地转贩亦无甚利，将来或听外人销售，并非不可"③，只能寄希望于将来棉花外销了。

总之，左宗棠上述恢复与发展甘肃传统农业经济的举措，取得了一定的成效，为甘肃其他各项事业的开发创造了条件、奠定了基础。

---

① 《左文襄公在西北》，第196页。
② 《左宗棠全集·奏稿》（卷七），第512页。
③ 《左宗棠全集·书信》（卷三），第464页。

七、左宗棠与甘肃机器工业的创办

19世纪70年代，甘肃出现了以蒸汽机为动力的近代机器工业。这就是在左宗棠及其部将赖长等主持下，兰州机器制造局和甘肃机器织呢局的创办，肃州机器采金的试办和若干种近代机器的试制。这是甘肃近代工业的开端，是西北有史以来生产力发展和科学技术进步的转折点。左宗棠在甘肃创办近代机器工业，一是受洋务运动的推动，二是用兵西北的急需。

（一）兰州机器制造局的兴建

左宗棠对西北工业的开发，是在因战争需要而开办的军火工业的基础上发展起来的。这也符合世界上许多国家工业发展的一般规律：许多先进的科学技术首先是在军工生产中得到应用，然后再逐步推广应用到民用工业上去。左宗棠是洋务运动的重要人物，在西征前，他就在1866年创办了福州船政局。在西征的过程中，他又先后开办了西安机器制造局、兰州机器制造局等，最初的主要目的是为西征军生产武器。

1. 西安机器制造局

1869 年 3 月（同治八年二月），左宗棠上奏清廷说：他的楚军所需"军火皆由上海洋行采办而来，价值即甚昂贵"，现在"招募浙江工匠，速备机器来陕，制造洋枪、铜冒、开花子等，以省上海购造之费"①。1870 年 9 月（同治九年八月）他在给雷正绾的批札中，谈到"后膛开花大炮，极为新出利器，弹子宜测准施火"，而"陕局洋匠亦不能照制"②，说明这时西安制造局已开工生产。至于它的生产情况，一个外国人在 1872 年（同治十一年）到西安参观制造局后说："局里在制造大量的新式枪炮所需要的子弹和火药。制造的工人是宁波人，都曾在上海与金陵两制造局受到训练。"③ 1874 年 2 月（同治十三年正月），《游陇日记》作者说：他"至制造处机器局，见火蒸汽机一座，轮干旋转，专制洋炮、洋枪，使枪自转，旁伺以刃。凡修膛、退光，迎刃而解，削铁如泥。更有磨刀石，极为省力。机关精巧，见所未见。工匠系广东、宁波人居多"④。有关西安制造局的资料虽少，但从以上零星记载，可见它的机器设备较好，工匠技术熟练，生产的枪炮弹药达到一定水平，是官办的近代军用工业。

同治十一年（1872 年），战争的重心转到甘肃，左宗棠继续向西进剿回民起义军。为了方便军需，遂把西安机器局的设备全部拆迁，移到兰州，改为兰州机器制造局。

2. 兰州机器制造局

兰州机器制造局设在兰州南关，左宗棠派总兵赖长主持。赖长是广

---

① 《左宗棠全集·奏稿》（四），"附清单"，第 34 页。
② 《左宗棠全集·札件》，第 235 页。
③ 《中国近代工业史资料》（一），上册，科学出版社，1957 年版，第 444～445 页。
④ 佚名：《游陇日记》，《左宗棠逸事汇编》，第 70～71 页。

东人，系左宗棠在福建时的旧部，"夙有巧思，仿造西洋枪炮，制作灵妙"①，是一位精通近代枪炮和机器制造的专家。1869年（同治八年），福州设立制造局，赖长仿造的西洋枪炮，"其灵巧不亚于外洋的军器"②。他被调来到兰州时，左宗棠在一封致友人信里，说他"携所造螺丝炮试验及小机器尚可用，惟需授意制造，庶便利耳！"当左宗棠拟让其回陕西制造时，他说："局用以石炭为要，所需最多，阿干镇所产既佳，价值运脚亦省，较之陕省合宜。至钢铁则就近或可采办，与由陕采办成器有余，亦须运脚，尚不如就近采办为省。"左宗棠于是让他调所带工匠和机器"在兰设局"。赖长带的宁波和闽、粤工匠，"能自造铜引、铜冒、大小开花子，能仿造布国螺丝及后膛七响枪，近令改中国旧有劈山炮，广东无壳抬枪用合膛开花子，劈山架改用鸡脚，又无壳抬枪改用一人施放"。经过改造，使得劈山炮用鸡脚架不仅灵便，而且由过去用13人现在减至只要5人就可施放，无壳抬枪也由过去3人放两杆改为1人放一杆。不仅如此，左宗棠还让崇志教练将弁兵丁演习，"俾制器之人知用器之法，用器之人通制器之意"③。

兰州制造局除自备机器外，1874年又将西安制造局的"火炉蒸汽"④ 运来。它以制枪炮为主，制造时"参用中西之法，而兼其长"，并能"每进益上，精益求精"。左宗棠认为："纵未能如西人之精到，而其利足以相当。"⑤ 1875年6月，俄国索思诺夫斯基对枪炮制造原只推崇英法与德国，而当他看到制造局仿制法、德枪炮，"其精者与布相同，而臆造之大洋枪及小车轮炮、三脚劈山炮，盖又彼中所无"时，不禁"叹服同声"⑥。这表明制造局不仅能自造一些新的枪炮，而且制造技术

---

① 《左宗棠全集·奏稿》（五），第551页。
② 《北华捷报》，《中国近代工业史资料》（一），上册，第452页。
③ 《左宗棠全集·书信》（卷二），第482页。
④ 《游陇日记》，《左宗棠逸事汇编》，第72页。
⑤ 《左宗棠全集·书信》（卷二），第482页。
⑥ 《左宗棠全集·书信》（卷二），第539页。

亦达到较高的水平。

兰州制造局除造枪炮外，赖长还将这个军用工业逐步向民用工业发展，制造出抽水机（吸水龙）和灭火机即水龙，特别是制造出织呢绒的机器，更具有重要的意义。杨昌浚看到制造局制造出洋水龙后，就向左宗棠建议：是否让赖长"停制炮子，仿造洋水龙，以备不虞"①。左宗棠虽然肯定了制造洋水龙的意义，但认为"西北屋宇墙壁多用砖砌土筑，与东南木壁蔑织者不同，绝少火患"，"水龙仿造一架已足，无须多制"。他更从新疆收复后正须增添武器的情况，对杨昌浚说："此项制造不能停工。"赖长仍以如前"赶造火炮，储存待拨，开花子炮预备为要"②。在伊犁危机时，他在强调"水龙为救火良器，仿造预备自不可少"后，对兰州制造局制造枪炮和制造各项机器提出了一个全面安排的意见："若论其先急，则造炮第一，开河、凿井、织呢次之，水龙机器本少，仿造甚易，以余力为之可也。"③由此可见，兰州制造局是以生产枪炮为主，并可望发展成为兼制开河、凿井、织呢和水龙等机器的军、民两用的近代工业。

兰州制造局的机器设备，今已无从可考。但从它可以生产重炮和七响枪的情况推断，它的设备：第一，必须有炼钢和浇铸坯料的设备。考虑到当时江南制造局已有 15 吨的炼钢炉，兰州制造局的设备虽不可能如此，但如无比较完善的冶炼设备，是不可能炼出使俄国人误认为从西方进口的钢材的；第二，必须有锻造枪管炮筒的设备；第三，必须有车、刨、钻、镗等近代才输入的金属加工机床。如果考虑到赖长后来还制造了若干种以蒸汽为动力的机器，没有上述设备是不可能的。只有具备冶炼、铸造、锻压，车、刨、钻、镗等一系列机械设备，兰州制造局才能维持正常生产。这对生产力落后的甘肃来说，应当说是一个重大的

---

① 《左宗棠全集·书信》（卷三），第 487 页。
② 《左宗棠全集·书信》（卷三），第 487～488 页。
③ 《左宗棠全集·书信》（卷三），第 496 页。

历史进步。

兰州制造局生产的枪炮，起初是运往肃州助战攻城，即镇压陕甘回民起义。但左宗棠创办兰州制造局，主要目的是反对外国侵略。左宗棠在设立制造局时就曾说："若果经费敷余，增造精习，中国枪炮日新月异，泰西诸邦断难挟其长以傲我耳！"[①] 表明要自己掌握技术，增强国力，以抵抗外国侵略的决心。1875 年，左宗棠为魏源《海国图志》重版作序时又说：鸦片战争以来，英国以坚船利炮"蹈我之暇，构兵思逞"，乃与魏源一样思制敌之计，"同、光间，福建设局造轮船，陇中用华匠制枪炮，其长亦差与西人等……此魏子所谓师其长技以制之也"[②]。这表明，他造船和制枪炮，都是继承魏源的"师夷长技以制夷"，主要是为抵御外国侵略。它制造的枪炮用于攻占古牧地、达坂城和进取喀什噶尔，用于为收复伊犁进行的三路布防，对反抗俄国、阿古伯侵略，收复新疆起了重大作用。

左宗棠在西北兴办的军用企业，除西安机器局、兰州制造局外，1875 年（光绪元年）还在兰州办了火药局。他为提高火药质量，要求将硝、磺多提炼几次，使火药品质和洋火药一样。这样做虽增加了成本，但是火药质量"为上上好火药，力量可比得上洋火药，就不必远向海外采购，所省运费已是不少。况且硝磺提炼极净，开火后更可不伤枪炮"。"每斤加工料多费不过数十文，总是上算。"[③] 新疆收复后，他又在阿克苏设制造局，在库车设火药局。

这些制造局和火药局，不仅以它生产的枪炮弹药为西征提供了装备，而且制造了一些机器，起到机器母厂的作用，开了西北近代工业的先河。

---

① 《左宗棠全集·书信》（卷二），第 547～548 页。
② 《左宗棠全集·家书·诗文》，第 257 页。
③ 《左文襄公在西北》，第 139 页。

（二）甘肃机器织呢局的创设

左宗棠并没有仅仅把其在西北的洋务事业局限在发展军用工业上面，而是因地制宜地向民用工业拓展。兰州制造局总办赖长，在兰州制造局"以己意新造水机，试造洋绒"成功，并向左宗棠建议，"购办织呢织布火机全副到兰仿制"。左宗棠对赖长自己试制洋呢倍加赞赏，说试制洋呢"竟与洋绒相似，质薄而细，甚耐穿着，较之本地所织褐子美观多矣"！因此，他对赖长的建议，虽感"以意造而无师授，究费工力"，但仍认为："此间羊毛、驼绒均易购取，煤亦易得，只要有火机，便省工力"，"为边方开此一利"。乃于1877年（光绪三年）让胡光墉对赖长所要织呢织布火机"留意访购"①。此后，赖长继续钻研试制，"以意拣好羊毛，用所制水轮机织成呢片，与洋中大呢无殊，但质底较松。又织成缎面呢里之绒缎，亦甚雅观"。左宗棠认为，用羊毛"织褐织毡毯，价不甚高，业之者少"。1879年（光绪五年）初，他在上总理衙门书中，谈到购机办呢厂时说："胡道购织呢织布机现可到兰州，须数年后始睹其利。拟先内地而后关外，与棉同规久远，未知能否有成？"②可见，左宗棠对织呢局的前景持谨慎乐观态度。除了受赖长的影响，还有如下几个原因促使左宗棠重视织呢局的创建。

第一，左宗棠到西北后，看到"甘肃地方瘠苦"，便发出这样的感慨："陇中寒苦荒俭，地方数千里，不及东南一富郡。"他又看到西北盛产羊毛，而且价格低廉，"每斤值银一钱几分，每年可剪两次，民间畜牧之利，以毛为上，盖取其毛之利长，非若皮肉利只一次也"③。左宗棠想因地制宜，就地取材，"以浚利源，阜民即所以裕国。购运泰西机

---

① 《左宗棠全集·书信》（卷三），第297页。
② 《左宗棠全集·书信》（卷三），第464页。
③ 《左宗棠全集·书信》（卷三），第464页。

器，延致师匠，试行内地，有效则渐推之关外，以暨新疆"①。这样，利用西北盛产的羊毛资源，织呢制毯，有利于富民富国。

第二，通过兴办织呢总局，可以为中国培养人才，以利将来发展本国毛纺织业。"今日之学徒，皆异时师匠之选，将来一人传十，十人传百，由关内而及新疆，以中华所产羊毛，就中华织成呢片，普销内地。""将来有成，尤为此邦师匠所自出，不但数世之利也。"②

第三，左宗棠不仅具有爱国思想，而且还是个实干家。他不愿眼巴巴地看着外国资本主义列强任意欺凌中华民族。他曾说过："谓我之长不如外国，藉外国导其先，可也。谓我之长不如外国，让外国擅其能，不可也。此事理之较著者也。"左宗棠一向认为："均是人也，聪明睿智相近者性。"③ 外国人会做的事，我们也应该会做；外国人能办的事，我们也应该能办到。不能让外国人"擅其能"，"中国自强之道，全在振奋精神，破除耳目近习，讲求利用实际"④。所以，左宗棠不顾当时客观条件的艰难，亲自创办甘肃织呢局，以御外侮。

第四，左宗棠进驻西北，大批军队的粮饷，来源有三个方面，即西北本地可以提供一部分，主要是军粮；而粮饷的大部分，依靠华北、华东、华中、华南各省供给。左宗棠在准备进军西北时，选员派将，专在汉口等地设了"陕甘后路粮台"。另外，还借有部分外债，主要是购买军火。虽然这样，但还经常感到粮饷不足。加之西北气候寒冷，军队又多，军服军被需求量很大。所以，创办甘肃织呢总局，有利于解决军队的衣被问题。

第五，当然，左宗棠创办甘肃织呢总局，也与他个人的利益以及湘系集团的利益是分不开的。他镇压了西北的回民起义，又扫除了新疆的阿古柏叛乱，在军事上为清王朝立下了汗马功劳。现在战事已平，如能

---

① 《左宗棠全集·书信》（卷三），第478页。
② 《左宗棠全集·札件》，第468页。
③ 《中国近代工业史资料》（一），上册，第378页。
④ 《中国近代工业史资料》（一），上册，第379页。

在经济建设上露一手，可以更好地经营西北。这样，对提高他自己的声望，以及增加湘系集团的利益，都不无好处。

1878 年（光绪四年），左宗棠上奏清廷，在兰州请设甘肃织呢总局。经清廷批准后，胡光墉便请求上海德商泰来洋行承办购机事宜。泰来洋行经理哆哩吧征得德国驻华公使巴兰德的同意后，在德国购买机器，招雇工匠，聘请技师。聘用的德国技师、总监工和翻译，有石德洛末、李德、满德、福克、白翁肯思泰和卫宜格等 13 人。

甘肃织呢局厂址选在兰州通远门外前路后营址，今畅家巷内。厂房230 余间，分东厂、中厂和西厂三个部分，并附设机器检修所，另掘有水井，以供漂泊用水。左宗棠对厂房修建，要求"只取坚实，不在美观，是为至要"。他说：赖长以旧房改造作为织呢局，"既免另购民基，又可就营地作堡"，"既有围垣，余屋可陆续添盖"。"盖造房屋，总以暂时能容纳机器，并够匠夫住址为准，如果试办有成，将来自可推广。"他甚至认为："洋匠所议丈尺前后悬殊，是所称不能再减分毫，亦难信为定论。"① 这种因陋就简、逐步扩充的精神，对企业基建虽是重要的，但不尊重工匠和机器对厂房的要求，就有点自以为是了。

关于机器的采购，左宗棠并不认为"舍小用大为合算"。这除了因自己年迈免以后交接"徒滋口实"，以及各省关协饷难望，"何敢为恢宏阔大之举，致无收束"外，主要是怕"机器重大，陆运极艰。不如用其小者，令华匠仿制；将来增拓其式，亦可得力"②。

从德国泰来洋行购买的各种机器共 60 多架。计有 24 匹马力、32 匹马力的蒸汽机各 1 架，织机 20 架，分毛机、顺毛机、压呢机、刮绒机各 3 架，洗呢机、剔呢机各 2 架，净毛机、剪线胚、烘线热气玻璃罩、缠经线机、烘呢机、综刷机、熨呢机、卷呢机、刷呢机各 1 架，纺锭1080 个。这些大小机器装成箱笼 1200 余件，分解再装成 4000 箱，从德

---

① 《左宗棠全集·札件》，第 471 页。
② 《左宗棠全集·书信》（卷三），第 356 页。

国运来上海后，"由招商局的轮船在 1879 年拖运到汉口，在汉口又将这些机器用民船水运，又由人们背运到兰州府。有些机器非常重，而且难运，所以锅炉得拆散了一块块地运。山路有时得开凿了然后才能把大件的机器搬过去，因此，路上费掉了好几个月的工夫。直到 1879 年 10 月，一部分机器才开始运到了兰州府，又有些则一直到这年（1880 年）3 月才到达"①。

创办织呢局花销了多少经费呢？没有明确的记载，购买机器的费用和运费是与开河、掘井机器合在一起的。如 1881 年 1 月（光绪六年十二月）的记载，购机计湘平银 118832 两，运费 72975 两，共 191807 两。若将织呢与开河机按三比一比例（因 1881 年织呢与开河洋匠工银为 24171 两，1882 年织呢洋匠只有 16151 两）计算，织呢局机器购运费为 127871 两多，再加上建房和洋匠与办理局务各员薪工银 110305 两，合计才 238176 两多。这是开办经费，至于常年经费，据刘锦棠和谭钟麟在 1884 年 1 月（光绪九年十二月）的奏折，1881 年织呢局和开河洋匠工银与织呢局采办机器和军火共用银 67956 两多，1882 年织呢局洋匠薪工和采办机器与军火等用银 25495 两多，若将其中开河洋匠薪工与采购军火费用减去，织呢局经费开支会低于此数。因此，张之洞所说"左宗棠前在甘肃设织呢局费银百余万两"②，显然与实际开支数出入较大。

1877 年（光绪三年），甘肃织呢局开始筹建，经过建厂、购买机器、雇聘洋匠，特别是机器运输，花了三四年时间，于 1880 年 9 月 16 日（光绪六年八月十二日）正式开工生产。织呢局由赖长任总办，虽有石德洛末任洋总办，李德和满德任总监工，但全局由总办赖长主持办理，另派的会办"只能管书算、记簿账，不能参预局务"③。从左宗棠在给杨昌浚信中所说织呢局"工师，以赖毛为高。勇丁之聪慧者，兰州

---

① 《中国近代工业史资料》（一），下册，第 898～899 页。
② 《张文襄公全集·奏稿》（卷四十七），第 17 页。
③ 《左宗棠全集·札件》，第 472 页。

可留心挑选拨入，将来必有可用之材"① 来看，织呢局职工虽系从制造局调入一批师匠，也从甘肃营勇里选拔一批作学徒。但他们都是靠工资过活，实行的是雇佣劳动制。当时，外籍工程师每月工资 450 两，洋匠每月工资平均为 291 两，华匠华工每人每月平均 7 两差些。艺徒每月只有 3 两。总办（厂长）虽比职工高，但远不如外国师匠，每月只有 100 两。其他职员平均为 20 两②。

1880 年 12 月，左宗棠上奏清廷，在谈到织呢局的生产情况时说："现在织呢已织成多疋，虽尚不如外洋之精致，大致已有可观。从此日求精密，不难媲美。共设洋机二十架，现开机六架，余俟艺徒习熟，乃可按机分派织造。开齐后，通计每年可成呢六千疋。"③ 次年 1 月（光绪六年十二月），左宗棠又说："织呢局结构宏敞，安设机器 20 具，现开织者尚只 10 具。""所成之呢渐见精致，中外师匠及本地艺徒率作兴事，日起有功。"④ "其质虽略逊于洋呢，然亦可供着用。"英国海关报告亦说，织呢局现已开工。每日能生产 8 疋呢布，"品质还好，比洋呢便宜"⑤。织呢局开设之起初因缺水，产量不足。2 月（光绪七年正月）以后，因凿了一口深井，解决了水源，每日可织宽 5 尺，长 50 尺的呢 8 疋。1883 年，每日可产 10 至 12 疋⑥。按织呢局日产 20 疋的计划看，仍是开工不足，未达到预定目标。

甘肃织呢局一开工，就引起了外国人的极大注意。《申报》在 1881 年 5 月末评论说："左侯创设此举本属极好，机器亦系上等之物，奈羊毛及绒均未能精美。缘所延西人言语不通，虽有通事亦不可深恃，以至有此美举而仍无佳货，殊为可惜云。按兰州设立织呢局，事属创举，原

---

① 《左宗棠全集·书信》（卷三），第 481 页。
② 李守武等：《洋务运动在兰州——兰州机器织呢厂历史调查报告》，《甘肃师大学报》1959 年第 1 期。
③ 《织呢开河机器报销片》，秦翰才辑：《左宗棠集外文》。
④ 《左宗棠全集·奏稿》（七），第 634 页。
⑤ 《中国近代工业史资料》（一），下册，第 900~901 页。
⑥ 沈传经、刘泱泱著：《左宗棠传论》，第 432 页。

难步武泰西。然苟能认真办理，精益求精，当必有蒸蒸日上之势耳！"①
但是，甘肃织呢局存在着严重问题：一是原料问题。左宗棠筹建织呢局
时认为，"此间羊毛、驼绒均易购取"，原料供应不成问题。可甘肃养羊
业原来虽较发达，但因连年战乱受到破坏，没有得到恢复，造成织呢
"得不到充足数量的原料"②。而且，这些羊毛的质量也差，"很粗很杂，
弄得每天雇四十个人挑拣羊毛，每天只能拣两磅"，"一百斤羊毛中，只
有十斤能织上等呢，二十斤能织次等呢，五十斤只能织毡子和床毯"，
"剩余的二十斤完全无用，全是杂毛和垃圾"。这样低劣的羊毛，自然
"纺不出好绒线，绒线既然坏，就织不出能称做呢布的东西。即使是毡
子，原料也粗"③。二是水源问题。织呢生产过程中清洗和漂染，均需
充足而成分较纯的水。可是，织呢局"水源不足，能找到一点水也含着
碱，使得漂染很困难，结果是呢布的颜色黯淡。因为水源缺乏，全部机
器每天只能织成十匹呢布，每疋长十八码，如果水源充足，无疑地可以
多织很多"④。三是织呢局因官办，存在着严重的封建性，"缺乏良好的
管理"。外国技师因翻译人员能力差，"教导工作很困难"，"织呢局还安
置了一大堆冗员，干领薪俸，丝毫没有学习使用机器的愿望"。甚至像
缺乏水源那样重大问题，"负责的官员们对此则漠不关心"⑤，"局中开
支亦繁"。要解决这些问题，《申报》认为："设能将此局归作商办，涓
滴无遗，安见必无起色也？"⑥ 四是市场销售问题。甘肃织呢局产品，
除一部分供军用外，还有一部分供应市场。由于织呢局因原料、水源和
生产管理，以及交通运输，使产品质量低、成本高、价格昂，在市场上
缺乏竞争能力。当时，《大清国》报就说，织呢局的产品，"在品质上和

---

① 《中国近代工业史资料》（一），下册，第 901 页。
② 《中国近代工业史资料》（一），下册，第 903 页。
③ 《中国近代工业史资料》（一），下册，第 899～901 页。
④ 《中国近代工业史资料》（一），下册，第 899 页。
⑤ 《中国近代工业史资料》（一），下册，第 899、901、903、905 页。
⑥ 《中国近代工业史资料》（一），下册，第 905 页。

价格上，都比不上外国的呢布，因为把厂中产品运到各通商口岸，就比从欧美输入呢布要贵多了"。同时，甘肃本来就地瘠民贫，加上战乱影响，购买力低，何况，"彼处之人均尚棉布，而呢不甚销；贩至他省，又以运费较贵，似不合算"。因此，织呢局因"织成的呢绒品质很坏，几乎完全不能出售"，"产品没有销售市场"①。

1883 年 10 月（光绪九年九月），织呢局因锅炉破裂，无法修理，而被迫停工。次年 5 月（光绪十年四月），谭钟麟奏请将织呢局正式裁撤停办。这时，左宗棠在南京任两江总督，写信给谭钟麟说："甘省呢毯苦无销路，金陵为各省通商之区，招商集股，开办织呢，易于集事，采办各项亦便"，故让赖长"率同艺徒，将局用机器运赴江南"②。这不仅是为了挽救甘肃织呢局，而且要在此基础上，招商集股，将原来官办的这个近代毛纺厂发展成为商办的资本主义毛纺厂。但是，左宗棠的这个计划没有实现，因而，这个我国第一个近代毛纺织厂开工三年，就被迫停办。究其原因，除了产品质量低和销路差以外，还反映织呢局的生产管理和在技术人员的培养上，特别是对机器的保养与维修方面，存在严重问题。这些问题的存在，虽有多方面原因，但若将甘肃织呢局与福州船政局相比较，就会发现甘肃织呢局的筹办，不如福州船政局那样全面、周详、稳妥。因而，陈炽就说："因创办之时，本未通盘筹划故耳!"③ 左宗棠对此虽有一定责任，但此时正忙于筹谋收回伊犁，加上年老体衰，因而无暇、无力为织呢局深思熟虑。

即使如此，左宗棠对甘肃织呢局仍尽了他的智慧和努力。他在离开西北到北京后，还对这个企业寄予希望："十年业履，只今犹魂梦不忘!"④ 不久，甘肃织呢局因锅炉破裂停办，但它为随后中国的纺织业，特别是甘肃的毛纺业的发展产生了深远的影响。1943 年，有人去甘肃

① 《中国近代工业史资料》（一），下册，第 899～900、905、903 页。
② 《谭文勤公奏稿》卷十，第 5～6 页，宣统三年刊本。
③ 《中国近代工业史资料》（一），下册，第 905 页。
④ 《左宗棠全集·书信》（卷三），第 705 页。

织呢局旧址参观，"见厂前门楣，还榜着'甘肃织呢总局'赤地金字"，"似是文襄公手笔"①。反映了后人对左宗棠创办甘肃织呢局的怀念！

甘肃织呢局是左宗棠从事洋务运动由军用工业向民用企业发展的重要标志，更是近代中国最先创办的机器毛纺织业，是毛纺织业近代化的开端。由于甘肃织呢局是官办企业，经费由西征协饷开支，陕甘总督委派总办，生产民用呢绒，故其应是国有资本性质的民用近代毛纺织业，而且是中国第一个近代国有资本性质的毛纺织业。

（三）肃州机器采金、开矿的试办

采金、开矿是左宗棠兴办民用企业由工业向矿业发展的一个重要标志，对甘肃经济发展极为重要。甘肃河西地区矿藏丰富，过去曾用土法开采，但成效不佳，如安西北山马莲井金厂，因连年战乱，"矿老金稀"，早已停闭，"土著又乏富户巨商，目下不能举行"。敦煌南山金厂，亦是"矿老山空，金苗不旺，停采已久，器具全无。不惟工本浩繁，民间无力承垫，兼之人夫缺少，客籍又未便招徕"。"种种窒碍，以致裹足不前"②，处于急需更新的境况。

左宗棠采纳胡光墉的建议，由其购买机器，雇聘德国技师米海里前来探勘。米海里到肃州后，先到南山。他说，南山矿藏丰富，"内有上好之煤"，"又有五金各物"。南山山底本系花岗石，"将上层砂石黄泥等揭开，即见各层煤石。此煤有时与矿子和杂，然矿子似即藏金之所。若将矿子捶碎，即成为砂，淘沙即见金"。他后到嘉峪关各地查看，发现矿藏极多，藏金层深仅 6 尺至 10 尺不等。其中一处离地"约深六尺，

---

① 《左文襄公在西北》，第 201 页。
② 《左宗棠未刊奏折》，岳麓书社，1987 年，第 576 页。

横沿约宽一万尺，东西长两万尺"，有铁、银各矿，矿藏之富，"甚似旧金山"①。米海里在寻找金矿时，还在玉门找到一个石油矿。据化验，油矿中含油五分、蜡三分、杂质二分②。

左宗棠用机器开矿，在西北确属创举，本是开发西北矿产一大转机。可是，米海里到肃州，"其随带机器只两件，一测地势，一辨方向，皆认矿所需，非开矿机器"③。而且，左宗棠认为："此人非矿务能手，机器未到，亦无所用之。"④ 因而让米海里很快离去。除此以外，从左宗棠来说，还可能与他不让外人"租地开掘"⑤ 的主张有关。因此，左宗棠只用机器勘探矿源，尚没有用机器开采矿藏。

光绪五年（1879 年），左宗棠在给友人的一封信中说："陇境地产五金，试办难期必效。夏间胡雪岩曾遣布国洋匠西来，试勘采金处所，因机器未到，先办淘掘，迄无成效，洋匠辞归后，弟饬本地正绅承办。募本地民夫三十名，淘掘四十日，获金十四两有奇。拟增募民夫接续开采，俟有成效，再议推广。"⑥ 在另一信里亦说："若淘沙取金，此间向以此为禁，固多私掘者。不如化私为官，足养活穷民也。现正试行，由官开办，计三百人，二十日得金沙四两一钱有奇，虽无甚利，亦不赔本。为之于年丰粮贱时，尚非不可，行之数月，当任民开采，抽分归官，以规久远。"⑦

左宗棠在开矿采金时，虽然开始采用化私为官的办法，将分散的私人开采改为官采；可是，由于肃州不远的文牲口是 800 余里无人烟地方，"冰雪凝冱"，"本地私挖金沙之人，须四月半入山，八月大雪封山，不能复采，是为时无几"。因此，他在批札中就认为："官采不能获利，

---

① 《左宗棠逸事汇编》，第 256～257 页。
② 《左文襄公在西北》，第 202 页。
③ 《左宗棠全集·札件》，第 470 页。
④ 《左宗棠全集·书信》（卷三），第 514 页。
⑤ 《左宗棠全集·书信》（卷三），第 464 页。
⑥ 《左宗棠全集·书信》（卷三），第 520 页。
⑦ 《左宗棠全集·书信》（卷三），第 514～515 页。

徒耗采本，应作罢论。"①　在致友人的信里说："大抵矿务须由官办，无听民私采之理"；但又认为，"官开之弊防不胜防，又不若包商开办，耗费少而获利多"。因此，他提出"似须以官办开其先，而商办承其后"的主张。"庶抽分可期有着，利权不致下移。粮价轻减，民夫可增，粮价昂贵，民夫可减，操纵由官，始期弊绝利生，不致有名无实"②。

这种由官办改为"官办开其先而商办承其后"的主张的重要性，不仅是在开矿采金业中的大转变，而且是左宗棠长期主张官办向商办转化思想的重要变化与发展。这个变化与发展，是左宗棠面向实际、尊重实际的丰硕成果，是符合历史发展要求和经济发展的客观规律的，这种变化与发展亦在新疆得到贯彻。当时，新疆精河一带淘取沙金，左宗棠说："从前既未设厂，应即听民自采，官只抽分可耳。"当乌鲁木齐旧有铁厂"招工铸造，一月之久，仅得犁铧各数十具，无济于事"时，他提出："招商办理，乃期便利。"并说："一经官办，则利少弊多，所铸之器不精，而费不可得而节，不如其已也。"③　此外，新疆库尔勒东南有金场一所，库木什东南有铅场矿场各一所，该县县令拟让商民"自行垫发成本，派弁监同试办"，向左宗棠请示时，左宗棠批示说："应准照办，一俟著有成效，仰即专案禀候核示。"④

左宗棠在西北创办的西安、兰州制造局，兰州火药局，甘肃织呢局和用机器治河、开矿，以及招商办乌鲁木齐铁厂等一系列洋务活动，究其规模和重要性来说，虽远不如他在福建创办的福州船政局，但仍有不少新的特点和新的发展变化。这主要有三个方面：一是由军用向民用转化；二是由单一造船和驾船变成制造枪炮、火药、机器、织呢、开矿等多种经营；三是由官办的产品经济向官办商品经济和民营商品经济发展。这些新的特点和变化，既是他前一时期洋务事业的继续与深化，更

---

① 《左宗棠全集·札件》，第 470 页。
② 《左宗棠全集·书信》（卷三），第 520 页。
③ 《左宗棠全集·札件》，第 454 页。
④ 《左宗棠全集·札件》，第 482 页。

是他一生洋务活动的总结与发展①。

　　总之，左宗棠及其部属在甘肃兴办洋务工业与系统振兴甘肃传统经济社会的各种努力，构成了中国近代开发西北的第一次热潮的主要内容。他创办洋务事业的诸多计划与努力由于种种原因大都没有取得成功，西北经济社会虽然较前有了明显的进步，但依然落后于东南地区与其他地方。即便这样，左宗棠引进先进生产技术和生产方式的努力，仍是西北近代史上第一次、也是最大的一次对生产力和生产关系的变革行动，它触发了甘肃经济结构的变迁，这犹如在自然经济的大海中投进了一块巨石，激起了道道涟漪，打破了死海的宁静，预示着惊天风浪的到来。所以，其深远意义和影响是不容忽视的。

---

① 参见沈传经、刘泱泱著：《左宗棠传论》第八章第一节。

八、左宗棠对甘肃经济
　　社会环境的整治

　　左宗棠"度陇后，兵事繁杂，又兼以饷事、屯务、转运、荒政，万端并集"①，大有"日不暇给"之感。但他总是能够从最紧迫、最切要的时务入手，为地方除害、为百姓谋利、为时政去弊、为甘肃发展开创生机。左宗棠从严禁鸦片、赈济灾荒、兴办商贸、整理财税等方面对甘肃经济社会环境所进行的治理，即是其为民谋利、为地方兴利、为国争利思想的体现。这些整治措施，也为甘肃经济社会的发展扫除了障碍，创造了条件。

（一）禁鸦片

　　左宗棠作为西北地区的军政总管，曾在甘肃厉行禁烟，推行了一系列清除罂粟、禁吸鸦片、根治烟祸的措施，取得了明显的成绩。左宗棠成为晚清继林则徐以来又一位厉行禁烟的政治家。

---

① 《左宗棠全集·书信》（二），第212页。

1. 左宗棠在甘肃严禁鸦片的原因

（1）左宗棠认为种植罂粟、吸食鸦片的恶习使西北强悍的民风受到严重的摧残。1866年（同治五年），左宗棠出任陕甘总督时，秦陇烟毒泛滥之严重，危害之惨烈，使左宗棠触目惊心。正如秦翰才所记述的，左宗棠"一脚踏进潼关，第一件事，使他害怕的：西北刚劲的民风，不料已变得奄奄没有生气"。回民起义发生以后，许多汉民由于吸食鸦片，在战乱中不仅"颓唐的精神鼓不起他们的勇气来自卫"，进行自我保护，有些"瘾君子""便是戈矛已杀到了门首，也常因为懒得动弹，不能及时逃避，终于束手就屠"①，死于非命。"揆厥祸始，实鸦片流毒有以致之。"② 基于此，左宗棠把种植罂粟、吸食鸦片看做是西北民风由强悍而颓废的致衰致乱之源，决心予以根除。

（2）左宗棠认为种罂粟给甘肃带来粮荒，严重影响了西征的顺利进行和西北大局的稳定。左宗棠认为，西北用兵，粮饷是关键，而筹粮又难于筹饷。在甘肃时，清军常因粮食采办无着而乏食。左宗棠为军粮问题"日夜焦思，寝食俱废"。1875年，左宗棠奉命西征，收复新疆时，因在甘肃采办军粮无多，清军甚至不得不背着生红薯进疆③。军粮难办，左宗棠认为是罂粟种植过多所致。要想就近解决军粮，势必禁种罂粟。当时，甘肃生产的鸦片被称为"西土"，可与国内的上等鸦片"广土"相媲美，且尤其以凉州和甘州一带生产最多、品质最浓。甘肃的其他州县也多种植罂粟，所占用的耕地，都是土质肥沃的田地。甘肃向来被认为是贫瘠的地方，战乱之后，人口锐减，田地荒芜，民穷财尽，可谓"苦甲天下"，存在严重的粮荒。尤其河西地区，在被左宗棠确定为给西征大军就近筹粮的主要地区之后，各地广种罂粟，并且占尽膏腴之地，无疑成了当时的一个严重的社会问题，不管从解决老百姓口粮的角

---

① 《左文襄公在西北》，第179～180页。
② 《左宗棠全集·书信》（二），第194页。
③ 《左文襄公在西北》，第93页。

度，还是从维系西征大军粮源的战略高度着眼，都必须要推行禁种罂粟、禁吸鸦片的政策。

（3）光绪三年（1877年），西北出现了百年不遇的大旱灾、大饥荒，吸烟之徒"其死较常人尤易且速"①，鸦片烟毒的危害进一步显现，这更促使左宗棠下决心禁烟。在这次大灾荒中，甘肃庆阳府一带饿死了很多百姓，左宗棠认为这是鸦片毒害的结果。因为烟民的身体都比较脆弱，特别不能挨饿，所以，"真为饥馑而死亡的，十之八九倒是烟民"②。更可气的是，烟民们领到政府的救济款，不是去买粮搞生产自救，而是"先换烟膏过瘾"③，真是让人"哀其不幸，怒其不争"了。筹粮救灾搞得左宗棠焦头烂额，因为"栽种罂粟过多，宜谷腴地半已化为妖卉，故出粮日见其少"④。"庆阳府诚然是旱荒，可是他的邻境宁夏府没有受灾。况且宁夏本是产粮之区，该可以把宁夏余粮筹一些来救庆阳的饥荒。而事实使左宗棠更为失望和生气。宁夏府并没有多少余粮。原来宁夏大多数的良田，都栽着罂粟，到处开着娇艳的罂粟花了。"⑤因此，左宗棠认为，甘肃的饥荒与动乱，"其受弊之源实由广种罂粟而起"⑥，于是，他把拔除罂粟与镇压饥民暴动，以及办赈救灾同时并举。

（4）光绪二年（1876年），清政府谕令各地禁种罂粟的法令给左宗棠以政策支持。同治末年，左宗棠由于倾全力镇压陕甘回民起义，虽曾多次强调禁种罂粟，但并无多少切实可行的措施。加之当时全国其他各地几无禁烟之说，禁烟活动缺乏来自政府的政策支持和舆论监督，禁烟只是左宗棠的个人行动。左宗棠看到，在自己的管辖区，数年以来，虽经屡颁禁令，种植罂粟者只是"稍为敛戢，然乡村偏僻地亩，偷种者尚

---

① 《左宗棠全集·书信》（三），第333页。
② 《左文襄公在西北》，第180页。
③ 《左宗棠全集·书信》（三），第367页。
④ 《左宗棠全集·奏稿》（七），第143页。
⑤ 《左文襄公在西北》，第180页。
⑥ 《左宗棠全集·书信》（三），第332页。

多。其杂植豆麦间，图免查拔者，尤复不少”[①]。查烧外来烟土也是“为数无多”。至于销售、吸食鸦片者，则几乎无所触动。光绪初年，陕甘回民起义已完全失败，左宗棠对禁烟问题可以腾出手来着力加以解决。尤其是光绪二年十二月清政府谕令各地禁种罂粟法令颁布，并将其定为考察地方官员政绩的内容之一[②]。这一措施正与左宗棠多年的禁烟主张相一致。给左宗棠在西北禁烟以极大的鼓舞和支持，成了左宗棠在甘肃放手禁烟的尚方宝剑和基本动力之一。

2. 左宗棠在甘肃禁烟的措施与特点

（1）发布谕令，宣传禁烟的意义，造成有利于禁烟的舆论环境。同治八年（1869 年），左宗棠发布《禁种罂粟四字谕》，揭露吸烟的恶果，宣传禁烟的好处，开始了其在甘肃的禁烟行动。这篇禁烟告示用韵文写成，刊印散发，广为张贴传布，起到了很好的宣传作用，告示说秦陇“恶卉繁滋，废我嘉谷”，烟毒泛滥，致使“农辍耒耜，士休卷轴，工商游嬉，男妇瑟缩”，“家败人亡，财倾命促”。告示最后说，种烟吸烟之人，罪在不赦，要求各地“罂粟拔除，祸根永劚”[③]。与此同时，左宗棠又下令将违禁种烟地亩丈量充公。安置回汉难民，也要求他们“为农者不准栽种罂粟”，“为商贾者不准贩运鸦片”[④]。

（2）命令陕甘各府州厅县官员，会同当地驻防清军明察暗访，严禁种植罂粟。光绪四年（1878 年），新疆收复，左宗棠随即在甘肃采取了一系列禁烟措施。具体做法是“随时轻骑赴乡搜查，月凡数至。遇（种植罂粟）整段地亩，一律翻犁灌水，其杂植豆麦间者，亦且锄且拔”[⑤]，务必做到根诛净绝。“查拔不力者，随时撤任撤委，或从严申饬，其趋

---

① 《左宗棠全集·奏稿》（七），第 143 页。
② 《左宗棠全集·奏稿》（七），第 143 页。
③ 《左宗棠全集·札件》，岳麓书社，1996 年，第 587 页。
④ 《左宗棠全集·札件》，第 595 页。
⑤ 《左宗棠全集·奏稿》（七），第 143 页。

事勤奋，随予存记，以示激劝。"① 还要求各地必须按月据实报告查禁罂粟情况。同时重申，凡种烟地亩，一律充公，并对种烟民户，实行"杖责枷号"②。另外，又准许府厅州县根据当地实际情形，自定禁烟措施。例如秦州知州谭继洵（谭嗣同的父亲）的做法是，先禁冬种，后禁春种，又于每年二、三月间，饬各州县官带着乡总（相当于乡长），厉行查禁。对于乡总，酌给口粮，夏初结报，再派员踏勘。如发现查禁不力，便把乡总斥革，州县官惩处。同时，又劝导植桑，以代替罂粟。例如，抚彝厅邀集境内三十六渠的农民代表，吩咐他们，各就所管地段，督同乡保先行检查一次，传达禁种罂粟的命令；到来春再巡视查报，并以十户为一个联保单位，鉴定协议，相互监督，达到了很好的效果，得到左宗棠的赞扬。

（3）严禁外来鸦片流入甘肃销售。左宗棠在甘肃禁烟，着重于消灭烟土的来源。因此，在注重铲除当地所种罂粟的同时，也要遏止由外地贩运来的烟土。左宗棠颁布命令，查出凡由川滇等地贩运来的烟土，一律焚毁。外国烟客贩运烟土入境，一律勒令折回。如已卸货，由官府查封，归客贩自己看管，仍限期出境。如把烟土再偷偷转运入内地贩卖，追出焚毁，厘卡对于过往西北的货物，查出夹带烟土，也一律焚毁，不准抽厘放行。对于士子要求更严，"其赴省乡试士子，如敢夹带贩卖，希图渔利，则获咎尤重"③。对于正在磋商中的中俄贸易条款，左宗棠主张应把不准俄商贩烟土一条，作出明文规定。

（4）运用经济手段，倡导以种草棉代替种罂粟。左宗棠认为，农民好种罂粟，不过是为"贪利"而已，要想使农民自觉自愿不种罂粟，只有多用经济手段，"以利动之"④。"欲禁种罂粟，必先思一种可夺其利

---

① 《左宗棠全集·奏稿》（七），第144页。
② 《左宗棠全集·奏稿》（七），第147页。
③ 《左宗棠全集·札件》，第469页。
④ 《左宗棠全集·奏稿》（七），第143页。

然后民知罂粟无甚利，而后贪心可渐塞"① 的方法，即找到一种使农民有利可图的农作物替代罂粟。左宗棠通过调查，知道甘肃土地宜种棉花，而种棉之利并不低于种罂粟。为此，他在兰州"刊行《种棉十要》及《棉书》，颁行陕甘两省，谆饬官吏士民一律切实经理"②。为了解百姓是否真正懂得种棉的好处，左宗棠实地考察，与百姓攀谈，"上年（同治十二年）赴肃，路过山丹、抚彝、东乐各处，正值棉熟时，每停车，父老聚观，辄转令近前，与谈一切，皆知棉利与罂粟相捋，且或过之。一亩之收，佳者竟二十余斤，每斤千文，其费工力翻省于罂粟劙果刮浆也"③。因此，凉、甘一带百姓都知道种棉之利而乐于种棉。

宁夏一郡，夙称腴地，产粮极广，但"沃土之民狃于恶习，广种罂粟，视为利源，地方各官一加查禁，则群以钱粮无从完纳为词，隐相抵制，驯致宜谷之区广植妖卉，较金积堡未复之前，殆有甚焉"④。以至招徕耕垦田地越多，偷种罂粟者越多。宁夏所种植的罂粟，以河东为上，"每亩可出烟土七八十两"，河西碱地，每亩也可"出烟土三四十两"⑤。利之所在，各处群相仿效，宁夏地方官遂以"积重难返"为借口，屡次干犯左宗棠禁种罂粟的谕令。光绪三年西北大旱，左宗棠要求宁夏采粮救济临近的庆阳府，竟然拿不出一粒粮食。这使左宗棠感到，长此下去，罂粟栽植，"不但流毒无穷，且乱后耕垦无多，民食、军粮尤虞不继"⑥，会严重影响到西北军政大局的稳定。为此，左宗棠从"课心"入手，努力做好宣传教育工作，力争从思想认识上解决问题："因思愚民贪种罂粟者，贪其利耳，则即以利动之。凡宜罂粟之地，最宜草棉，棉花之利，与烟土相若。时值大旱成灾，粮价异常翔贵，百谷

① 《左宗棠全集·书信》（二），第445页。
② 《左宗棠全集·奏稿》（六），第28～29页。
③ 《左宗棠全集·书信》（二），第444页。
④ 《左宗棠全集·奏稿》（卷七），第143页。
⑤ 《左宗棠全集·札件》，第540页。
⑥ 《左宗棠全集·奏稿》（卷七），第142页。

之利，亦略与烟土之利相等。种谷与棉，可以获利，且不犯禁。种罂粟则犯禁，必遭查拔，将并所图之利而亦失之。民虽蚩蚩，然利害相形，较然可睹。因其明而牖之，当易为力。"① 又严格考核各级官吏执行、落实的情况，先"与司道熟商，通饬各府、厅、州、县切实查禁，先之以文告，继之以履验，责之以乡约，督之以防营，而尤注意于宁夏一府六属之地"。"遇印委各员查拔不力者，随时撤任撤委，或从严申饬；其趋事勤奋，随予存记，以示激劝。"② 经此次整顿，"宁夏一府，阖境罂粟根株，一律锄拔净绝；又幸时雨普沾，渠流畅注，改种杂粮，均极繁茂，丰稔可期"。此后，"匪特闾阎储峙渐丰，民食、军粮均有收赖，而民生既厚，民俗亦端，长治久安之效，肇于此矣"③。可见，综合运用经济等多种手段比单纯使用行政强制做法更能从根本上解决问题。

（5）惩治禁烟不力的官员，奖励得力官吏，把禁烟政策落到实处。左宗棠严格"课吏"，把是否认真查禁罂粟作为考核各级官吏的重要标准。根据掌握的情况，左宗棠先后与同治十三年三月二十二日、五月初六日，光绪四年七月初四日、八月初五日上奏朝廷，对于那些"视若缓图"、"颟顸从事"、"虚词掩饰"的官吏予以革职、降级严惩。受奖励的官吏如宁州知州杨大年、正宁知县黄绍薪，这两人"于奉檄禁种罂粟，改种草棉一条，尤不惮烦劳。时巡乡野，亲为劝导。并远购棉种，栽莳成秧，颁布民间，因时树艺，又购觅纺车具，雇请民妇教习纺织，已有成效。"④ 为左宗棠所称赞。在严惩的案件中，最大且处分官员最多的一次是光绪四年对宁夏府官员的惩治。左宗棠查清宁夏府广种罂粟，地方官员"既未严禁于先，复未查拔于后"⑤，反而与当地驻军暗中勾结，包庇种烟之民。左宗棠访闻后即派人调查，当地官员又以宁夏"地方辽

---

① 《左宗棠全集·奏稿》（卷七），第143～144页。
② 《左宗棠全集·奏稿》（卷七），第143～144页。
③ 《左宗棠全集·奏稿》（卷七），第144～145页。
④ 《左宗棠全集·奏稿》（六），第28页。
⑤ 《左宗棠全集·札件》，第451页。

阔，民间栽种罂粟，久已相习成风，一时难以禁尽"，罂粟"随处皆有"，"积重难返"①；禁种罂粟则捐税难以征收等词塞责开脱。左宗棠认为："若不严密查办，何以肃功令而儆效尤"②，"挽颓风而收实效"③，于是奏请将宁夏一府各厅州县地方官员以及驻军将领中，查禁不力者一并查办，分别处分。栽种罂粟地亩，一律充公。士绅依势违抗者，一律拿办。同时，又对宁夏府部分敢于认真禁种罂粟的官员和将领，分别给予提拔和请功奖励。左宗棠的这一举动，使各地官员大为震恐，对禁种罂粟一事再也不敢掉以轻心。

左宗棠在甘肃禁烟的特点是致力于禁种罂粟，对于烟土，只禁运而不禁卖；对于鸦片吸食者，只劝戒而不禁吸食。他说："论关陇治法，必以禁断鸦片为第一要义。欲禁断鸦片，必令州县少吸烟之人，欲吸烟之人少必先禁种罂粟。"④ 为什么采取这样的政策呢？左宗棠认为，外国鸦片运销中国畅行无阻，禁止出售吸食鸦片不太现实，无异于"掩耳盗铃"。禁烟必须先从国内入手，"欲禁洋烟必自禁土烟始，欲禁土烟必自禁种罂粟始"⑤。因此，"禁种罂粟为禁止鸦片之渐"。只要国内罂粟绝而吸烟之人少，加之"洋烟价高"，那么外国鸦片就会销路日减，最后因无利可图而不禁自绝。另外，左宗棠认为，禁种罂粟比禁止鸦片的销售与吸食更容易，也更有成效。"鸦片一握兼金，价重质微，易于隐匿。吸烟之徒闭居密室，难于搜寻。查办疏固无异于驰禁；查办密又适开需索包庇之端，未睹其效而先苦其扰，非若罂粟种于旷野，为众目所共见，由下种出苗开花结实，以至刮果取浆，需时甚久"，易于发现和铲除⑥，因此，左宗棠把禁种罂粟视为禁鸦片的根本。左宗棠虽不禁止

① 《左宗棠全集·书信》（三），第 369 页。
② 《左宗棠全集·札件》，第 556 页。
③ 《左宗棠全集·奏稿》（七），第 147 页。
④ 《左宗棠全集·书信》（二），第 445 页。
⑤ 《左宗棠全集·书信》（三），第 531 页。
⑥ 《左宗棠全集·奏稿》（七），第 146 页。

民间吸食鸦片，但官吏和军队则绝不允许有所沾染。凡官吏吸食鸦片，就会被左宗棠加上"烟瘾甚重"、"嗜好甚深"或"颇有嗜好"、"近有嗜好"等考语，予以参革。清军将领王仁和，"向有能战之名"，但左宗棠"闻其烟瘾甚重"，便"决意不用"①。访问过左宗棠的外国人也说："兵丁绝食鸦片，营规严肃异常。"② 左宗棠对他的亲属要求更为严格，他的长孙吸鸦片，差点被左宗棠杀头。对于民间吸食鸦片，左宗棠也并非完全不闻不问。他曾多次访求戒烟药方，亲自"详加考订，取其简明易知，刊刻成本，颁发陕甘各府州厅县，转给绅耆，广为传布"，"官绅士民能捐资合药，照方施治，全活多人者，准由地方官核明，照捐赈章程一律请奖"③，真可谓不遗余力。

自光绪初年以后，左宗棠在甘肃禁烟成效日增。光绪五年（1879年）6月，左宗棠在《复陈边务折》中称，甘肃罂粟种植，"实已根株净绝"④。这难免有夸大之词，但甘肃罂粟大为减少，粮产增加确是事实。光绪六年，左宗棠奉命由哈密入关，沿途看到，河西地区"民物安阜，较五年以前大有起色。耕垦日广，民食渐充，白面一斤值钱十文，杂粮市价递减，窖藏甚多。罂粟既禁，以其腴地改种草棉，向之衣不蔽体者，亦免号寒之苦"⑤。同年，到西北访问过的外国人也说，鸦片"现在种者绝而吸食者亦少。昔栽罂粟之处，今为艺稻之所，近来大有收成。陕甘一带，现在粮食甚贱，面粉每斤十三四文，杂粮更贱也"⑥。戒烟药的大力推广，为不少"老瘾客"被除了毒患，"其断绝者竟获如平人矣"⑦。光绪五年，陕甘烟土价格大跌，左宗棠考究原因，认为是由于戒烟者日多，烟贩获利日减，担心亏本而急于脱手，故削价出售造

① 《左宗棠全集·书信》（三），第517页。
② 《左宗棠逸事汇编》，第259页。
③ 《左宗棠全集·札件》，第561～562页。
④ 《左宗棠全集·奏稿》（七），第376页。
⑤ 《左宗棠全集·奏稿》（七），第634页。
⑥ 《左宗棠逸事汇编》，第258页。
⑦ 《左宗棠全集·书信》（三），第510页。

成的。左宗棠的禁烟措施收到了可观的实效。

不过也应该看到，左宗棠在甘肃的禁烟成效虽优于西北其他的省份，但就甘肃本省来说，也存在地域差异。大体通衢大道两旁好，"乡村偏僻地亩偷种者尚多"。而且，他只禁种不禁吸食、销售的做法也存在着弊端。既然鸦片有销路，必然会有不法之徒为贪利而犯禁种烟。有些地方官员和驻防清军，就借机对种烟之人敲诈勒索。像陇南的几个县，在农民下种之前，"并不禁阻；却在花苞结成之时，突派差役下乡，勒令拔除，借此要索，欲壑填满之后，就放过不问"①。加之清政府的腐败，左宗棠曾多次奏请禁止外国人向中国销售鸦片，都不予理睬。左宗棠愤然揭露到："鸦片之产自海外者，不能骤禁，内地广种罂粟吏役受赇庇纵，官司佯若不知，并有谓拔除罂粟，夺民间利源，催征钱粮更形棘手者，翻以开禁广种为得计。人心之蔽至此，可胜慨哉！"②　其后，左宗棠又多次主张"洋药土烟，税厘并加"，以限制鸦片流通，清政府怕开罪列强，也不予采纳。有人甚至认为"鸦片入口为厘税大宗"，宁愿以鸦片为"止渴之鸩"。就连左宗棠在西北禁烟，也遭到某些朝中大臣的非议，清政府也为此谕令左宗棠"体察情形，妥筹办理"③，不可孟浪行事。这些都极大地影响和妨碍了甘肃禁烟的顺利进行，决定了左宗棠禁烟存在着多方面的局限性。

但联想到在鸦片战争失败后，清政府对禁烟之事，不敢再提；鉴于林则徐因禁烟而获罪，在各地官员对烟毒横行不敢正视的颟顸气氛下，左宗棠率先在西北一隅厉行禁烟，打破沉寂，表现出他敢于碰硬、除恶务净的果敢作风和忧国忧民、勇于负责的爱国精神，这不能不使人油然而生敬意。他在甘肃的禁烟措施之严厉和政绩之显著，也为近代西北所仅见。他曾表态说："此事当破两三年工夫，实办到底，庶可望绝种。

---

① 《左文襄公在西北》，第181页。
② 《左宗棠全集·书信》（三），第367页。
③ 《左宗棠全集·奏稿》（七），第378页。

弟在此一日，即办一日，断不徇隐，断不因循耳。"① 大有林则徐当年在广州禁烟的那种"若鸦片一日未绝，本大臣一日不回，誓与此事相始终，断无中止之理"② 的气概。所以，秦翰才说："在林则徐以后遥远的三四十年中，最热心禁烟的，怕只有文襄公了！"还说左宗棠"到了西北，却把禁烟认做要政，真可说办得不遗余力"③。这些评价朴实而又中肯，表达了后人共有的敬仰和赞誉。

（二）赈灾荒

一般解释，"灾"为灾害，"荒"为饥荒。西北地区向以灾荒频繁、种类多、灾区广为特征，在同治朝长达十几年的战争期间，西北地区不仅深受战争的重创，同时也经历着灾荒的侵蚀。从 1862 年到 1874 年回民起义期间，陕、甘两省自然灾害从未停止，据各种文献有关记载统计，起义的 12 年间陕甘被灾 220 多府、州、县次④。几乎每隔二三年就有一次灾荒发生。其中，发生在光绪三年至四年（1877—1878），遍及山西、河南、陕西、甘肃、直隶、山东等省的大旱灾，是中国近代历史上最严重的一次自然灾害。因这两年阴历属丁丑、戊寅年，时人称之为"丁戊奇荒"。有关史书，也常以"晋豫大旱"或"晋豫大饥"同称，认为这是清朝"二百三十余年来未见之惨凄，未闻之悲痛"，实属"大侵奇灾，古所未见"。这次奇灾的特点，一是时间长，前后持续竟达三年之久；二为灾区广，波及长江以北九省。虽然受灾最严重的是山西、河南，但西北陕西之大部、甘肃的陇东地区也受灾较重。据载，灾情最严

---

① 《左宗棠全集·书信》（三），第 382 页。
② 《林则徐集·公牍》，中华书局，1965 年，第 59 页。
③ 《左文襄公在西北》，第 179 页。
④ 据袁林《西北灾荒史·旱灾志》（甘肃人民出版社，1994 年）统计。

重的"陕西同州府，一亩地只值制钱三百文，拆下房屋木材当柴薪卖，每斤不满制钱一文；一两个麦饼，便可换一个妇女"①。陇东是左宗棠的直辖之地，陕西是兼辖之地。这使正在全力筹谋开发大计的左宗棠，不得不挤出精力来，安排抗灾，组织赈务，搞好生产自救。

首先，左宗棠在思想上对抗旱救灾十分重视。左宗棠由于早年研究过荒政，并且曾在其老家湘阴发大水时，办过两次赈务，所以"对于荒政，确有着丰富的学识和经验"。再加上他办事周密，富有预见性，在北方其他省份旱情持续发展之时，就提醒陕西当局："现在灾象已成，快快筹备救济方法。仓储粮食还存多少？需要粮食该是多少？都得先调查明白，并研究向什么方向、用什么方法来采运补充？灾区要调查分别等次，灾民也要调查分别等次，以为施赈的标准。"② 后来，陕西方面在赈粮的采购、运输等问题上，得到了左宗棠的细心指导。秦翰才赞颂左宗棠这种"不怕繁琐"的精神和"一贯到底"的作风，说这表现了他"对老百姓的真正关切！"③

其次，采取了一系列有效的赈灾救灾的措施。

1. 多方筹措赈灾粮款

左宗棠西征时的军费经常支绌，但他还是想方设法，还清欠借陕西的三十万两白银；另一方面又从西征粮台所收的协饷内，先截留十万两白银，专供陕西赈灾。他自己又带头倡捐养廉银一万两，其中七千两归陕西赈灾，三千两归甘肃庆阳赈灾。又向地方士绅富户劝捐，开办义仓。各地捐钱捐粮情况，有据可查者，如"皋兰县捐得粮三千三百四十二石；洮州厅捐得本粮二千六百十九石，本大钱二百串；固原州捐得仓粮六千八百石，分储一个城仓和四个乡仓；平远县捐得秋粮四百石；崇

---

① 《左文襄公在西北》，第175页。
② 《左文襄公在西北》，第176页。
③ 《左文襄公在西北》，第176页。

信县捐得仓斗谷七百六十石；镇番县捐得仓斗粮二千四百六十五石，又三渠社仓捐得仓斗粮八百二十石，蔡旗堡社仓捐得仓斗粮一百二十一石；张掖县丞捐得市斗小麦一千零二十七石，分储本城，六坝、南古和洪安四仓；丹噶尔厅集得三仓市石粮四百三十九石；泾阳县捐得市斗麦一万一千一百二十一石，分储本城和十乡"①。

2. 慎选办赈人员

左宗棠认为，办赈之人总要居心恳恻而有条理，不惮烦劳，把所办的事看做自家生活；一念疏忽，便关着无数生命，真是可怕；只要有一分实心，自有一分实效；多救治一人，自免一分罪过。所以他主张，与其去用微末官吏，不如多用地方贤明绅士。……以为乡党自好者，多能心存利济，教他们去办赈，必肯尽心。② 魏光焘做陇东平庆泾固化道，很有建树。这次庆阳旱灾，就在他的辖境之内。但左宗棠对他办赈务是不是尽心，所委人员是不是可靠，很不放心。他认为魏光焘做事，不怕不妥，只是赈务要有实际，要肯耐烦，不光是敷衍场面。后来一查，果然发现庆阳地方官员玩泄赈务，影响很坏，被左宗棠一一撤职，予以严惩。

3. 积极安排抗灾自救

左宗棠认为，办赈当然救人命最急，但也要给老百姓救济耕牛、救济农具，为下一季耕种作准备。此外，保婴、恤嫠、施药、施棺、施寒衣等一连串的事，都得尽心尽力去筹办，"虽是极难极大题目，却不能搁笔而交白卷"。许多地方施赈救人多立足于供养，历来差不多都把灾民看做是乞丐。这不是好办法，有效的做法是把地方可尽的地力、可利

---

① 《左文襄公在西北》，第178～179页。
② 《左文襄公在西北》，第177页。

用的物产，想出方法加以利用，帮助或组织灾民自己去解决生活，生产自救。左宗棠在这次灾荒中，曾劝甘肃老百姓去挖煤，就是一个很好的自救办法。左宗棠也曾在陇东倡导凿井，由他捐廉银或由富户捐银以工代赈。总之，左宗棠为使当地人民度过这场奇旱绝荒之灾，想了许多办法，也取得了值得称颂的成效。

（三）兴商贸

甘肃虽偏处一隅，深居内陆，环境艰苦，交通不便，但自西汉开辟的沟通中西贸易往来的"丝绸之路"开通以后，丝路沿线的商业贸易活动一度十分繁荣。近代以来，陕甘回民大起义、阿古柏和俄、英侵略新疆的活动，对甘肃商业贸易的发展以极大的摧残和打击。左宗棠奉调到西北之后，一方面自甘而新，收复失地；另一方面也十分注重复兴与搞活甘肃的商贸业。

1. 三改茶法，力促边贸

太平天国革命、陕甘回民起义以及外族入侵新疆相继发生以后，乾隆以来在甘肃推行的引茶贸易到咸同时陷于瘫痪，原有茶法遂废。为了恢复甘肃的引茶贸易，征收茶课，在左宗棠来甘之前，前任陕甘总督恩麟、杨岳斌等都曾试行过新茶法。恩麟在"同治四年奏准：将甘省咸丰八年欠课，分三年带征，其咸丰九年至十一年茶引，仍令照旧行销完课，同治元年后茶引，暂缓发商"①。杨岳斌于"同治五年奏准：甘省引滞课悬，议于陕西省城，设官茶总店，潼关、商州、汉中分设茶店；商贩无引之茶到陕，开具色样斤数，呈报总店，上色茶百斤，收协济茶

① （清）崑冈等：《钦定大清会典事例》卷二四二，光绪戊甲冬月初，商务印书馆。

课银一两，中色六钱，下色四钱；所收银，解甘弥补欠课"①。但是，恩、杨两人奏准的茶法没有吸引到茶商承引，更没有人愿意交纳拖欠的茶课。因此，左宗棠便在镇压陕甘回民起义的后期，于同治十一、十二、十三年连续三次奏改甘肃茶法。

第一次是同治十一年，左宗棠以除旧的方式一改恩、杨茶法。

首先是清欠，除引商所借官本生息银两缓补外，其余积欠全部豁免。"应将积欠各课奏请豁免，并将众商拖欠原领各案官本生息，饬由该总商查明数目，分行司道府县暂行停缓，随后试办有效，陆续弥补。"②

其次是清引，将同治十二年以前的积引全部作废。"自同治十二年为始，行一引之茶即纳一引之课，从前积引不准代销，庶免移新掩旧之弊。俟试办二年，各商实力行销茶引若干道，再承领额引。"③

第三是清课，对四项杂课的陋规停止征收。"查甘肃茶务旧章，以捐助、养廉、充公、官礼四项陋规作为杂课，每引一道，每年征银一两四钱零。""今被灾十载，正课百余万两，且归无着，更何可征收杂课以累新商。与其徒留杂课之名，致妨正课，曷若蠲除陈课之累，以救新课。"④

第四是清商，招徕富商贩运湖茶，在陕西先开官茶总店，试办新引。"现拟试办新引，应俟部复准行，再行知山西曲沃、稷山、襄陵、太平，陕西泾阳各县，查力能承引之商，令于陕西先开官茶总店，一面试办新引。"⑤

左宗棠上述废除同治十二年前的积引，豁免积欠，只留商借官本，生息银两缓补，停征四项杂税，拟招山、陕富商赴湖采茶，并在陕西设官茶总店等四条，是对恩麟茶法的全部革除。而对杨岳斌茶法除留在陕西设官茶总店外，也概行革除。所以，该四条茶法目的在于废除旧茶

---

① （清）崑冈等：《钦定大清会典事例》卷二四二，光绪戊甲冬月初，商务印书馆。
② 《左宗棠全集家书·诗文》，第452~453页。
③ 《左宗棠全集家书·诗文》，第452~453页。
④ 《左宗棠全集家书·诗文》，第452~453页。
⑤ 《左宗棠全集家书·诗文》，第452~453页。

法。而清廷"议准甘省积欠旧课，仍追旧商。召募之新商试办新课。其杂课：捐助、养廉、充公、官礼四项暂准缓征"①。左宗棠说："户部仍据恩麟、杨岳斌原奏，以旧引责之原领商人，新引责新商承领。杂课暂虽展缓，未准遽停。并应仿五年杨岳斌奏案，令商人于陕西先开官茶店，试办新引。"②清廷上述命令基本上否决了左宗棠同治十一年意在除旧的茶法，但是，允许他招新商、办新课。

第二次是同治十二年以布新的方式二改恩、杨茶法。左宗棠于同治十二年（1873年）在《札试办甘省茶务章程》中，将其招新商、办新课的茶法详列十条。大致可归并为如下三个方面。

首先，增设南柜，减轻甘肃茶商在两湖的厘税负担，以票代引。"今南省纷纷请票办茶，照例纳课，诚裕国便民之举，应添设南柜总商，补东西柜力量所不逮。既设南柜，则新商与旧商各领各票，不相牵涉，惟南柜总商必由该地方州县转详兰州道详院咨行立案。"③"惟念东南行茶向均水路，脚价甚轻，尚可照章抽厘；若由南办茶到甘，自樊城、荆紫关两路取道入陕，又由陕而甘，概系陆路，计程数千里，脚价之重迥非水路可比，若照章抽厘，则茶商成本未免过重。"所以，左宗棠"见拟咨商湖南北督抚、河南抚院，从权轻收。如照章应完茶厘十成，酌抽二成，其余八成以各省在积欠甘省协饷项下分年划扣，每年汇算甘引茶厘若干，由各省作付，甘中作收，移咨立案，庶茶商不苦重厘，销引可期踊跃。""以票代引，一票若干引，不必定以限制，惟视商人资本多寡，能认销若干，按引合算给票。""请票必由兰州道上详备案。新商承领茶票若干，合引若干，不先完正课，必取之保……此时南柜未设，尚无总商担承，有愿先完正课者，自可随其资本给票，其每票合引纳课若干，系何商人，仍由兰州道随时具详备查。""一引配茶八十斤，除杂课

---

① 刘锦藻：《清朝续文献通考》卷四十二征榷十四，浙江古籍出版社，2000年。
② 《左宗棠全集·奏稿》（六），第9～15页。
③ 《左宗棠全集·札件》，第543～545页。

银一两四钱需经部议缓征外，每引正课银三两，新商须先行交纳，以免旧商借口，并免取保累赘。如取有的保，即未交纳亦准给票，俾腾留成本，以便广采官茶行销裕课。如未交纳，各商借口别故希图免纳正课，惟保人着赔。""以票代引，原是暂行试办，期茶务畅行，故不立限制，亦无规费。惟督署、司署、道署茶课房纸张印色笔墨等项办公要需……计每票一张合引若干，酌定茶课房纸笔费银若干，应由兰州道会司具详立案，此外不准另立名色。如有丁书巧立名色需索规费，查出立毙杖下。"

其次，制定湖茶在西北运销及其征收厘金办法。各商领票从湖南采办茶叶运来陕甘。"若茶商愿由潼关入陕，或由荆紫关入陕，均听其自便。惟入关必验票，到陕做茶成封起运，应完厘一道。其厘仍归甘省充饷，由本爵大臣阁部堂责成陕藩司委员办理，每票合引纳厘若干，亦从轻定议，以期畅行。其榆、绥一路向领百引，应由陕西照章办理。""由陕运茶入甘，泾州设局验票，兰州道衙门完课。如课已先完，由兰分发西（宁）、甘（州）、庄（浪）三司销售后，缴票完厘一次。如有的保，商人运茶入甘必待销售始能完课，然销售之后缴票仍须完厘，其厘亦从轻定议，不准浮收。""西、甘、庄三处行销之地，以口外为大宗。此时，西口可径销巴里坤、古城，西南可通青海、前后藏。商人运茶到西、甘、庄发售，如虑行走帮单，即约集大帮，请发给传牌，由各路防营节节护送，亦可零星发售，听其自便。"

再次，解决从前积欠旧课的办法。左宗棠"体念商艰，将来仍当酌量情形具奏代乞恩施，俟茶引畅销，新旧茶商俱有起色，再令陆续分摊，带完几成旧课，限年清款，以纾商累"[1]。上述前两方面，是左宗棠招新商、办新课，显然是对恩、杨茶法的彻底抛弃，即用布新的茶法取代恩、杨茶法；而第三方面，虽然有沿袭到将来而谋革除之意，但毕竟是沿袭。

第三次是同治十三年左宗棠三改清廷"议准"的茶法（同治十一

---

① 《左宗棠全集·札件》，第543～545页。

年）。当年二月，左宗棠"奏改甘肃茶务，奏言：'国家按引收课，东南惟盐，西北惟茶。盐可改票，茶何不可？前拟仿准盐之例，以票代引，官商尚形裹足。应改拟商贩并招，正课照定例征收，杂课并归厘税项下征收。商贩领票，先纳正课。并添设南柜，招徕湖茶。其无票私茶，设卡盘验，令补领官票'。均下部议，如所请行"①。参照左宗棠的奏陈，其具体内容如下：

第一，废除旧引，以票代引。"试办之初，以督印官茶票代引，不分何省商贩，均准领票运销，不复责成总商。惟恐散而无稽，遇有零星欠课，无凭追缴，不得不预防其弊。兹拟陕、甘两省，凡商贩领票，均令先纳正课，始准给票；或一时不能措齐，准觅的实保户或本地殷商的保，取具'届期欠课不缴，惟保户着赔'切结备案，亦准一律领票。"

第二，添设南柜，减轻陕甘茶商在两湖的厘税负担。"兹既因东、西两柜茶商无人承充，应即添设南柜，招徕南茶商贩，为异时充商张本。""应咨两湖督抚臣"，"凡遇陕甘商贩运茶经过沿途地方应完厘税，概按照行销海口茶厘减纳十成之八，只抽两成。所有减纳八成厘银，各省划抵积欠甘饷，作解甘肃，以划抵欠饷作收，年终由陕甘督臣咨部，以清款目"。

第三，废除积欠正、杂课。现行正课仍照定例征收，杂课并归厘税项下征收。"兹拟将杂课并归厘税项下征收。其行销内地者，照纳正课银三两外，于行销地面仿照厘局章程，陕甘境内行销，均各一起一验，完纳厘税。大率每引以收银一两数钱为度，至多不得过二两"，"其出口之茶，则另于边境所设局卡加完厘一次"，"所有办公各项经费均应于厘项下开支"。

第四，严厉稽私，令私茶商补票、补税、补厘。"官茶行销口外，西讫回（新疆）、番、海（清海）、藏，北达蒙古"，"兹拟于湖茶、川茶入陕，入甘首站及各通行间道，陕西、甘肃两藩司遴委妥员，设卡盘

---

① 《左宗棠全集·附册》，第 634 页。

验，以清来源。遇有无票私茶，即行截留，令其补领官票，赴行销地方纳课，经过厘局验票完厘"。

第五，请理藩院对经过蒙古草地到新疆贩茶的山西客商，按照陕甘茶课征收。"口外官茶，向由陕甘茶商领引，行销北口、西口。行北口者，陕西由榆林府定边、靖边、神木等县，甘肃由宁夏府中卫、平罗等县……道光初年，奸商请领理藩院印票贩茶至新疆等处销售，甘肃甘司引地被其侵占。"直到同治末年，"惟查该商等所纳税银，每百斤多者仅一两，少者六钱及三钱……兹拟咨请理藩院照甘省现拟通行'先引后课'章程，一律缴纳正课，经过地方照章完厘两次"，"由山西归绥道设卡稽查，验票放行。所缴正课，即归理藩院验收。其归绥道所收茶厘、罚款，解由绥远将军验收"①。

左宗棠上述五条茶法，是对同治十一年清廷"议准"的旧课的革除及对四项杂课的变革。而最后两条从本质上说是为了确保整个大西北茶叶贸易中的正、厘税的征收，即统一大西北茶贸中的税收政策。这五条茶法中的前四条获得清廷"议准甘肃仿淮盐之例，以票代引，不分各省商贩均须先纳正课始准给票，其杂课归并厘税项下征收，各项各色概予删除，行销内地者，照纳正课银三两外于行销地仿厘局章程，均各一起一验，完纳厘税，每引以收银一两数钱为度，多不得过二两，出口之茶则另于边境所设卡局加完厘一次，以示区别。又于东西两柜外，添设南柜以招徕商人"②。它标志着左宗棠三改甘肃茶法的基本完成。

在上述三改甘肃茶法中，左宗棠先是从除旧的方面，继又从布新的方面，最终以仿淮盐之成例改定甘肃茶法，确有不达目的决不罢手之势。究其原因，主要源于左宗棠对湖茶贸易的了解；面对甘肃茶贸瘫痪的现状，尤其是困敝不可收拾的局面，急欲招商办新课；还有稳定甘肃

---

① 《左宗棠全集·奏稿》（六），第9～15页。
② 刘锦藻：《清朝续文献通考》卷四十二征榷十四考七九六五，浙江古籍出版社，2000年。

的政治需要。左宗棠的高明之处在于为了能收到新课，而放弃旧课，不似清廷旧课也要，新课也要①。

左宗棠三改甘肃茶法，讨论如何将湖南等地的茶叶运往西北与俄国。左宗棠当时的主要用意，一是为其家乡湖南的茶叶寻找出口的途径，二是为甘肃增加商税，以解决军政开支的压力。可见在近代，茶叶仍然是我国向俄国输出的主要商品之一，茶税依然是甘肃地方政府筹集军政费用的基本途径之一。左宗棠改革茶务制度，使西北各族人民在茶市上能够买得起所需要的茶叶，而且推进了西北商品经济，尤其是推进边贸经济的发展。左宗棠改革甘肃茶务，改引为票，取得了一定成果。

第一，实行改引为票的新章程后，积课清理，西北茶税逐渐增多。兹录历年茶票发放情况表②。

案　序	第 1 案	第 2 案	第 3 案	第 4 案	第 5 案	第 6 案
时　间	同治十三年	光绪八年	光绪十二年	光绪十六年	光绪十八年	光绪二十二年
票数（张）	835	403	409	412	423	457
茶数（担）	33400	16120	16360	16480	16920	18280
上下案年均数量（担）		4030	4090	4120	8460	4570
指　数		100	101.49	102.23	209.93	113.40
案　序	第 7 案	第 8 案	第 9 案	第 10 案	第 11 案	第 12 案
时　间	光绪二十四年	光绪二十五年	光绪二十六年	光绪三十年	光绪三十一年	宣统元年
票数（张）	549	628	748	1520	1520	1805
茶数（担）	21960	25120	29920	60800	60800	72200
上下案年均数量（担）	10980	25120	29920	12160	60800	24067
指　数	270.22	623.33	742.43	301.74	1508.68	597.20

① 参见段国正《试论左宗棠三改甘肃茶法》（《西北民族大学学报》2003 年第 4 期）。
② 据《历代茶叶边易史略》所载资料计算，载《边政公论》1942 年第 3 卷第 11 期。引自陶德臣《左宗棠与西北茶务》（《安徽史学》2005 年第 1 期）。

从表中可知，西北茶票清代 24 年中共发 10 案 7046 票，平均每年 293 票，平均每票 15925 担。光绪八年第 2 案只发出 403 票，计茶 16120 担，上下案之间年均量为 4030 担。到光绪 31 年第 11 案时发出 1520 票，计茶 60800 担，上下案间年平均数量是光绪八年 15 倍多，这也是西北茶销最好的时期（虽然宣统元年发票 1805 张，计茶 72200 担，似乎最多，但上下案间的年平均数量只有 24067 担，指数为 597.20，均大大低于光绪三十一年的第 11 案）。史料云："自光绪十三年至二十七年，逐案加增。三十年，又于湖票外，更行销伊、塔晋票。迄于宣统二年，茶务日盛。"[①]

第二，经营西北茶叶的茶商骤然增多，有些茶商的经营规模相当庞大，形成了新的茶商力量组合。兰州本来就是茶商在西北的聚集地，由于茶叶贸易之盛，茶号更多，据统计，清末民初，该地包括烟帮兼营茶叶贸易的商号就增加到 40 多家，每年经营茶叶达数十万担[②]。西柜商号魁泰通与东柜茶号合伙经营十几年后，很快兴盛起来，又成为独立经营的茶号。南柜是新产生的，其乾益升、天泰运茶号，则在新疆"颇负盛名"，民国初年，天泰运的"茯茶就畅销于西北各地了"[③]。有些茶商的经营能力已相当强大。如光绪三十三年（1907）新泰和、魁泰通等 8 家茶号承领茶票 3203 张，计茶 12800 担，其中仅新泰和一家就领取 823 张茶票，计茶 3280 担[④]，可见实力之雄厚。东柜、西柜、南柜中，东西两柜势力虽有恢复，便毕竟比新兴的南柜差多了，南柜成了西北茶务的领头羊，西北茶商力量数百年之力量平衡被完全打破。茶商的兴旺发达，是茶叶贸易繁荣的重要标志。

第三，对古丝绸之路的再放光芒及茶叶远销俄国产生了深刻影响。

---

①　赵尔巽：《清史稿》卷 124，《食货志五·茶法》。

②　李万禄：《西北茶马市与马合盛茶号》，《兰州文史资料选辑》第 2 辑。

③　杨自舟、董文廷、聂丰年：《清末至抗战期间副茶行销西北简述》，《甘肃文史资料选辑》第 4 辑。

④　李万禄：《西北茶马市与马合盛茶号》，《兰州文史资料选辑》第 2 辑。

左宗棠整顿西北茶务前茶叶也已经新疆出口俄国，但数量不多①。左宗棠整顿西北茶务后，兰州再次成为西北茶叶贸易中心，大量茶叶由此向周边各地散售。这引起了俄商的贪婪，他们利用侵略特权在新疆大做茶叶生意（这是非法的），并无耻地说"中国人做茶叶生意是很小心的"，但"我国（指俄国——引者）商人经营茶叶的条件却很不错"②。为了尽可能多地榨取茶利，他们企图利用西北茶市兴盛的条件，就近从兰州购买湖北、湖南茶运回国内的中亚部分发售，并争取在新疆抛售。1881年中俄订立《陆路通商章程》，规定俄商从新疆至嘉峪关运土货回国减税三分之一。1882年中俄又订《伊犁条约》，1906年再订《俄商借道伊塔运茶出口章程》，这些条约均为俄商从兰州大规模运茶创造了有利条件。"光绪七年（1881）定约，允以嘉峪关为通商口岸，而往来兴盛。十年后，我国运往之茶，居全数三分之一"③，可见西北茶叶贸易的兴旺。

左宗棠创设的茶票制度深深地影响了西北茶务，直到民国时期还长期沿用。1931年到1937年国民政府仍发行茶票第13至21案。1913年发票最少，为506票，计茶20340担，第21案发票最多，为2300票，计茶92000担，1939年又发特票，计1165票，茶46600担④。1942年国民党将茶税列入统税中征收，至此，左宗棠创立的茶票制度才最终退出历史舞台。茶票制度实行了60余年，说明了它的强大生命力和深远影响，这一点是左宗棠没有想到的，也值得研究者重视。民国时期有人曾予以高度评价，称"左氏之制施行以来，乃挽回咸同年间西北茶销停滞之全局，亦即奠定60年来西北边销之基础"⑤。应该说这个评价比较

---

① 陶德臣：《清末新疆的伊塔茶务有限公司》，《安徽史学》1998年第3期。
② （俄）尼·维·鲍戈亚夫连斯基：《长城外的中国西部地区》，商务印书馆，1980年，第169～202页。
③ 赵尔巽：《清史稿》卷124，《食货志五·茶法》。
④ 陈椽：《茶业通史》，农业出版社1984年，第466页。
⑤ 《历代茶叶边易史略》，《边政公论》1942年第3卷第11期。

中肯，恰如其分①。

2. 推动通商，保护利权

在洋务派封建官僚当中，左宗棠对商业和商办企业的态度，要算是比较开明的了。当时，无论清政府还是顽固派，无论初期洋务派首领李鸿章，还是后期洋务派首领张之洞，都顽固地坚持"抑商"的传统教条。惟左宗棠与众不同，他一贯坚持中国历史上早期儒家"百姓足，君孰与不足"和"因民所利而利"的财政观点，提出"与民争利，不若教民兴利之为得"，使"民利仍还之民"的主张。"因民所利而利"的原则，实际上是左宗棠振兴西北经济的指导思想。他的西北农业经营的主张和实践，就是这一思想的体现。同样，这一思想，亦被他用于整顿西北的商业经济。他认为，西北"耕牧之外，利擅商贾"，政府的责任则在于疏导，使之畅通无阻。

左宗棠一直主张进行对外贸易，曾多次派人与俄方交涉，试图开辟西路通商，发展西北陆路的外贸业。俄国在1874年提出要修改1869年的《中俄陆路通商章程》，开辟新的贸易通道，攫取更多的贸易权益，准备打通茶叶"由楚达陇径抵其国边界"的通商路线。左宗棠对此十分关注。他说："俄人所需中国之货，茶为大宗，询其茶外尚需何物？答以川丝、大黄两种。询其入口之货，则绒毡、哈喇海龙、灰鼠皮之属。语以货高价贵，非民间日用所必需，行销难旺。伊答以本国地方出布甚佳，甲于洋布，可以多运。"左宗棠在了解了市场情况之后，主张逐步开展对俄贸易。他说："开办之初，则尤未可过于烦数，一则欲其入，不宜闭其门；一则此时操之太蹙，后必顾而之他，不夺不餍，翻滋论端。"对于西路运茶等项贸易，他当时认为，目前"用兵未遑及此，一俟边境肃清，当察酌情形，咨商总理衙门详议具奏"②。

---

① 参见陶德臣《左宗棠与西北茶务》（《安徽史学》2005年第1期）。
② 《左宗棠全集·奏稿》（卷六），第293页。

可是，俄国不顾一切，竟由地方官发执照让俄商到古城、巴里坤、哈密等处售买杂货。左宗棠对这种非法贸易坚决制止。他向俄国人索思诺夫斯基指出："未经彼此商定，奉有明文，即由贵国地方官发给执照，到古城、巴里坤、哈密等处售买杂货，事断难行。"希望"晓示贵国商民一律遵照，幸勿轻率，徒劳往返"。他还告诉张曜：俄国"欲趁此通商互市"，"如不候回信，即有俄商到哈、应予驱押出境"①。左宗棠在禁止俄商非法贸易时，仍积极准备货源，开展内外贸易，希图振兴西北经济，维护国家利权。

由于注重恢复和发展生产，改革赋税，推进贸易，出口增加较快。如新疆皮山蚕茧，至1906年岁产近7万斤，第二年增加了3倍，第三年增加5倍以上，因而1908年皮山土茧出口达32万多斤。"英、俄商人争相购买，茧价每斤由一钱五分涨至二钱三分。是年，皮山一邑共售银六万一千三百两有奇。"②另如喀什噶尔的棉花和土布的销售量亦大，"棉花在本境销行，每年约二十五六万斤，粗土布每年约销四五万疋。由陆路运往俄国，棉花每年销八万余斤，土布每年销十一二万疋。"③另如鄯善，"萄、棉两宗销行关内甘、凉与兰州、西安等处及俄罗斯，每岁约百万斤"④。

左宗棠为振兴甘肃的商贸经济，从改革茶法、发展蚕丝、推广植棉、开发毛织到推动出口贸易，作了不少的努力。这些项目中既有传统边贸商品，也有新开发的产品。由于当时西北战乱刚平，人口凋残，民困未苏，经济恢复尚需时日，加之西北地区深处内陆，致"开办通商一事，彼此均有利益。惟陆运极艰，非舟航便利可比，劳费多则成本重，销路滞则利息微，必然之势也"。因此左宗棠也深知，各种改革措施

---

① 《左宗棠全集·书信》（三），第8～9页。
② 《新疆图志》（卷28），第7页。
③ 《伽师县乡土志》，第7页，抄本。
④ 《鄯善县乡土志》，第10页，抄本。

"纵使有成，亦非十年以后不能睹其成效"①。况当时正值两次鸦片战争之后，中国国势日颓，外强侵凌日盛。新疆和西北的主要贸易国沙俄，本来没有什么有优势的商品与我竞争。沙俄要求与中国互市，左宗棠原以为"其来货不过哈喇、毡毯、哈萨布等物，中国可有可无，边方贫苦荒俭，久已朴陋相安，此等非所必需，行销必不能广。惟内地所产茶叶、大黄、丝棉、红花为彼所需"。"察看情形，彼以互市为利者，在销中国之货，于中国无损而有益。甘肃得厘税之入为创获，于瘠区不无小补。我以互市为利者，不能多销外国之货，其银多入于中国也。"②.但俄商并未按我方意愿经营，他们凭借靠近新疆的地利和不平等条约的保护，大肆攫夺商业特权，紧盯着新疆不放，甚至把由蒙古沿边贩运出境的茶叶又转贩新疆，夺去甘茶引地，在西北各地与我官、商进行不公平的竞争，损我主权和利权。对此，左宗棠及其后继者都进行了不懈的斗争。如左宗棠提出，俄商如未与我方协商定议而擅自到新疆一些地方经商，"应予驱押出境"③。在新疆各通商地区划定通市地域，"于各城通市之处设立贸易圈于城外，以处外国商旅，不令深入各城腹地私与本地商民贸易交接，流弊自少"。"惟开矿一事必当禁止，若任其租地开掘，则后患不可胜防。届时自当具奏请旨遵行，定为永例也。"④ 还要求禁绝俄国人向中国贩卖鸦片，"如俄国人持照前往内地，或到内地生理者，断不准贩卖洋药"。强烈要求"务将十五款洋烟一种立予芟除，不独华人诵德，即俄商亦可免折耗资本，另图别项利益"⑤。这些要求，由于清王朝的软弱都未能实行，致使俄国成为在中国陆路通商方面的最大利益的攫取者和占有者，使中华民族蒙受了极大的损失和屈辱。但左宗棠坚持搞活西北边贸经济的思想和坚决维护民族利权的态度，却给后世留

---

① 《左宗棠全集·书信》（卷三），第 478 页。
② 《左宗棠全集·书信》（卷三），第 204 页。
③ 《左宗棠全集·书信》（卷三），第 9 页。
④ 《左宗棠全集·书信》（卷三），第 464 页。
⑤ 《左宗棠全集·书信》（卷三），第 509～510 页。

下了十分深刻的印象，值得后人追忆和总结。

（四）理财税

左宗棠为了尽快恢复在战乱中遭受严重破坏的社会经济，增加财税收入，稳定甘肃政局，对包括田赋、盐务、茶务、厘金等在内的旧税制及甘肃币制推行了一系列的改革，其中的诸多创见很值得总结与研究。

1. 改革赋税的原因

西北地区自古贫苦，所以历代用兵西北，经营西北，主要靠东南一些富裕的省份协饷，才能承担数额庞大的费用。所谓协饷是一种间接的中央解款制度，是中央政府为调剂地区贫富和以应急需在省区之间进行的财政调拨方式。协饷制度在体现中央政府行政事权简约的同时，主要显现了中央财政集中和地区之间财政上的协作原则。中央政府主要凭借其权威临驾省区之间的资金调拨，至于省区之间的协拨数额则主要依据"酌时势之缓急，定协饷之多寡"①的原则，采取自凑和中央核定的办法确定。太平天国运动后，清王朝财政失调，财权失衡，调度不灵，左宗棠在西北转战十余载，始终为协饷不济所困扰，以至于"白发临边，百病丛生"。1875 年年底，各省关积欠协饷已高达 2740 余万两白银②，相当于 3 年的应协款额。对此，左宗棠曾多次指责一些协拨地区："一任函牍频催，率置不答"，同时也感叹这种仰面求人之难，"各省协饷有迟有速，有应有不应，有能汇兑不能汇兑，有宜用牍催，有宜用缄恳，

---

① 中国近代史资料丛刊，《回民起义》（四），第 198 页。
② 《左宗棠全集·奏稿》（卷六），第 376 页。

人地各殊，情事各异"。① 面对这种情况，不愿靠软缠硬磨讨协饷过日子的左宗棠，决定整顿甘肃赋税，就地自筹一部分经费，以解燃眉之急。他"自信索饷的本领不如人，筹饷的本领要比人强，所以少少博得诸葛亮之名"②。虽然西征主要靠协饷和西征借款作为经费来源，就地自筹经费所占比例很小，但这部分经费对于应急、调剂西征军的日常用度、经营西北，都有不可忽视的作用。而且，甘肃旧有的赋税征管，经过十余年的战乱，也已七零八落、凋残不堪，亟待整理与改革。

2. 赋税改革的内容与成绩

左宗棠在闽浙总督任上，"曾把浙江和福建两省的田赋整理了一下。现在要把他的经验，应用于西北了"。③

(1) 改革田赋

田赋是清王朝财政的主要收入，也是各省赋税的主要来源。赋税以田为准，自古依土地的肥瘠而定。但在甘肃，由于历史的原因，人为地造成不同名称与类别的田地和与之相应的名目繁多的税目。如甘肃"把田分做几种：一种叫做民田，就是一般老百姓所有和所种的；一种叫做屯田，就是兵丁所垦熟，已经升科的；一种叫做更名田，就是明代藩王的田，改归民户的。这是就一般情形而说。还有两种：一种叫做监牧地，就是宋代苑马监的牧场；一种叫做土司地，就是元代以后指拨土司的田亩。这都是由于历史的关系而产生的，所有田赋的等级便按照这个种类、分别轻重高下"。因此，在征收赋税时，"甘肃田赋的科则，不根据于自然的条件，而根据于人为的条件"④。由于存在上述种种弊端，"甘肃全年田赋总额战前只有四十万两，战后更只有二十七万两，在省

---

① 中国近代史资料丛刊，《回民起义》（四），第201页。
② 《左文襄公在西北》，第143页。
③ 《左文襄公在西北》，第144页。
④ 《左文襄公在西北》，第144页。

库总收入中，比重很轻"①。即使这样不合理的田赋制度，经过同治朝十三年的兵燹，也已"破坏不堪了。户口逃亡，田亩荒芜，契约散失，那里是民田，那里是屯田，那里是更名田，往往无从指证"②。加上富豪利用土地转买和各种册籍散失，借机豪夺巧取，造成赋税紊乱，负担极不合理。这不仅使社会怨恨极大，也影响了地方财政收入。鉴于此，1876年（光绪二年），左宗棠在甘肃拟订了改革赋税章程。

首先是清丈地亩。将各类田按地形土质好坏分等评级。所有土地分川地、原地和山地即上、中、下三等，每等又根据土质分为上、中、下三级。在三等九级之外，增最下下山地一级，总共有十级。

其次是整理赋税。按原来应承田赋总额，依据土地等级规定赋税的多少。如皋兰县的上上川地，也就是最好的地，每亩纳粮3升7合，其余两级再按5合的差额逐级递减，即上中川地每亩3升2合，上下川地每亩2升7合；中上原地每亩2升2合，其次二级按3合的差额递减；最差的即最下下山地每亩只纳粮2合。此外，每纳粮1石征银5钱2分。过去，民田征粮每亩高达8升以上，屯田每亩均在五六升之间。现在，最好的上上川地每亩也不过3升7合。因此，赋额较前减轻，而且合理。左宗棠的目标是："赋由地生，粮随户转；富者无抗匿之弊，贫者无代纳之虞。"③凡经过清丈的地亩，每户都填写两联账单，一联存案；另一联发给户主。从此以后，凡是民间田房交易，官厅处理田房词讼，都认这种账单为产权凭证；对于正式契约，反视为无足轻重之物。由此可见，左宗棠的清丈地亩工作，还是能取信于民的。

（2）整理盐政

食盐的营销是封建时代的一大利薮，历来为政府所垄断。甘肃的盐务相当的复杂，从产地来说："产于盐井的，有漳县的盐井镇，西和的

---

① 《左文襄公在西北》，第144页。
② 《左文襄公在西北》，第145页。
③ 《左文襄公在西北》，第145页。

盐关镇，前者叫做漳盐。产于盐池的，有灵州的花马大池、宁灵厅惠安堡的花马小池，高台的土盐池，镇番的蔡旗堡、苏武山、马莲泉、白土井、董家庄和小西沟，敦煌的小盐池、青盐池和巴儿湖。"再说盐的销路和税课："巩昌府、秦州和阶州三属，是盐井和盐关两处井盐的引地，按引征课，前者三千六百二十二引，每引一两一钱七分三厘五毫；后者一千六百二十六引，每引六钱五分五厘。平凉府、庆阳府、泾州、固原州、化平川厅和、宁夏府六属，是惠安堡和花马大池两处池盐的引地，也是按引征课，计六万七千四百四十引，每引二钱一分五厘五毫。兰州府属就食白墩子池等处的盐，没有什么引地，只酌征土盐税。西宁府、甘州府、凉州府、肃州府和安西州五属各食当地池盐，既没有什么引地，也不征什么课税。"① 各种盐纳税并无统一定章：有的在引地专卖时纳课，有的将引课摊入地丁银内征收，有的按药物征收厘税，或因时定课强征苛派。这种引盐无定量，引法无定章的状况，使盐户、商民和百姓均受其害。

　　针对上述弊端，左宗棠对甘肃盐务按原有情况采用了三种整理办法："原有引课的，改引为票，课厘并增，这是用他在浙江和福建的成规；原有土盐税的，改征厘金；原没有税的，开征土盐税。"② 同治末年，新改政策推行，改引为票、课厘并征的有：漳县盐井镇每斤收厘十三文；西和盐关镇每日煮盐一千三百斤，收厘十一串七百文，合每斤七文；花马大池每驼二百六十斤，收厘二串八十文；惠安堡每斗四十五斤，收厘四十文。前三处都是设局专征，后一处厘金局兼征。但各州县仍多把盐课摊入田赋。兰州府属土盐税，也于同治末年起停税征厘。甘、凉、肃三属于光绪元年起开征土盐税。这期间由于陇东出现了盐荒，盐价每斤涨到一百数十文，所以左宗棠专门修通了由固原到惠安堡的运盐之路。从同治十一年底到光绪六年底，左宗棠总共收"盐税和盐

---

① 《左文襄公在西北》，第 146～147 页。
② 《左文襄公在西北》，第 147 页。

厘六万零八百六十两。这个数目太渺小了。其原因是甘肃的盐只销本省，而甘肃的人口又少，平日销盐的数量既有限，课厘的收入也不能旺了"①。整理盐务收效并不显著。

（3）整顿茶课

关于西北茶叶贸易，前一节已从推进边贸发展的角度作了一些探讨，本节再从整理赋税的角度作些探究。由于西北茶叶的来源，除部分川茶外，大多来自湖南安化。左宗棠"早岁在安化陶澍家教了八年的书，那地方叫做小淹，恰是甘肃引商采购湖茶的中心。所以文襄公对于茶市情形，很是熟悉"②。于是，左宗棠经过了长期的研究，就有了后来的整理方案。前述各地的茶商将茶叶运到陕西泾阳以后，压制成块称为砖茶，销陕、甘、青、新和西藏、蒙古等地。每引 100 斤，另带损耗 14 斤，课税有正课 4 两，杂课 4 种计 1 两 4 钱 4 分。当时，每年销 28996 引，收税 128742 两多。"这在贫乏的甘肃，不失为一个优厚的税源。"③ 可是，"甘省茶务，自军兴以后，商民流离，茶引停销，悬课无着"④，亟待整理。

于是，左宗棠于 1872 年（同治十一年）初，拟订茶务试办章程，以清积弊。同治十二年另拟改革章程，提出"以票代引"办法。1874 年 4 月（同治十三年二月），左宗棠又向清政府提出《甘肃茶务久废请变通办理折》，指出："盐可改票，茶何不可？"主张"以票代引"。每票 50 引，即 5000 斤，另带损耗 70 斤。每引纳正课银 3 两，杂厘 1 两 4 钱，至多不过 2 两，每票即需课厘计 222 两。"凡商贩领票，均先令纳正课。"凡"陕甘商贩有票运茶过境，茶厘减纳十分之八，只抽两成"，余则由各省划抵积欠甘饷。为了保护甘茶销售，对"无票私茶"和课税

---

① 《左文襄公在西北》，第 147 页。

② 《左文襄公在西北》，第 149 页。

③ 《左文襄公在西北》，第 148 页。

④ 《左宗棠全集·札件》，第 542 页。

较轻的山西茶商入境，令其补领官票，"缴纳正课"，"照章完厘"①。甘肃官茶运销新疆，每票加征厘金 20 两，课税 100 两。因此，新疆官茶每票要 363 两。

左宗棠改革甘肃茶务，改引为票，原来只有 2000 多引，改票后发票 835 票，每票 50 引，即有 4 万多引，税收达 233400 多两。改引为票虽极大地促进了西北茶叶贸易的繁荣，使茶课不断增加，但有些票经过 10 年仍有 110 多票未能销完，原因何在呢？据左宗棠在 1877 年（光绪三年）说："陕甘茶政，其废弛之故，由于私贩充斥，官引滞销。而归化城之私贩则由蒙古假道俄边行销新疆，尽夺甘商引地。"私贩能行销，除假道俄边外，还在于"晋商成本轻，销售易，故获利独厚，无怪官茶运行口外钝滞异常"。左宗棠未从私贩成本轻，在市场上有竞争力出发，改革官茶成本重的问题，而是想以"具折切实陈之"的行政力量"禁之"②。可见他没有从商品经济规则出发设法解决官茶在市场上的竞争能力问题。

（4）增设厘金

厘金是太平天国时期的产物。由钱江（字东平，浙江归安人）创议，始行于扬州仙女庙。钱江曾把这个建议向洪秀全条陈，未被采纳。清朝副都御史雷以諴采用以后，遂成为清军进攻洪秀全饷糈所依靠的最大税源。湖南仿办厘金最早，成绩也最好，这是左宗棠在巡抚骆秉章幕府中一手策划的。此后，左宗棠无论做闽浙总督，做陕甘总督，都根据他在湖南的经验，把整理厘金作为补充军饷的一个重要途径。

甘肃很早就开征厘金，不过收入不旺。据杨岳斌报告："兰州省城也不过每月数千两，随收随用去。秦州虽较旺，然除去驻军开支，维持厘局费用本身还不够。"③ 为此，左宗棠在甘肃增设了一些厘金局。如

---

① 《左宗棠全集·奏稿》（卷六），第 4~14 页。
② 《左宗棠全集·书信》（三），第 224~225 页。
③ 《左文襄公在西北》，第 151 页。

先在秦州设陇南税厘总局，以后随着军事的进展，每占领一地，就开征或加征该地厘金。大致每府或直隶厅州治所，均设一厘局，其余所属地方设立关卡。例如宁夏府设一厘局，其下设有中卫、惠安堡、花马池、石咀山、横城堡、吴忠堡等卡，后来又在省城兰州设置全省税厘总局。另外在产盐中心或运盐要道专设厘局，征收盐厘。

甘肃初征厘金时（1866 年），每月收银不过一二千两，此后大大增加，仅 1870 年至 1881 年的 11 年中，就收厘金 906572 两。连盐厘在内，每年要收八九万两，比以前增加数倍之多。厘局最多时，省内局卡林立，层层征收，往往一货数次完纳厘金后，犹苛索不已，致使本地小本商贾不堪忍受。秦安的商人曾为此举行罢市，要求停征。阶州的商人也有过类似的反抗活动。可见厘税之设，实有无穷流弊。

（5）举借外债

举借外债是左宗棠挽救甘肃财政危机的重要措施之一。洋务派官僚都认为举借外债是一条"锦囊妙计"。早在 1865 年，当左宗棠还在闽浙总督任内时，就曾向福州外商借银三十六万两。左宗棠来陇后，由于西征与经营西北所急需，他不得不忍受诸多苛刻条件，先后举借外债达六次之多。

第一次向英商汇丰银行和怡和洋行借款 120 万两，自 1867 年 7 月至 12 月，限期半年，月息一分二厘。

第二次向英商借款 100 万两，自 1868 年 4 月至 12 月，限期半年，月息一分二厘。

第三次向怡和洋行、丽如银行借款 300 万两，自 1875 年 4 月至 1878 年 4 月，限期三年，年息一分零五毫，每半年还本付息一次。

第四次向汇丰银行借款 500 万两，自 1877 年至 1883 年，限期七年，月息一分二厘五毫[①]，每年还本付息一次。

---

① 其中二厘五毫系作为给德商泰来洋行中介人的酬金。

第五次向华商组成的乾泰公司①和英商汇丰银行借款 350 万两（双方各借 175 万两，即外债只 175 万），自 1879 年至 1884 年，限期六年，月息一分二厘五毫，每半年还本付息一次。以上五次借款，"统共一千一百九十五万两。"②

第六次向英商汇丰银行借款 400 万两，自 1881 年至 1887 年，年息九厘七毫五丝，前两年每半年只付息一次，第三年起每半年还本付息一次。这次借款时左宗棠已奉诏在京，因清政府答应拨给甘肃、新疆的每年五百万两的协饷没有着落，继任左宗棠的杨昌浚和刘锦棠不禁发愁，左宗棠不忍坐视，遂接洽了这一笔外债。以上六次外债，本金达 1595 万库平银两，成为近代第一次举债高潮期③。

（6）举办捐输

捐输是中国历代封建政府以卖官鬻爵为内容而形成的一种筹资、捐款方式。清代咸丰以后，为了筹措军饷，捐输更为盛行，名目越出越奇，捐输款额越贬越低。一般富家子弟，为了显赫门楣，光宗耀祖，也竞相捐纳，趋之若鹜。办理捐输的委员则相与结托，到处兜售。于是官吏更加腐败昏聩，贪污现象更是骇人听闻。左宗棠对"捐输"非常重视，他一到甘肃，就着手整理，视为生财之道。甘肃交通不便，文化落后，为了广泛招徕，捐输曾一再减价。后要筹集军粮，捐银改为捐粮，继而又扩大到外省。当时，在西安设有甘捐总局，在秦州设立陇南分局。此外，又在福建、浙江、山西、河南、湖北、湖南、山东等省广设分局，委托各省捐局和布政使代办。省内省外，自办托办共有 35 处，形成了一个规模庞大的"捐输网"。

捐输定价是：知县 1200 百两，通判 700 余两……。一时商人地主子弟，纷纷跻身仕途，谋得一官半职。那些利禄熏心者，甚至组织所谓

---

① 乾泰公司是左宗棠命买办胡光墉在上海仿照西方联合股份公司组成的。
② 《左文襄公在西北》，第 156 页。
③ 马陵合：《试析左宗棠西征借款与协饷的关系》，《历史档案》1997 年第 1 期。

"股份公司"，由两人合捐一知县，约定将来到任后，官册无名者，则经管地丁钱粮。这样一来，僧多粥少，宦途拥挤不堪，有的为了找到一个差使，采取"内线进攻"，令内眷入藩署进行活动，奇闻丑事，四处流传，官场上的黑暗龌龊，不堪言状。怪不得秦翰才说捐输是我国"数千年文明史上的一大污点"①。

甘肃的捐输从1869年（同治八年）6月开办，至1875年6月止。其中，直接办理部分所获捐输款7418907两，委托办理部分合银1309847两。这一笔款项在左宗棠的军费收入项下，约占9.4%。从近期来看，捐输解决了部分军费之急需，缓和了财政危机，又满足了一些士人争名求利的欲望，笼络了人心，暂时挽救了封建统治的危机。但从长远看，它大大加深了封建统治的腐朽，也大大加深了社会矛盾，是真正的"饮鸩止渴"之举。

（7）整理币制

左宗棠为了恢复市面活力，还整理过甘肃的币制。咸同年间，甘肃地方官员曾在省内先后自铸当千和当五百紫铜大钱，后来还加铸铁钱，发行钱钞，致使市面制钱消失，钞价大跌，引起了物价大涨，民生大困的局面。

同治十二年，左宗棠准备专门款项以收回钱钞。按当时市价，"以制钱六文抵钞一串。部钞部分，除官钱局呈缴四十万七千四百八十八串，又破烂无着五十七万七千五百三十三串外，实收回一万四千九百七十九串；司钞部分，除官钱局呈缴三十三万九千三百三十二串，又破烂无着者十八万三千六百四十四串五百文外，实收回八百三十七万七千零二十三串五百文。计付实银一万三千九百六十四两六钱，制钱二万九千四百零五串一百十五文。这件事安排在省城各地点同时办理，隔五天就办了，商民大欢，省城市面始有起色"②。

———————————

① 《左文襄公在西北》，第152页。
② 《左文襄公在西北》，第157页。

　　左宗棠以善于理财自许，通过上面的论述可以看到，为了筹集足够的经费，左宗棠想尽了办法，从改革田赋、整理盐务、改茶引为票、增设厘金、整顿币制，到迫不得已举借外债，甚而至于通过卖官鬻爵搞捐输，目的都是为了增加收入以填补协饷之不足，为经营西北服务。但是，由于甘肃太贫困，经济太落后，导致他整理地方财税的努力，收效不很显著。仅以 1874—1877 年左宗棠西征款项的总收入为例（见下表），各种杂税（包括捐输）收入，在总收入中不到 10%。而协饷几乎占总收入的一半。至于洋款和商款都是为填补协饷的缺额而筹借的，最终仍将由协饷划还。这样协饷实际上在总入款中所占的比例就接近80%，这充分反映了"以东南之协饷，赡西北之甲兵"的事实。洋款和商款合计超过 30%，几乎占总收入的三分之一，也显示了这两笔入款的重要意义。而这些借款完全是由左宗棠自己想方设法筹集的。可见有些史家说左宗棠在军饷问题上"孤军奋斗"，不是没有根据的。对于左宗棠为用兵西北而举借外债，历来褒贬不同，其中功过是非虽难遽定，但仅从举债为维护国家主权、巩固西北边防而言，其爱国之心是显而易见的。他整理甘肃财税的工作也不应因成效太微而被忽视。

　　附：　　　　　　**收入情况表（1874—1877 年）**[①]

项目	协饷	洋款	商款	部款	捐款	其他各类	总计
数额	2049 万	800 万	560 万	450 万	167 万	245 万	4271 万
百分比	48%	18.7%	13.1%	10.5%	3.9%	5.7%	100%

---

① 据《左宗棠全集·奏稿》卷 54、卷 55 两次《遵旨报销折》综计。

九、左宗棠与甘肃文教事业的兴办

　　西北本来是中华文化的发源地之一，但是历经数千年的风雨沧桑，政治经济中心东移，陕甘等省大部分地区却成了文化最落后的边地了。要想国家富强，就必须要提高人的素质、培养大量人才、兴办文化教育事业，这是做过塾师的左宗棠多年来一贯的认识。早在任闽浙总督时，左宗棠就提出了"敬教劝学，卫国于以中兴"的口号①，视教育为国家由贫弱而富强的根本。他一直关注西北问题，早年在两江总督陶澍家中执教时就搜集了大量的西北边疆问题的各方面资料，并和曾充军伊犁的林则徐成为忘年交。他非常清醒地认识到，西北地区地域辽阔，少数民族杂处，各地语言、文字、习俗差异较大，中原汉族的相对先进文化没得到广泛传播，读书识字的人很少，文化落后，人才缺乏，再加上当时的社会动荡不安，使西北地区的经济文化处于极其凋敝落后的境地。到甘肃以后，他亲身触及到西北文化落后、读书人少、人才缺乏的严峻现状，深切感到，在西北边疆面临严重危机、强邻窥伺、民族杂处、少数民族人口多的情况下，"若读书人日渐减少，势不尽沦为戎狄不止也"，认为在西北大兴科举，"因科目而兴教劝学，则较他省为尤亟"②。于是提出了"关陇要事，读书为急"③的观点，呼吁各地官员，"所至均以

① 《左宗棠全集·札件》，第580页。
② 《左宗棠全集·书信》（卷二），第384页。
③ 《左宗棠全集·书信》（卷二），第355页。

兴教劝学为急"①，重点办好西北文教事业，开发西北人民的智力，为传统的封建教育补课，以达到"经正民兴，人才从此出，风俗亦从此厚矣"的目的②。为此，他上任伊始，就采取了一系列行之有效的振兴措施，力图改变甘肃与西北教育落后的状况。

（一）倡办义学

左宗棠到甘肃以后，要求各府厅州县，兴办义学。据载，西征军"师行所至，饬设汉、回义塾，分司训课"③。他本人也于同治八年（1869 年）在崇信设义学一处，以后各地方一律开始兴办义学。各县创办的义学，除个别偏僻的穷县只有三四所以外，普遍的都有七八所到十多所，多的达几十所。如秦州就达 54 所，而西宁陆续设置的义塾达 120 多处④。这些义塾都是由官府筹措经费，聘请教师，免费发给学生书籍、笔墨，甚至提供生活费。如"两当知县萧良庆，于同治十二年亲捐廉、集资，以设义学，奖蒙童。诸如此类，足见当时学风很浓厚"⑤。

对于回民子弟的教育问题，左宗棠极为重视，以为在西北人口中少数民族人数较多，"便嘱各善后局、各防营，广设义学招收回民子弟。先用《千字文》、《百家姓》、《三字经》等，教他们识字；并用楷书仿格，教他们写字"⑥。认为欲"化回、汉之见，则义学不可不

---

① 《左宗棠全集·书信》（卷二），第 467 页。
② 《左宗棠全集·札件》，第 256 页。
③ 《左宗棠全集·奏稿》（卷五），第 561 页。
④ 《左文襄公在西北》，第 206～207 页。
⑤ 《左文襄公在西北》，第 208 页。
⑥ 《左文襄公在西北》，第 208 页。

设"①。为了使回民子弟学习文化，同治十三年，命总兵凌春召在河州三甲集设回民义学三处，命知县董仁治在大通设义学十三处，其中一部分是回民义学，命知府龙锡庆在西宁设义学二处，乡义学二十二处，乡义学中一部分为回民义学②。光绪元年（1875 年），左宗棠又"拨（兰州）北山荒绝田 775 亩，收租供各官学经费。于是有四个义学重新修建，就是正德、序贤、养正和存诚，后面两所专收回民子弟"③。光绪六年（1880 年），左宗棠命知县英麟在平远设义学五处，其中一部分为回民义学，令海城知县建义学六处，其中一部分为回民义学④。嵩武军统领张曜于同治十一年（1872 年），驻防宁夏期间，在回族聚居的村落，普遍设立义塾⑤。

上述回民义学，多为新创设，原有恢复的，仅是很少一部分。前述统计亦不完全，据记载，其他如平凉、秦安、清水、安定、狄道、巴燕戎格等地，均设有回民义学。

各地义学除教授四书、五经、孝经等法定课本外，根据左宗棠的提议，又增加了《小学集注》、《吾学录》和《圣谕广训》三种。

为了吸引回族子弟读书，左宗棠采用了不少奖励办法。化平川设立的十二处回民义学，书籍、笔墨、伙食均由官府免费支付。河州、贵德、大通、海城、平远等地的回民义学，也均有一定的补贴，予以特别关照。尽管左宗棠为举办回民教育不遗余力，但成效并不大。究其原因，一是各级地方官吏的重视不够，回民义学大都没有固定的收入，而且设备也简陋。像兰州府这样的地方，办起的回民义学也不过是一座凉棚而已，其他的地方可想而知。二是当时回族群众大都经历迁徙、被掠，财产损失殆尽，生活无着落，子弟们上学读书并非急

① 《左宗棠全集·札件》，第 392 页。
② 《左文襄公在西北》，第 207 页。
③ 《左文襄公在西北》，第 206 页。
④ 《左文襄公在西北》，第 207 页。
⑤ 《左文襄公在西北》，第 208 页。

务。三是由于回族群众对这种同化教育的抵制。由于以上三种原因，当时回族子弟仍"以诵经为急务，以读书为当差"，义学"从者殊寡"①。

尽管办义学面临重重困难，左宗棠在陕甘总督任期内，甘肃各地新办的义学，可以统计的计有兰州 16 处，狄道 4 处，河州 3 处，平凉 9 处，平远 5 处，海城 6 处，化平川 12 处，崇信 2 处，秦州 54 处，秦安 16 处，徽县 8 处，两当 2 处，加上青海、宁夏、新疆兴办的其他义塾，共有 300 多处，其中有回民义学 57 处②。这在一定程度上促进了甘肃各地文教事业的发展。

（二）兴建书院

左宗棠对文武官吏和士民子弟的求学问题也很重视，倡导修复和兴办了一些书院。书院是近代学校出现以前所在地的最高学府，是科举考试的学习场所。从同治八年（1869 年）至光绪六年（1880 年），在甘肃新修的书院有：

书院名称	所在地	制办年代	制办人
尊经书院	庄浪	1869 年（同治八年）	隆德县丞王季寅
文明书院	岷州	1871 年（同治十年）	同知吴恕
襄武书院	陇西	1872 年（同治十一年）	知县吴本烈
钟灵书院	宁灵	1873 年（同治十二年）	同知赵承隽
金山书院	洪水堡	1873 年（同治十二年）	山丹士人张廷赞

---

① 《甘宁青史略》，卷 23。
② 《左文襄公在西北》，第 206～208 页。

续表

书院名称	所在地	制办年代	制办人
归儒书院	化平川，特为回民所设	1874 年（同治十三年）	提督喻胜荣
河阴书院	贵德	1874 年（同治十三年）	西宁府知府龙锡庆
南华书院	甘州	1874 年（同治十三年）	甘州士人给左宗棠建生祠。左不许，因改为书院。
陇南书院	秦州	1875 年（光绪元年）	巩秦阶道董文焕
文社书院	镇番	1875 年（光绪元年）	知县钱崇基
庆兴书院	董志原	1876 年（光绪二年）	安化县丞
五峰书院	西宁	1876 年（光绪二年）	西宁办事大臣豫师等
湟中书院	西宁	1876 年（光绪二年）	旧礼拜寺改建，原为左宗棠设立生祠，被阻止
鹤峰学舍	三岔镇		秦州州判薛佩兰
凤池书院	惠安堡		盐捕通判喻长铭

（本表根据《左文襄公在西北》第 203～206 页资料整理）

特别需要一提的是，同治十二年十一月，左宗棠令在回族聚居的化平厅修建书院。当有人以"初开草昧，安用诗书，况在花门，识字者少"为由加以拒绝时，他便大加斥责，并以通过学习汉文化而知名的丁鹤年、马文升为例，启发这些目光短浅的官僚，表明自己的苦心。书院建成后，左宗棠题名"归儒"。他对此事的办理十分得意，曾令其幕僚施补华专文记录①。

此外，左宗棠还令部属在甘肃各地修复了许多旧有的书院。从 1869 年到 1881 年甘肃地区先后修复的书院有：

---

① 《左文襄公在西北》，第 204 页。

书院名称	所在地	重建年代	重建者
仰止书院	东乐	1871 年（同治十年）	士人张文美等
银川书院	宁夏	1871 年（同治十年）	知府李藻
河阳书院	静宁	1872 年（同治十一年）	知州余泽春
鹑觚书院	灵台	1873 年（同治十二年）	知县彭光栋
崇山书院	大通	1873 年（同治十二年）	知县黄仁治
洮阳书院	狄道	1874 年（同治十三年）	知州喻光容
蓼泉书院	抚彝	1874 年（同治十三年）	通判孙承弼
育英书院	安定	1875 年（光绪元年）	提督刘端晚
灵文书院	灵州	1876 年（光绪二年）	知县孙承晚
又新书院	平罗	1877 年（光绪三年）	知县孙维孜
凤鸣书院	崇信	1878 年（光绪四年）	训导孙寿山等
鸣沙书院	敦煌	1880 年（光绪六年）	知县苏俊吉
陇州书院	秦安		知县程履丰
正明书院	阶州		知州文治

（根据《左文襄公在西北》第 203～206 页资料整理，以上二表反映的只是个大概情况，不是完整的资料。）

此外，对原有书院加以修整的还有兰州的五泉书院，漳县的武阳书院，洮州的洮滨书院，平凉的柳湖书院等。其中"魏光焘兴修平凉的柳湖书院，最为宏大。文襄公于入京时路过视察，称为'规模宏敞，间架整齐，新植佳树成林，尤称胜境'。"①

上述资料虽然不够完整，但在一定程度上可以说明 19 世纪 60 年代至 90 年代，是西北地区书院的发展和复兴时期。后来晚清兴办新学，当年左宗棠开办的书院都顺理成章地改为新学堂。一般省属书院就改为师范学堂，府属书院就改为中学堂，县属书院就改为小学堂。

---

① 《左文襄公在西北》，第 209 页。

兴办书院的经费：一是发动地方官员、义士捐款，二是各地方财政划拨。许多地方还由官方出资聘请教师。左宗棠本人也多次带头向各地书院、院生和考生捐款，对学生也采取奖优罚劣的办法促进其学习。同治九年，正是进攻金积堡战事最激烈的时候，左宗棠就关心当时的甘肃最高学府——兰山书院的生存与发展，在百忙中叮嘱甘肃布政使崇保代筹书院师生的日常生活费。并规定：书院招正式学生40名，每名每月生活费3两；附生50名，每名每月补助生活费1.5两。每年需银2000多两，都由左宗棠用年薪捐助，或在公款中酌拨。他还亲自阅读崇保带来的兰山书院学生的书信，认为"文理尚可，殊为欣然"。还在给崇保的批札中给学子们传授自己的学习经验，指出在学习上无"奇书可借，惟就四书、五经及传注，昼夕潜心咀嚼，便一生受用不尽"①。在收复新疆时，左宗棠驻扎在肃州，指挥大军西征，他常抽暇到肃州的酒泉书院，和师生讨论学问，并捐助膏火。在那兵荒马乱的年代，人们求生求食尚且兼顾不及，更遑论求学了。但在左氏的鼓励和支持下，各地方秩序一经恢复，都掀起了兴教劝学的热潮。这对迅速恢复和促进当地社会经济的发展，起了很重要的作用。

（三）分闱乡试

左宗棠以"兴教劝学"为己任，在对传统教育的改革中，奏请陕甘乡试分闱，可以算是其振兴甘肃教育的一项重大的举措。甘肃自1663年从陕西划出建省以后，在二百一十多年内与陕西合闱举行乡试，闱所设在西安。甘肃生员赴陕应试最近也有七八百里，受尽跋涉之苦，所费不资，能抵陕完试者在有资格参加乡试的士子中最多只有十分之二三。

---

① 《左宗棠全集·札件》，第224页。

因此，左宗棠力主甘肃乡试分闱和分设学政。他在奏稿中写道："边塞路程悠远，又兼惊沙乱石，足碍驰驱，较中原行路之难，奚翅倍蓰！"①士人赴陕西应试，非月余两月之久不达。所需车驮雇价，饮食刍秣诸费、旅费、卷费，少者数十金，多者百数十金；其赴乡试，大概于东南各省举人赴会试劳费相等。"故诸生附府厅州县学籍后，竟有毕生不能赴乡试者，穷经皓首，一试无缘，良可慨矣！"这就严重限制了甘肃各地的士子参加乡试，因而严重阻碍了他们通过科举考试而进入政界的道路。因此，他主张仿湖广、云贵等省分闱取中的办法，将陕甘乡试也予以分闱，"俾边徼寒微得照各省一律就近应试，则投戈讲艺，士气奋兴，文治之隆，可计日而待也"②。他奏请将甘肃乡试每科名额定为40名，经部议驳，只准30名。及至光绪二年乡试，经左宗棠再次奏请，始准再加10名。从此每科乡试，甘肃可以产生40名举人，还可以另加满族士子3名。这对于当时甘肃士子的确是一个巨大的鼓舞，极大地调动了他们发奋求学的积极性。

1875年，适值新皇帝登基，清廷令各省举行纪元恩科乡试，决定甘肃乡试分闱，独自筹办。恰在这一年，左宗棠授命督办新疆军务，又得到清廷同意甘肃乡试分闱的喜讯，他身兼陕甘总督，自然有照例入闱监临之责。他说："现奉谕旨督办新疆军务，应预筹出关驻节。……甘肃分闱已定，数千年旷举，足慰士心，兰山书院肄业者多至四五百人，各郡县亦多闻风兴起，或者自此人文日盛亦未可知。"③ 于是，左宗棠亲自督率官员择定在兰州袖川门外修建贡院。贡院建成，规模宏大，可同时容纳4000多人参加考试，在当时全国各省贡院中，也是数一数二的，统共花费了50万两白银。他为兰州贡院还题写了楹联：

共赏万余卷奇文 远撷紫芝 近搴朱草

---

① 《左宗棠全集·奏稿》（卷五），第559～560页。
② 《左宗棠全集·奏稿》（卷五），第559～560页。
③ 《左宗棠全集·家书·诗文》，第194页。

重寻五十年旧事　一攀丹桂　三趁黄槐

甘肃考生在此举行了分闱后的第一次乡试。参加考试者达 3000 余人，较以往赴陕人数多出数倍。这次乡试的第一名解元，恰是左氏所赏识的兰山书院的高才生安维峻。左宗棠曾记述说："榜首安生，文行均美，闻其先世贫苦嗜学，为乡邦所重，意其报在此。……若此生得元，亦不负此举。"结果正是安维峻考中解元，使左宗棠"觉度陇以来，无此兴致也"①。安维峻也不负左氏厚望，中举后又考中进士，为官期间以敢于上奏言事而名噪一时，后来担任过京师大学堂总教习，成为一名有用的人才。这次考试场面十分隆重庄严，但左宗棠也凄然看到，不少参考士子，衣衫褴褛，形同乞丐，而调查他们的川资，则多是由地方官赞助的。第三次乡试时，他在肃州对安西州去的 19 名考生，肃州去的 43 名考生，从个人的薪俸中资助他们每人八两白银，至于乡试后中举的举人去北京参加会试，左宗棠也酌赠津贴，或每次每人二十两，或每次每人三十两②。这种捐廉助学的义举，在西北传为佳话。在每年的乡试中，左宗棠也注意优待回族考生。光绪元年，陕甘乡试分开，但在一、二试时，回民士子竟无一人考中，左宗棠认为这很不利于回民教育的开展，因而奏准清廷，把回民士子分两科，一科仍与汉民合试，一科另用"良"字编号，必取中一名，这样每间一科，必有一名回民士子考中。这样，也使回民士子能看到前途与希望。这些举动给西北各省学子以极大的鼓励，使西北各省人文渐盛。

1876 年，甘肃分派了学政，主持甘肃的教育事业与科举考试。此前，陕甘学政每三年才到甘肃一次，各州府的岁试和科试都是合并举行的。现在甘肃分设学政，除阶州、肃州与安西仍岁科并试外，其余兰州府、巩昌府、平凉府、庆阳府、凉州府、甘州府、宁夏府、西宁府、秦州、泾州、固原州，都实行岁试了。对于乡试分闱和分设学政这样的造

---

① 《左宗棠全集·书信》（卷二），第 574 页。
② 《左文襄公在西北》，第 213 页。

福甘肃人民的大事，在以前二百年中，竟然没有一个甘肃巡抚或陕甘总督想到。对此，秦翰才不禁感慨地说："光从这一点看，就知道他们对于边方政事，没有放在心上。于是文襄公的举措，格外值得人们重视了！"① 正好道出了甘肃人民的心声。这也说明左宗棠对甘肃的建设，是着眼于将来的、造福于西北人民的开发式建设，他所采取的措施，是中国近代开发西北的首次成功尝试。左宗棠分闱乡试的改革，在当时科举制度的没落阶段，已不符合整个时代的潮流，但在人才缺乏、经济文化落后的甘肃和西北仍不失为一项有积极意义的开发措施。

此外，左宗棠还选育技工，为创办的企业服务。左宗棠在西北兴办了第一批洋务企业，首次推行洋务教育。左宗棠在振兴西北教育时，也把办工厂与办学校相结合的办法带到了西北，在边远落后的西北内地，首次推行洋务之学。在筹办兰州织呢局时，他就指示部下从陕甘士兵中选拔"赋性灵敏，堪资学习者"入局，以达到培养"将来必有可用之才的"目的，"将来有成，尤为此邦师匠所自出，不但数世之利也"②。但是，他在西北推行西学的事例很少，这与前面所述西北的特殊情况有关。各地义学、书院虽设，儒教、义理虽行，但基础并不牢固，当然不能大规模推行西学。他说："察看狄道民风，虽不乏读书明理之人，而地杂回番，泯棼已久，一时望其丕变，复我华风，殊非易易。惟礼仪廉耻数字则必须先与讲明，俾革其旧染之污，得免刑戮，亦云幸矣。"③ 更不敢多有奢望。洋务之学是挑选士兵学习，且不是在士子中传播，很类似于现在的职业技术教育。而且，兰州织呢局经营不到两年就关闭了，洋务之学的传播也便在西北停顿下来了。

左宗棠在西北兴办教育，主要在甘肃和新疆两地。他虽然倡导在甘肃各地广办义学，但他显然把振兴甘肃教育的重点放在以兴办书院、分

① 《左文襄公在西北》，第215页。
② 《左宗棠全集·札件》，第468页。
③ 《左宗棠全集·札件》，第393页。

闱乡试为内容的开科取士、培养封建人才方面。在新疆则是以广办义学为重点，并未强调兴办书院，而像陕甘分闱这样的影响西北的大事件，对新疆的影响不大。这主要是由于新疆民族众多，语言文字不同，以至于造成官民之间沟通困难，政令难于推行。因此在新疆兴办教育，首先需解决各族人民与汉族文字语言不通的问题，而这不是一天两天就能做到的。左宗棠主张通过兴办义学加以解决。对此，他在 1878 年写的《复陈新疆情形折》中说："官与民语言不通，文字不晓，全恃通事居间传述，颠倒混淆，时所不免。"因此，他提出在新疆"广置义塾"，发展民族教育，并认为新疆"长治久安之效，实基于此"①。光绪六年（1880 年），左宗棠在《办理新疆善后事宜折》中又说，"新疆勘定已久，而汉、回彼此扞格不入，官民隔阂，政令难施。一切条教，均借回目宣传，壅蔽特甚"，要改变这种状况，"非分建义塾，令回童读书识字，通晓语言不可"②。而普及基础教育，无疑是解决这一问题的最有效的途径。就课程设置而言，甘肃的"义塾"除主要学习"四书"、"五经"、"孝经"等法定课本外，根据左宗棠的提议又增加了《小学集注》、《吾学录》和《圣谕广训》等，而新疆的"义塾"却侧重于讲授《百家姓》、《三字经》、《千字文》等启蒙课本。显然，前者重在加强封建伦理教育，后者则着眼于让新疆各兄弟民族青少年认识一些汉字，以利"官民相通"。可见，左宗棠致力于振兴西北教育，在具体实施过程中，又因时制宜、因地制宜，对甘肃和新疆采取了不同的政策，突出了地域特点，值得一述。

总之，左宗棠在甘肃推行的"兴教劝学"和振兴教育的各项活动和措施对传播儒家文化，推进民族地区的经济社会发展，振兴西北地区的文化教育事业起了积极的促进作用。据载："曾不数年，边徼汉民敦崇儒术，诵习《六经》，回、藏、蒙人亦争延师课读儒书。沟通民族文学，

---

① 《左宗棠全集·奏稿》（卷七），第 194 页。
② 《左宗棠全集·奏稿》（卷七），第 519 页。

提高民间文化，至今考之，其效益盖可睹矣。"他所推行的这些教育措施对加强民族团结也是有一定成效的。由于广兴义塾、兴办书院，在甘肃各地尤其是民族聚居区"增训导，添学额"，使回、汉子弟"同棚合试"，融洽相处，从而形成了"汉、回相安"①、民族团结、共同发展的新气象。尽管左宗棠举办的是旧式师塾和书院，传播的是带有浓厚封建礼教色彩的儒家学说，重点并不是代表当时先进潮流的洋务教育，传播的也并不是近代的科学文化知识。但他如此热忱地振兴西北的传统文化教育事业和开发西北民智的做法，仍对西北经济、文化、社会的发展起到了不可估量的促进作用，应予充分的肯定。

（四）刊刻图书

书籍是人类传承文明的工具，是社会进步的阶梯。历史上有远见的政治家都很重视向落后地区传播进步文化与先进的生产技术。左宗棠对甘肃的图书刊印与发行事业，进行了一些颇有成效开发，为繁荣西北文化图书事业作出了贡献。

1. 刊刻书籍的原因

（1）为了改善甘肃图书刊发的落后现状。甘肃士子所诵读的书籍，大都是书贩从成都和武汉两地贩运而来。兵燹之后，这种买卖无人去做，书源枯竭，而且所用书籍采用的都是民间俗本，往往错误百出，以讹传讹，使人难以卒读。左宗棠看到这种情况后，决定刊刻书籍，自备书源，提高刻印质量，以改善西北图书刊发业的落后局面。

---

① 李维成，《左季高与西北》，见《左宗棠研究论文集》，岳麓书社，1986 年，第 365～369 页。

（2）甘肃学校教育发展的必然要求。在左宗棠的号召下，自同治八年（1896 年）起，各地兴办了大量的由政府支助的作为初级教育机构的义塾，还新办和修复了大量的作为中级教育实体的书院。义塾和书院的发展，需要大量的传统蒙学书籍和儒家经典作为学生教册。而甘肃学生所见到的书籍不仅数量极少，且"写的是错字，圈的是破句，实在要不得"①。这便促使左宗棠重视书籍的刊发。他要以大量精刻、准确的书本作为学生用书，进而提高教学质量。

（3）恢复甘肃社会秩序、加强思想道德建设、增强民族团结的需要。左宗棠认为，西北教育不兴，思想文化落后的原因是各少数民族同胞与汉族语言文字不通，没有受到儒家思想的教化。他在一篇序言中总结说，自己"入关度陇，经理新疆，驻节边塞，日见蚩蚩之氓失教已久。习俗相沿，不知大经大法为何事。马牛襟裾，深用骇惧。诚不料含形负气之俦，泯梦瞀乱，至于此极。盖新疆得之准回，而河湟、月氏、伊吾、火州诸地，载籍以来皆等诸要荒，未遑治理，军府虽设，文治阙如。而谓民不兴行，岂其然乎！戎事甫毕，圣化维新。读法而外，学礼宜急。爰检《吾学录》所订婚礼、祭礼、丧礼，列为上下卷，颁行各塾，俾为新民，共沾圣泽，自此异域，渐染华风。意者化民成俗，古治之效不难复见也"②。为此，左宗棠刊刻了包括前述《吾学录》在内的大量介绍儒家伦理道德的书籍，传布各地。以统一边民的思想、增加对中国文化礼教的认同感，最终达到促进民族团结、实现西北边疆长治久安的目标。

2. 刊发书籍的成效

（1）刊刻书籍的办法

左宗棠为了给甘肃刊刻书籍，设立了专门的机构，想了不少办法。

---

① 《左文襄公在西北》，第 209 页。
② 《左宗棠全集·家书·诗文》，第 260～261 页。

第一，设立刻书局。最早为西北刊刻书籍的机构设在汉口，叫崇文书局，归西征后路粮台经管。在西安设立的刻书机构叫关中书院，归西征总粮台经管。两地使用的工匠，主要是湖北的刻工①。两地的刻书费用，都由左宗棠的廉俸支出，没有使用公款。

新疆收复时，又在迪化开设书局，刻印供给回民子弟读诵的书，"这个书局的寿命相当长，直到光绪晚年才裁撤"②。此外，西宁知府龙锡庆曾在西宁设立尊经书局，刻印四书、五经。而陕西布政使翁同爵曾利用关中书院藏版，印发《七经》等书。而其后陕西人刘光蕡、柏景伟等倡刻《十三经》、《二十四史》、《资治通鉴》，贺瑞麟等倡导刻印濂、洛、关、闽诸书，似乎也受左宗棠在西北刊刻书籍的影响。

第二，设立流动刻书机构。左宗棠还有一个流动的刻书机构，一直随着西征军大营走。"譬如他所编《学治要言》一书，原版于同治十一年正月在安定行营开雕；又重刊《吾学录》，于光绪六年三月，在肃州行营开雕。这就是两个实例。"为什么出现这种情况呢？因为"西北胥吏为省事起见，常把辗转下行的文书，随意删割，有时别字连篇。结果使得文义既不能贯串，事理也就不能明白"③，给推行政令造成障碍。为此，左宗棠遇到重要事件，就把来往的文书，整个刻印下来。他要求执行任务的官员见到文书以后，对于事情的原委、理由、办法弄得明明白白，以免误会。这样，他身旁随时就要有刻工跟着了。

第三，征求各地所需书籍，由礼部负责刊发。清代时，各府厅州县学官照例藏着官书，一直由清政府颁布保存，大致可分为三类：一类是有关当朝典章制度的，像《会典》和《通考》等；一类是钦定的载籍，像各种经史，各种方略和各种词书；一类是清代各位皇帝的谕旨和诗文集。这些书籍藏在各地可以算作是一个官立的图书馆。甘肃经过十多年

---

① 《左宗棠全集·札件》，第 521 页。
② 《左文襄公在西北》，第 209 页。
③ 《左文襄公在西北》，第 209 页。

的变乱，这些图书大都散失。光绪四年（1878 年）二月，左宗棠在给清政府上的奏折《请旨颁发甘省各属书籍条例折》中说："乃自军兴以来，凡失陷各州县，衙署焚毁，书籍荡然，不惟各士子诵习无资，即地方官每遇考订典礼、讲求吏事，亦苦茫无依据。"① 左宗棠派人征求并查明各地所缺书籍，开列书单，奏准清政府命令礼部，"仅就新设并曾经失守过各府厅州县共四十二处先为颁发，以更转发各属，俾士子藉资肄习，而官僚亦有所考据，实于士习、吏治大有裨益"②。将前述几类书籍，每种印刷 42 部，进行分发。同时，左宗棠个人还给兰山书院捐了几种书。此后，各地捐存书院义塾的书籍，数量也不少。

（2）刊发书籍的种类

左宗棠为甘肃与西北刻印的书籍种类繁多，大体可以分成下列几种。

第一，儒学经典。首先是《六经》，这部书用的是安徽歙县鲍廷康的版本。左宗棠在浙江时，先已影刻一次，在西北是第二次刻印了。左宗棠原来是要在关中书院刻的，但后来似乎采纳了西征后路粮台的建议，在汉口的崇文书局刻了，所以叫做鄂刻。粮台原拟用杭连史纸，左宗棠嫌其太昂贵，吩咐改用价值便宜的纸张。只要纸质坚韧，颜色稍暗些并无大碍。左宗棠又谆谆嘱咐，"唯校雠工夫，最要详慎"③。为此，他曾亲自参加校勘，第一批就印了 1000 部。他满怀希望地说："六经传注，读者少而刻者亦少。此次影刊鲍氏善本，即前浙江所刊旧式而又重加复校者也。当为海内孤本，以视浙刻尤精。但愿边方髦俊熟读深思，庶延关学一线，老夫亦不枉此一行也。"④ 由于《乐记》包括在《礼记》之中，这里所说的《六经》，实际上是通常所说的"五经"。

其次是"四书"，每种刊明"同治十年夏月重雕"字样，"字体和句

① 《左宗棠全集·奏稿》（卷七），第 72 页。
② 《左宗棠全集·奏稿》（卷七），第 73 页。
③ 《左宗棠全集·札件》，第 266 页。
④ 《左宗棠全集·札件》，第 315～316 页。

读都很准确"。西北自有这两部书传布，学校考试命题，都以之作为标准版本。其余刊刻的书籍，包括《小学》、《孝经》等，都是"蒙童和士子诵读"的书籍，是"当日士子的法定课本"①。

此外，传统蒙学书籍如《三字经》、《四字韵言》、《百家姓》、《千字文》、《日用杂字》等，也曾刻印过，"至少在新疆必曾刻印过"。②

第二，宣传道德与法律知识的书籍。这些书籍中有供给各级官员阅读的，如左宗棠亲自编订的《学治要言》和前人编订的《佐治药言》、《在官法戒录》等。这些书籍都是介绍做官原则和为官之道的。如《学治要言》，是左宗棠在"治军余暇，蒐前人书论有关吏事都为一编"，"冀同志诸君子玩索是编而有得焉"③。总之，颁发这些书籍，"分给官吏，俾其知所儆畏"④。就是要通过学习，使各级官吏"除官常习气，存读书面目，以言学治"⑤。做一个循吏好官，为民谋利。

还有供给普通人阅读的普及礼教与法律常识的书籍。如《吾学录》、《训俗遗规》和《圣谕广训》等书。《吾学录》是一个叫吴荣光的官员在湖南巡抚任内所编印的书籍，左宗棠曾亲睹其成书的过程。此书主要给百姓介绍儒家礼俗，如订婚礼、祭礼、丧礼等。《圣谕广训》是一部标准的民间礼教宣传用书。内容由康熙皇帝最先颁布的教育民众社会道德规范十六条组成，即"敦孝弟以重人伦；笃宗族以昭雍睦；和乡党以息争讼；重农桑以足衣食；尚节俭以惜财用；隆学校以端士习；黜异端以崇正学；讲法律以儆愚顽；明礼让以厚风俗；务本业以定民志；训子弟以禁非为；息诬告以全善良；诫匿逃以免株连；完钱粮以省催科；联保甲以弭盗贼；解仇忿以重身命"⑥。这好比当今的公民道德实施纲要，

---

① 《左文襄公在西北》，第210页。
② 《左文襄公在西北》，第210页。
③ 《左宗棠全集·札件》，第536页。
④ 《左宗棠全集·札件》，第265页。
⑤ 《左宗棠全集·札件》，第298页。
⑥ 《左文襄公在西北》，第211页。

当时叫做"圣谕"。雍正皇帝时，又把每条的意义，用白话文进行解释，用命令的形式发布全国。还责成地方官向当地民众宣讲，务使家喻户晓。各义学也定期宣讲"圣谕"，如秦州每遇当月初一与十五各讲一次。各地方也宣讲"圣谕"，如皋兰，特设宣讲两人，遇每月初一与十五在城里讲，其余的时间在农村宣讲。在新疆，《圣谕广训》一书由张曜加注回文刊印，并颁发各地。在左宗棠刊布的《圣谕广训》一书中，还附录《律易解》的内容，介绍和普及法律知识。如他给秦安知县的批札中说："如所颁《圣谕十六条附律易解》（即《圣谕广训》）尚须补发，可具禀请领。"[1] 目的就是"于禁令中寓教化"。《吾学录》在每种版本的后面，也都附着法律条文，这是要使大家"明白怎样一种行为，是犯了那一条法律，就该受怎样的刑罚"[2]。另有《禁种罂粟四字谕》，是左宗棠用四字韵文写成的劝谕百姓禁绝鸦片、禁种罂粟的政策法规宣传材料。此文易读易记，在甘肃对老百姓禁烟产生过很有效的警示作用。

第三，传播农业技术的书籍。这类书是专供业农之民阅读的，主要有《棉书》、《种棉十要》和《札陕甘各州县试种稻谷桑棉》的宣传告示。同治十三年（1874年），左宗棠第一次从酒泉返回省城以后，"刊行《种棉十要》及《棉书》，分行陕甘两省，谆饬官吏士民一律切实经理"。并"通饬各属严禁种植罂粟，劝谕农民广种草棉，设局教习纺织"[3]。《种棉十要》和《棉书》就是向适宜种棉地区的老百姓传授种棉方法和纺织技术的农业科技书籍。后来，甘肃一些地方种棉、纺织取得可观的成效，与此书的宣传示范作用和左宗棠的鼓励之功是密不可分的。而《札陕甘各州县试种稻谷桑棉》一文的发布，不仅向农民宣传了广种桑棉的政策、好处、可行性，还重点向农民传授养蚕的便方，把原

---

① 《左宗棠全集·札件》，第250页。
② 《左文襄公在西北》，第212页。
③ 《左宗棠全集·奏稿》（卷六），第27～28页。

陕西巡抚陈榕门写的《广行山蚕檄》中西北可用于养蚕的五种树木如槲树、橡树、青冈树、柞树、椿树的名称，形状开列于后，教农民饲养山蚕，以"为甘省开万年之利"①。

（3）书籍发行的渠道和数量

左宗棠在甘肃发行图书，始于同治九年（1870年）给甘肃秦安县颁发《圣谕十六条附律易解》一书②。次年在给陕西布政使翁同爵的批札中有"所寄《七经》，已发平凉府学"的记述③。又给驻陕西军需局员沈应奎的回信中说"鲍刻《六经》于关中翻刻，足令蒙士得好书读，将来可望多几个种子，幸为我速图之"④。此后，左宗棠给西北各府厅州县发行书籍的数量和次数不断增加。需要指出的是，左宗棠在西北发行图书的渠道只有由官府自上而下的颁发、分发一条途径，主要由左宗棠本人拟定发行计划并监督完成，有时甚至自己为此解囊捐资。因此，左宗棠的思想行为对西北刊发书籍的活动具有决定性的影响。

关于左宗棠在西北发行书籍的总数，现在无可稽考。只知道光绪元年以后的大概数量，这一年，左宗棠给"安定县发过《六经》16部，《诗经》、《四书》、《孝经》、《小学》各26部。依此推算，全省60多县，统计已不在少数。但后来各处有请求加发的，即如灵州各义学加发《小学》40部；安定育英书院另发《六经》8部，《孝经》和《小学》各30部，《四书》和《诗经》各60部。别处必然还有。新疆方面，喀库善后局办成义塾四处，文襄公准发《诗经》和《四书》各20部。依此推算，前面说过的当时（新疆）设立义塾共有37处，统计也不在少数。对于陕西，也曾发过图书，例如泾阳兴办义学四处，发给

---

① 《左宗棠全集·札件》，第530页。

② 《左宗棠全集·札件》，第250页。

③ 《左宗棠全集·札件》，第265页。

④ 《左宗棠全集·书信》（卷二），第271页。

《六经》40 部"①。这样下来，统计左宗棠在西北刊发的各类书籍接近一万部之数，这个数量是不小的，在西北是创记录的。

古语说的好："一时教人以口，百世教人以书。"左宗棠深知书籍培育人才、教民化俗的奇特功效，所以他在甘肃对于刊发书籍，可谓不遗余力，倍加重视，取得十分可观的成效。从"兴教劝学"的成果来看，各类优质教材的刊发，提高了西北各义塾、书院的教学质量。为陕甘分闱，甘肃独立开科取士，从整体上改变西北文化教育凋敝落后的状况提供了条件。从加强民族团结、增强民族凝聚力的角度来看，在西北少数民族聚居地区多设义塾，免费招收少数民族子弟入学并发给传统蒙学教材，接受儒家文化的熏陶，学习掌握政府的法令条文，使学生从小确立起封建的道德伦理规范和法纪观念，有利于改善社会风气，增进民族团结，实现西北边陲的长治久安。尤其是左宗棠的部将张曜在新疆刊印"《圣谕十六条附律易解》一书，书刊汉文，旁注回字"的做法，深受维吾尔族民众的欢迎，"见者宝贵"②。这也可以算作是近代西北民族出版业的发端吧。从对甘肃经济社会开发与建设的影响来看，有关农业生产技术的书籍，如《棉书》、《种棉十要》、蚕桑养殖等资料的刊布，极大地促进了西北棉花种植业和蚕桑养殖业的发展。仅以蚕桑业为例，新疆经过左宗棠、刘锦棠和后来几代官员的不懈努力，到"清末，新疆年产丝由过去三十万斤，增至七十万斤。英俄商人贩茧出境者，每年达到一百五十万斤左右"③。可见，左宗棠在西北刊发书籍的活动，直接或间接地推动了西北社会经济的恢复和发展。尽管他刊发的仍然主要是传统的儒学书籍或宣传封建思想文化的图书，而不是代表近代先进生产力和进步文化的已传播于东南地区的科学技术知识和富有资产阶级改良思想的洋务书籍，但在西北已大大落后于全国的形势下，给西北复兴传统文

---

① 《左文襄公在西北》，第 210 页。
② 《左宗棠全集·奏稿》（卷七），第 520 页。
③ 《左宗棠与新疆》，第 151 页。

化补一课，仍有着重要的作用和意义。这对于加强西北各民族对中华文化的认同感，促进民族团结，是必不可少的环节。正如左宗棠自己总结的"经正民兴，边氓长治久安之效基于此矣"①。

---

① 《左宗棠全集·奏稿》（卷五），第 561 页。

十、左宗棠对甘肃生态环境的治理

左宗棠是中国历史上对甘肃生态环境进行过初步治理的政治家，他的做法至今仍为后人所称道。本节以甘肃为中心，旁及新疆，对左宗棠治理甘肃生态环境的思想、措施与成绩作一些分析。

（一）甘肃生态环境的现状

西北地区疆域广阔，地势较高，多为高原和荒漠。地处亚洲大陆腹地，气候多为干旱、半干旱类型，年均降水量少，是我国最干旱的区域。加上年平均气温较低，生态环境十分脆弱。左宗棠到甘肃之时，正是当地生态环境面临重重危机的时期。

1. 甘肃与西北地区的生态状况自古薄弱，且整体呈日趋恶化之势，到清代中后期达到了一个新的破坏阶段

西北地区由于所处地理位置，气候特性，加上受历史上地球环境变迁等自然因素的影响，生态环境呈日趋恶化之势。西部人类活动的频繁也为生态环境的退化增加了不良的影响。历史时期，我国人类活动对西部生态环境的影响主要表现在土地的利用与土地覆盖的变化

上。在各种人文因素中，人口数量是人类活动强度的最重要示量指标。随着人口数量的迅速增长，人类活动对环境施加的影响逐渐增强。西周时期，我国农耕区主要集中在淮河以北、黄河下游的狭窄地带。秦始皇统一中国后，传统农业以黄河流域为中心扩展到其他地区。特别是隋唐以后，强度人类活动开始波及全国，从而极大地改变了我国土地覆盖状况，其形式主要为农田的扩张以及伴随而来的天然植被和地表水的破坏。据有关统计资料显示，西汉从建立至后期的汉平帝元始二年，人口增至5950万，是我国历史上人口第一次快速增长时期，其时有耕地3847万公顷，较汉初耕地增加6.4倍。农耕区的西北界远至新疆、河西走廊、银川平原及内蒙南部。清代的前中期由于长时期的和平和实行"摊丁入亩"政策，造成了历史上人口第二个快速增长时期。有统计资料表明，从顺治十八年（1653年）到嘉庆十年（1805年）的约150年中，清朝耕地面积增加了1610万公顷，使我国几乎全部天然森林覆盖区和北方的部分草原受到干扰和破坏。以黄土高原为例，清代前期，黄土高原西部的一些山地，仍保存着较好的植被。如庆阳以北60公里的第二将山、庆阳府合水县城东25公里的子午岭、合水县南1里的南山、宁州东50公里的横岭等。至于黄土高原东部的山地，由于降水量较黄土高原西部和北部稍多，很多地方还保存着较好的天然植被。但到清代后期，许多天然林遭到了破坏，子午岭、黄龙山及陇东一些较边远山区的森林几乎全被破坏。至此，黄土高原原来由灌丛草原为主组成的天然植被，或者由于开垦，或者由于砍伐，连片的地带性分布规律已不明显[①]。人口增长产生了掠夺式的人地关系，引发了一系列的生态问题。根据《固原州志》的估算：1616年（明万历年间），固原地区（含固原、海原、西吉、彭阳、泾原5县）有耕地68.94万亩，到了1734年（清雍正十二年）耕地已

[①] 王乃昂、颉耀文、薛祥燕：《近2000年来人类活动对我国西部生态环境变化的影响》，《中国历史地理论丛》2003年第3期。

达 200 万亩①。到乾隆年间，川塬平地的耕作收益已无法满足日益增长
的人口需要，政府再次鼓励垦荒，由此诱发了更大规模的开荒浪潮，耕
植由川塬平地推广到坡地，大批林地、草地被毁，植被由原来的宿根性
草坡和多年生疏林、灌丛为易替性农作物代替，生态日渐脆弱退化。如
固原县，2/3 以上的森林、草原被拓垦，野生动物锐减，自然灾害
频发②。

从水土流失的影响来看，西北黄土高原大部分地区被厚层黄土所覆
盖，黄土层疏松深厚，抗侵蚀性弱，水土流失面积广阔，是我国水土流
失最严重的地区。明清时期，由于人口的增加和人类活动的加剧，黄土
高原地区的水土流失成为有史以来最为严重的时期。据景可等人的研
究，在全新世中期（距今 6000—3000 年）黄土高原年侵蚀量约为 10.75
亿吨，全新世晚期（公元前 1020—公元 1194 年）黄土高原年侵蚀量为
11.6 亿吨，较前一时期增加了 7.9%；公元 1494—1855 年黄土高原的
年平均侵蚀量为 13.3 亿吨，较前一时期增加了 14.6%③。伴随水土流
失的加剧，农牧业生态环境严重恶化，土壤贫瘠，产量下降，农牧业生
产抵御自然灾害的能力降低，以致西北由秦汉隋唐时期的农牧业生产发
达地区沦为明清时期多灾低产的贫困地区。

再看一看河西走廊及长城沿线地区的干旱荒漠化问题。河西走廊及
长城沿线地区的干旱荒漠化在明清时期也有明显的发展。已有的研究表
明，尽管明代中后期以来至清末河西走廊地区在气候上属于湿润期，绿
洲来水较多，然而伴随着大规模土地开发的进行，绿洲人口和耕地面积
的大量增加，滥垦、滥樵、滥牧、滥用水资源等状况有增无减，使得绿
洲水资源利用方面的矛盾日趋尖锐，土地沙漠化过程再次接踵而来，并

---

① 陈育宁：《宁夏通史·古代卷》，宁夏人民出版社，1993 年，第 170 页。
② 陈忠祥：《宁夏南部回族社区人地关系及可持续发展研究》，《人文地理》2002 年第 1 期。
③ 景可、陈永宗：《黄土高原侵蚀环境与侵蚀速率的初步研究》，《地理研究》1983 年第 2 期。

呈日益加剧之趋势。这一时期河西地区的沙漠化过程主要发生在石羊河下游、石羊河中游高沟堡等地，黑河下游、张掖黑水国南部、疏勒河洪积冲积扇西缘西部等处，沙漠化总面积约 1160 平方公里①。总之，到清代中后期，西北出现了历史上新一轮的生态环境遭破坏的高峰期。

2. 清同治以后十余年的兵燹，使甘肃积累的生产、生活设施和自然环境又遭受了一次浩劫

晚清同治朝发生的西北回民大起义，表面原因是由当时的一些社会矛盾如官民矛盾、回汉矛盾、阶级矛盾的激化引发的。而深层的原因则是由于人口激增、广垦荒地、环境恶化、地不足养等衍生出的过剩人口对土地、水源和自然资源的争夺造成的。西北虽然地域辽阔，但多为荒山、大漠，耕地资源有限，加上人地关系矛盾激化，且易发生旱、虫等灾②，因而人口承载能力比较脆弱。而自清初以来，清廷视西北为武备之区，重视军事控制而少经济、文化建设，影响了西北社会经济的发展，随着人口的持续增加，人均耕地占有量明显不足。如甘肃，据统计，咸丰元年（1851 年）人口为 1544 万人，耕地 235366 顷③，人均不足 1.46 亩。这使得回汉两族对土地的争夺日益加剧，并自然而然地带上了民族色彩。道光、咸丰年间，在关中渭南、临潼、大荔一带就曾多次发生回汉仇杀事件，最后终于导致了西北回民起义的爆发。持续十余年的战火，使西北多年积累的生产、生活设施遭受了巨大的破坏，堤堰被毁，垦区废弃，城堡破落，居民流亡，"千里荒芜，弥望白骨黄沙，炊烟断绝"④。战乱之后，甘肃的人口由 1861 年的 1547.6 万锐减至 1877 年的 466.6 万人，下降率为 69.8%，陕西人口由 1861 年的 1197.3

---

① 李并成：《河西走廊历史时期沙漠化研究》，科学出版社，2003 年。
② 丁焕章主编：《甘肃近现代史》，第 22 页。
③ 李文治：《中国近代农业史资料》（1840—1911），三联书店，1957 年，第 17 页。
④ 《左宗棠全集·奏稿》（四），第 74 页。

万减至 785.6 万，下降率为 34.4％[1]。

总之，由人口激增导致的对自然环境的掠夺式开发引发了战乱，战乱使人口锐减、荒地增加，本应使生态环境得以自我修复，但实际情况并非如此，一方面西北生态环境的脆弱性使其难以在短时期内恢复，另一方面，战后的开发又接踵而来，人地关系又上演着新一轮的恶性循环，即战后重建引发了新的对环境的破坏。这就是左宗棠到西北以后所面临的当地生态环境的实际情况。

3. 与人祸并行的，还有连续多年的天灾，这一切使西北的生态环境更加支离易碎

战乱与灾荒总是"祸不单行"，结伴出现。西北地区向以自然灾害频繁、种类多、灾区广为特征。西北地区的自然灾害主要是旱灾，这在中国区域自然灾害史中已形成一种特征。在明以前，西北地区平均每两年以上才发生一次旱灾，至明代，陕西平均 1.71 年即发生一次旱灾，甘肃、宁夏、青海平均 1.80 年即发生一次旱灾，清代则更进一步上升到平均 1.62 年一次和 1.51 年一次。就灾害程度而言，自隋至民国时期，大旱灾以上旱灾陕西地区是 220 次，甘肃、宁夏、青海地区是 158 次，分别占两地区旱灾总数的 34.05％和 26.29％，而自明至民国时期，两地区大旱灾以上旱灾分别为 138 次和 106 次，分别占该地区旱灾总数的 39.32％和 29.69％[2]。

在同治朝长达十几年的战争期间，西北地区不仅深受战争重创，同时也经历着灾荒的侵蚀。据各地文献有关记载统计，起义的 12 年间陕甘被灾 220 多府、州县次[3]。起义刚发生的 1861 年，兰州、通渭、秦

---

① 杨志娟：《清同治年间陕甘人口骤减原因探析》，《民族研究》2003 年第 2 期。
② 袁林：《西北灾荒史》，甘肃人民出版社，1994 年，第 71 页。
③ 据袁林《西北灾荒史·旱灾志》（甘肃人民出版社，1994 年）统计。

安、隆德都遇大旱，隆德"咸丰十一年大旱荒，乡民乏食者十余村"①；1862 年陕西关中地区和甘肃兰州、皋兰、临洮等地遭受旱灾，陕西"渭水涸，可徒涉"；1867 年夏"皋兰、金县、庄浪大饥"；1868 年甘肃"入春以来，天久不雨，夏禾枯槁，秋苗失种……而省城所需米麦已不登于市。饿殍载道，状极惨悯"②。战争和灾害相伴始终，旱灾与环境的破坏互为表里，加深了西北的生态危机，这成为近代西北经济和社会发展缓慢的背景之一，也成为造成西北生态环境易于破坏难于恢复的主要原因之一。

回民起义期间，清朝地方政府完全丧失了组织百姓抗灾自救的能力，听任各种灾害肆虐。据记载，"安西直隶州治，地近戈壁，飞沙堆积，州城东、西两面沙与城齐"③。新疆东部，由哈密到吐鲁番有一段官道，"妖风时作，沙石俱飞，甚者并人马卷去，渺无踪迹"。④ 严重影响了交通和人畜的安全。总之，一系列严重的生态问题，如土地沙漠化、盐渍化、水土流失、沙尘暴肆虐等摆在面前。

（二）治理的思路

从左宗棠有关开发与建设西北的论述、政策中可以看到，他并没有明晰的治理生态环境的思想，有的只是从农民勤劳务本的品行而生发的简单、实用的植树造林、改善衣食住行等基本生存条件的认识。这些认识同他在西北推行屯田、筑路、开渠、种桑等恢复经济的措施绾结在一起，成为其开发西北计划的一部分。为了复兴西北经济社会，左宗棠命

————————————

① 夏明方：《民国时期自然灾害与乡村社会》，中华书局，2000 年，第 25 页。
② （民国）《续修陕西通志稿》"灾荒"卷。
③ 《左宗棠全集·奏稿》（七），第 524 页。
④ 《左宗棠全集·奏稿》（七），第 525 页。

令："留防后路各军，不但护运以利转馈，珍馀匪以保残黎，并宜代民垦荒播种以广招徕，修城堡以利居止，然后民可复业也；治道路以通车驮，浚泉井以便汲饮，栽官树以荫商旅，然后民可资生也。至就地引渠溉地，变渴壤而为沃土；去害就利，拔妖卉而植蔬苗；崇学宫，立社庙，修衙署、驿舍，凡地方官私应复而必资民力者，后路各军皆于操防护运之暇并力为之。"① 尽管左宗棠主要立足于恢复经济社会秩序、重建农业基础设施来谈改善西北人民的基本生存环境，但生存环境是由自然环境和人文环境构成的广义的生态环境。因此，左宗棠虽然没有成型的环保理念，但在其开发西北的总体思路中，却透露着若干朴素的重视环保的思想趋向，这些趋向是他之前治理过西北的人所没有的，值得一述。

1. 寓环境治理于经济重建之中

人是自然与社会环境的主角，不改善人的生存环境，所谓生态环境建设就无从谈起。左宗棠收复和建设西北，为的是改善西北人民的基本生存条件，即创造和平安定的生活环境和提供基本的农业生产设施。而十多年的战乱，西北多数地方居民的生命财产、农田窑舍、城堡村落，均遭受了巨大的破坏："无论平、庆、泾、凉一带纵横数千里，黄沙白骨，路绝人踪。"② 西征军"师行所至，井邑俱荒，水涸草枯，贼因此而多所死亡，官军亦因此而艰于追逐"③。真是"千村薜荔人遗矢，万户萧疏鬼唱歌"。在这样的情况下，只有边进军边善后，从恢复农业生产秩序入手，为西北再聚生气，重启生机。正如他后来总结的，"臣之度陇也，首以屯田为务，师行所至，相度形势，于总要之处安营设卡；附近营卡各处，战事馀闲，即释刀仗，事锄犁，树艺五谷，馀种蔬菜；

---

① 《左宗棠全集·奏稿》（六），第378～380页。
② 《左宗棠全集·家书·诗文》，第142页。
③ 《左宗棠全集·奏稿》（四），第74页。

农功馀闲，则广开沟洫、兴水利以为永利，筑堡寨以业遗民，给耕具、种籽以赒贫苦，官道两旁种榆柳垂杨以荫行旅"①。寓环境治理于善后重建之中。

2. 朴素、实用的植树造林观念

左宗棠和大多数湘军将士都是农民出身，而南方农民素有在宅前屋后栽桑种柳的习惯。湘军一直把这个习惯保持到了西北，在其所到之处遍栽榆柳、广种蔬菜。左宗棠这样做，一方面是由于湘军将士具备这种特质，另一方面也是基于加强军队管理方面的考虑。即以种菜为例，左宗棠"倡导这件事，不光是满足他的兴趣，归纳他的言论，还有各种旨趣：一使勇夫没有空闲的时候，免得因为无事可做，以致为非作恶；二使勇夫从这种劳作，锻炼身体；三使勇夫有些额外收入，补助生计；四使勇夫饭菜可以就地取给，省得在外边购运"②。种树护路、种树绿化的出发点当然比这更为实用，也更有意义。据《甘宁青史略》记载：左宗棠部属魏光焘在平凉时，"行经所属各县，见乡间穴处蜂房，气象荒凉，无修竹茂林之盛，询及父老，对以'山高土冷，不宜种树'。魏光焘说：'古者五亩之宅，树墙下以桑，通衢之旁植杨柳，以表道其所，由来久矣。今时值春融，正当种树之候，凡尔士民，择其地所宜树木，无论桑柘榆柳，以及桃李枣杏，实繁易成者，于池畔河旁并道左地角悉行栽植，或五尺一株，或一丈一株，不使地有空闲。较之田亩所种，不纳税租，不烦耕耨，不忧水旱，因地之力而坐收厚利，所以佐五谷之不足，供梁栋之用，资爨薪之需，制器物，荫行路，此天地间自然之利也。如谓西北土冷，种树恐非所宜，是则平日不读书之故也。……平凉毗连陕境，气候和暖，官道旁又有泾水以资灌溉，父老及时栽种，毋使有闲旷之地可也。'久之，民无以应。盖平凉十万户人民，惨经兵劫，

---

① 《左宗棠全集·奏稿》（六），第637页。
② 《左文襄公在西北》，第43页。

逃亡于外，自左宗棠奉命西来，人民始稍稍还乡井。当是时，栖身无地，糊口无资，焉有余力种树。光焘知其情，亦不强迫。至是奉宗棠严令以种树为急务，乃饬所部兵士栽种官树以为士民劝"①。左宗棠"严令以种树为急务"，各地官员起而响应，这使其对西北的治理给人一种把边疆当自己的家来建设的感觉。尤其是当左宗棠把植树造林的朴素思想推广成为具有一定规模的政府行为之后，对西北的开发从此多了一种思路，而这是前人从来没有做过的。广种榆柳成了左宗棠治理西北生态环境的标志性行动。

3. 处理好农、牧关系，合理开发和利用荒地资源

"自古边塞战事，屯田最要。"② 左宗棠经营西北期间，为了解决军食，安抚流民，曾大力推行开荒屯田。但他并没有因为近期的需要盲目开垦，而是从实际出发，因地制宜，宜农则农，宜牧则牧。左宗棠指出："经理之始，即当为异日设想，择其水泉饶沃者为田畴，择其水草丰衍者为牧地，庶将来可耕可收，丁户滋生日蕃，亦不患无可安插，正不必概行耕垦，始尽地利也。"③ 有一次，有人向左宗棠请示要在罗布淖尔一带的牧区开荒屯田，他立即坚决制止，说："罗布淖尔古称泑泽，伏流南出，即黄河上源，环数百里，可渔可牧，不必垦田种粟亦可足民。西北之利，畜牧为大……何必耕桑然后致富？长民者因其所利而利之，则讲求牧务，多发羊种宜矣。所称开垦一节，姑从缓议。"④ 左宗棠不求近利，坚持"可渔可牧"之地，不必概行耕垦，寓含着合理开发和利用荒地资源、保护生态环境的朴素思想。

---

① 《甘宁青史略正编》，卷23，第7～8页。
② 《左宗棠全集·奏稿》（三），第373页。
③ 《左宗棠全集·札件》，第481页。
④ 《左宗棠全集·札件》，第483页。

4. 引种经济生态作物，注重经济、社会与生态环境的综合效益

左宗棠开发西北，特别善于使用经济手段进行综合治理，引种草棉和推广植桑，就是最好的例证。

西北关、陇一带地少而贫瘠，但长期以来有栽种罂粟的陋习。栽种罂粟和吸食鸦片不仅是西北贫困之因，也是西北民风由强悍而颓靡的致衰致乱之源，更是西北社会环境和生态环境日趋恶化的病根之一。因此，要治理西北生态环境，也必须从此下手。但长期习染而成的恶习，不是一夜之间一道禁令可以改变的，必须要有周密的安排和宏远的计划。左宗棠对此作了缜密的考虑和安排，提出了一整套禁罂粟种草棉的发展计划。左氏说："论关陇治法，必以禁断鸦片为第一要义；欲禁断鸦片，先令州县少吸烟之人；欲吸烟之人少，必先禁种罂粟；欲禁种罂粟，必先思一种可夺其利，然后民知种罂粟无甚利，而后贪心可渐塞也。弟之劝种草棉，以其一年之计，胜于罂粟，因其明而牖之，不欲用峻法求速效，致扞格不行。高明必能鉴及。"① 这段话完整地反映了左宗棠禁种罂粟的措施及策略。简单地说就是三个字：禁、导、倡。禁，即禁止种植罂粟；倡，即倡导种植草棉以代替罂粟；导，即于一禁一倡之间的疏导、劝勉、说服，亦即一种"夺其利"与"与其利"的因势利导工作，这可从根本上堵塞毒源而移易风气。其中，禁罂粟鸦片、净化社会环境的措施是培植健康生态链条的基础，而倡种草棉、培植健康的生态链条则是净化社会环境的保证，两者不可偏废。左宗棠是晚清继林则徐以来另一位厉行禁烟的政治家。左宗棠严禁罂粟、倡植草棉的做法，具有综合治理、一举多得的功效。

推广植桑也是如此。左宗棠初到甘肃时，看到这里"民苦无衣甚于

---

① 《左宗棠全集·书信》（二），第 445 页。

无食，老弱妇女衣不蔽体"①，痛感西北桑利未兴，便决心以"教种桑棉为养民务本之要"，大力倡导植桑。左宗棠首先论证了在西北推广种桑的可行性。他说，西北少桑，重要原因不是"风土之不宜"，而是地方官吏都"无以久远之计存于胸臆者，因循相沿，遂至此极"②。因此要求宜桑地区的官民克服懒惰思想，发展桑蚕业。并用《诗经·豳风》中的例子来说明当时西北就有桑，以释众疑③。左宗棠认真查阅了前人种桑的一些资料，发现橛树、橡树、青冈树、柞树、椿树五种树叶可喂山蚕，便把这五种树的形状、特征都进行详尽的描绘，公布出来，叫甘肃各地人民在自己境内找寻，如见到这种树，便可实行饲养。左宗棠在西北大力推行植桑，实际上做到了经济效益和生态效益的结合。

（三）治理的措施

左宗棠在西北的开发与建设活动，实际是其善后措施的一部分。左宗棠虽然没有明确提出过加强生态环境建设的口号，但他从恢复和发展经济的需要出发，统筹西北全局，实施开发大计，其建设措施中包含了许多可以称之为治理生态环境的举措，不容忽视。

1. 植树造林，改造环境

指挥军民栽种行道树和护路树是左宗棠绿化甘肃的主要政绩，也是治理西北环境的第一步。出于军事上的需要，左宗棠主持修筑了一条从潼关开始，由东往西，横贯陕、甘两省直达新疆哈密、乌鲁木齐长达三

---

① 《左宗棠全集·书信》（三），第 464 页。
② 《左宗棠全集·书信》（二），第 379 页。
③ 《左宗棠全集·札件》，第 529 页。

四千里的官道。为了巩固路基、"限戎马之足"和供给夏时行旅阴蔽，他命令西征将士在路的两旁植树一行两行，甚至四五行。树木长成以后，在荒凉的西北大地上，就犹如出现了一条绿色苍龙，它蜿蜒盘旋于广袤的西北荒漠之上，奋力抵抗着风沙一次次的侵袭。左宗棠不但让西征各军植树，还鼓励地方官民大力协助种树，甚至把植树的好处编印成册，在他们之中广泛宣传。

西北植树，困难很多，尤其是西北干旱少雨，种下的树必须经常浇水才能成活。左宗棠在给友人的信中这样说："兰州东路所种之树，密如木城，行列整齐。栽活之树，皆在山坡高阜，须浇过三伏天，乃免枯槁，又不能杂用苦水，用水更勤。"① 据平凉现存《武威军各营频年种树记》碑文中记载，树木栽种以后，要"守护之，灌溉之，补栽之"，"不知几费经营"，足见种树之不易②。因此，在西北选种什么树种，是一件颇费思量的事情。左宗棠依据西北各省的自然条件，主张多种杨、柳、榆三种树。杨树、榆树性耐寒，耐旱，生长快，适应性强，且能耐恶劣的土壤，是作防护林的好树种；柳树耐湿，根深，易成活，中性土壤，适合于作护堤林。左宗棠的主张无疑很有见地。他还提出：河西寒冷，宜多种杨树，陇南陇东较为温和，宜多种柳树③。这些观点对于西北植树具有重要的指导作用。

左宗棠还严禁官吏、士兵、百姓毁坏林木。他在西北期间更定的《楚军营制》中规定："长夫人等不得在外砍柴。但（凡）屋边、庙边、祠堂边、坟边、园内竹木及果木树，概不准砍……倘有不遵，一经查出，重者即行正法，轻者从重惩办。并仰营官、哨官随时教戒。"又"马夫宜看守马匹，切不可践食百姓生芽。如践百姓生芽，无论何营人见，既将马匹牵至该营禀报。该营营官即将马夫口粮钱文拿出四百，立

---

① 《左宗棠全集·书信》（三），第662页。
② 引自石泰《左宗棠经营西北农业问题述评》（《社会科学》1984年第4期）第119～120页。
③ 刘大有：《漫话"左公柳"》，《湖南日报》1982年3月31日。

赏送马之人。再查明践食若干，值钱若干，亦拿马夫之钱赔偿。如下次再犯，将马夫重责二百，加倍处罚。营官亦宜随时告戒；不徒马夫有过也"。① 规定之周密，处罚之严厉，无不反映了左宗棠重视护林的态度和决心。

2. 开渠凿井，改造农业环境

水利是农业的命脉，特别是西北的干旱地区，如果不解决水的问题，根本无法进行农业生产。左宗棠非常重视兴修水利，曾一再强调："治西北者，宜先水利，兴水利者，宜先沟洫。"② 并对兴修水利倾注了大量心血。如何开发水利？左宗棠的措施，一是利用河流、水泉，开渠灌溉；二是在原区和缺水地方凿井引水；三是在戈壁沙洲引冰雪融化而成的内陆河水或挖掘坎儿井灌溉。陇东泾河流域川地多，水量比较充足，但却白白流走。他"常览形势"，反复考察，认为"自平凉西北数十里到泾州，若开渠灌田，可得腴壤数百万顷"，计划"于上源着手，为关陇创此永利"③。1877 年，甘肃东部旱情严重，左宗棠通令"甘肃各州县除滨河及高原各地方，向有河流泉水足资灌润外，惟现办赈之庆阳、宁州、正宁等处川地较多，尤宜凿井"④。并将开井办法，刻印成册，转发各州县。为了办好此事，左宗棠还提出有灾地方可以以工代赈，把赈粮优先发给凿井的农户，并在赈粮之外，发给银一两或钱一千数百文，使凿井农户"尤沾实惠"。他要求地方官竭尽心力，把兴办水利当做"极难极大题目"来做，不能"搁笔而交白卷"⑤。并准备在甘肃试办机器掘井、开河。为此，特地写信给上海的胡光墉，要他购置掘井、开河的机器，延请洋人来甘指导。1880 年，即用机器治理泾河。

① 《左文襄公在西北》，第 43 页。
② 《左宗棠全集·书信》（二），第 515 页。
③ 《左宗棠全集·书信》（二），第 205 页。
④ 《左宗棠全集·书信》（三），第 279 页。
⑤ 《左宗棠全集·书信》（三），第 277 页。

随着左宗棠大营向西推进，他在关中、平凉、宁夏、河州、西宁、河西、新疆，都留下了兴修水利的业绩。

研究表明，风沙有"三怕"：怕草、怕树、怕水。"植治"和"水治"都是防治风沙的有效措施。左宗棠在西北兴修的水利工程，虽然是出于农业生产的需要，但在整治风沙，改善生态环境上也起了重要的作用。由于有水灌溉，许多荒漠被重新改造成良田，许多地方又重新生长起树木。而且，兴修水利还在一定程度上实现了水土资源的合理配置，有利于避免因不合理开荒而造成的土地进一步沙化和盐碱化。

3. 推广"区种法"，提倡精耕细作

左宗棠认为，发展水利必须同精耕细作结合起来，这样就能"治田少而得谷多"。为了提高耕作技术，他大力推行"区种法"。其做法是将地亩划片作成小畦，谷物种在一行行沟内；灌水时由渠内引入沟中，好处是"捷便省水"。他说："开井、区种两法，本是一事。非凿井从何得水；非区种何能省水。但言开井不言区种，仍是无益。"[1] 左宗棠曾将这种方法传授给将士，让他们传播于民间。为使"区种法"广泛施行，1877 年前后，由藩署刊印告示颁发全省，每告示附有刻印成法一本。光绪三年大旱，他把"区种"和"凿井"作为两个救荒之策，要求各地大力兴办，取得了一定的成果。"区种"的耕作方法，既有利于充分利用水资源，抵抗干旱，又实行轮耕，节省了地力，避免了因对土壤掠夺性经营而导致的土地不断退化的恶果。

西北的农业基本上是建立在灌溉基础之上的。由于长期使用落后的大水漫灌和重灌轻排，土壤次生盐渍化相当严重。很多土地因此寸草不生，逐渐退化为荒漠。因此盐碱地的改良，对于发展农业，改善生态环境具有十分重要的意义。

---

[1] 《左宗棠全集·书信》(三)，第 277 页。

甘肃省有一种改良盐碱地的方法，即用沙（井沙、河沙、浇沙、沟沙）铺在盐碱地上，用来解消碱性，同时保持土层湿润，增高地底温度①。左宗棠沿用这种传统方法，对部分盐渍地进行了改良。魏宝珪撰写的《甘肃之碱地铺沙》对此曾经有过记载和评述："清同治时，回乱蔓延黄河一带，又遭天灾，人亡地荒，满目疮痍。左公宗棠平定西北，乃安抚流亡，贷出协饷库银，令民旱地铺沙，改良土地。由是各地流行，成为甘肃特有之砂田。盛行于皋兰、景泰、永靖、永登、靖远等县。利用荒滩僻壤，铺沙耕种，化不毛之地成为良田。民国相革，沙地衰老，且又天灾人祸，政繁赋重，贫农逃迁死亡，人口大为减少。至今皋、景交界，百里无人烟。当地农民憧憬当年左公之丰功，常有殷丘故墟之叹。"② 由上面的记载，不难看出，左宗棠在改良盐碱地上，确实付出了不少力气，并取得了喜人的成绩。

4. 严禁烧荒，保护植被

据《甘宁青史略》记载："安定（今甘肃定西）早寒，草枯木凋，村农纵火，山谷皆红。左宗棠见之，问知县，以烧荒对。"左宗棠认为明代鞑靼经常犯边，明军出塞纵火，使鞑靼无水草可恃，实在是不得已而为之的。现已承平，安能用此？"况冬令严寒，虫类蛰伏，任意焚烧，生机尽矣，是岂仁人君子所宜为"？遂自安定大营贴出告示，严禁烧荒，并通令陇东南暨宁夏所属一体遵行③。放火烧荒，是古代刀耕火种畲田的陋习，通过焚烧草木植被，秧及飞虫鸟兽，无非获得一些草木灰作肥料而已，其代价是对生态环境的破坏，造成水土的流失。烧荒尤对干旱少雨的甘肃中部地区为害最烈。严禁烧荒，对甘肃干旱半干旱地区的植被起到了很好的保护作用。

---

① 《左文襄公在西北》，第 195 页。
② 《左文襄公在西北》，第 195 页。
③ 《甘宁青史略》，卷 23，第 22 页。

5. 重视城镇建设，改善居住环境

甘肃城镇建设的情况，已在本书第五章第二节作了详细的介绍，此不赘述。为了说明左宗棠对城镇建设的重视程度，有必要将左宗棠对新疆城镇建设的情况附带介绍一下。战乱之后，新疆遭受破坏最厉害的要算喀什葛尔、叶尔羌、英吉沙尔、和阗的汉、回各城；其次则为乌鲁木齐、玛纳斯、巴里坤和精河。收复之后，左宗棠命令各地官员一律加以修葺，对于具有战略意义的城市则加以扩建。喀喇沙尔为南疆要冲，旧城已毁，驻军便利用阿古柏所筑新城加以拓宽、修筑。库车原有汉城很小，年久倾圮，东面则局势开阔，驻军会同善后局员，察看形势，扩建了东南、东北城墙，延长一千三百三十四丈，墙高一丈八尺，宽一丈五尺，四角炮台纵横四丈四尺，城楼高四丈八尺，重修后的新城雄阔伟壮，堪称南疆重镇，"算又恢复了汉唐盛规"①。喀什噶尔由于地理位置非常重要，左宗棠建议重点加以修建，"按照卡伦地址，改筑边墙，于冲要处，间以碉堡，则长城屹立，形势完固，界划分明，尤为百世之利"。② 左宗棠还十分重视城镇的绿化。自同治十年（1871年）左宗棠开始命令军队种树以来，每次到防营检查，他都热情鼓励部下在扎营的路旁、河边、屋角等处种树栽花，尤其注重在其驻节的城镇的周围种树，绿化市镇。光绪二年（1876年），他移节肃州，于修整安西州城时，号召军民在护城河两旁遍栽杨柳；修筑秦州城，下令广种堤岸防护林，出现了秀美的景致："夏之日，红的是堤内的荷花，绿的是堤畔的柳树，衬着堤上的白沙，何等风光旖旎！"又重修阶州城，"环城沿堤，栽树数十万株"。③

修筑、加固城墙，在近代武器尚未发达的情况下，大大加强了西北军事防御的能力，也为地方官吏加强对辖区的管理提供了重要保障。而

① 《左文襄公在西北》，第137页。
② 《左宗棠全集·奏稿》（七），第54~55页。
③ 《左文襄公在西北》，第135~136页。

且，居住环境的改善和生活环境的绿化，也是生态环境建设的一个重要内容。左宗棠重视城镇建设，改善和优化居住环境，这为西北人民重建家园提供了一个稳定、安全的生活环境，有利于对西北边陲进行大规模的开发与建设。

（四）治理的成果

经过数年的不懈努力，西北自西向东，都已呈露出复兴的迹象。到光绪六年左宗棠离开甘肃时，各地开发都程度不同地取得了阶段性的成果。

以最具代表性的植树造林而言，通过西征将士和广大地方官民几年的努力，左宗棠在西北种植的行道树取得了蔚为可观的成绩。据记载，从陕西长武境起到甘肃会宁县东门这六百多里之间，历年种活的树，就有二十六万多株。其他各地如会宁、皋兰、环县、董志县丞、狄道、大通、平番等州县的零星统计，共种树三四十万株[1]。如果再加上河西走廊和新疆所种的树，约有一二百万株[2]。湖南人陆无誉在《西笑日觚》一书中记载："左恪靖命自泾州以西至玉门，夹道种柳，连绵数千里，绿如帷幄。"[3] 直到民国初年，谢彬游新疆，到阿克苏附近还看到"湘军所植道柳，除戈壁外，皆连绵不断，枝拂云霄，绿荫行人"。[4] 植树对于保护西北的生态环境，防治风沙，保护道路，防止水土流失，调节气候，都起到了较好的作用，极大地改善了西北人民的生存环境。经左

---

① 《左宗棠全集·奏稿》（七），第525页。
② 左景伊：《左宗棠传》，长春人民出版社，1994年，第358页。
③ 左景伊：《左宗棠传》，第360页。
④ 谢彬：《新疆游记》，中华书局，1925年，第188页。

宗棠整治后，原来大漠孤烟、平沙冷落的西北大地出现了"千里一碧"①，"浓荫蔽日，翠帷连云"②，生机勃发的景象。

对于兴办蚕桑业，经过数年的努力，到光绪六年时，各处呈验所产"新丝色洁质韧，不减川丝"③。阿克苏所织的绸缎之优良"都人（京城人）诧为异事"④。详细论述，参见本书第六章第三节。左宗棠"移浙之桑，种于西域"，目的虽然主要出于经济上的考虑，但桑树根深，适酸性和钙质土，极其适合于作防护林。这种将经济效益和生态效益进行有机结合的模式，对我们今天开发西部仍具有很大的启发作用。

在优化城镇居住环境方面，也有不少的建树。左宗棠在兰州时，为改善市民的生活条件而兴建了多处市政工程。一是兴建饮和池。同治十一年，左宗棠在兰州陕甘总督衙门左边开凿一个饮和池。从衙后的黄河引水，春冬两季用吸水龙头（抽水机）抽水入池，夏秋两季用水车提水入池。二是开凿挹清池（凿于同治十二年），位于总督衙门右边。水从玉泉山西南水磨沟，经西城门通过渠道引入，两池及吸水龙头都派专人管理。这为兰州市民生活提供了极大的方便。左宗棠还将兰州总督署的后花园修治整理，定期向人们开放，使人们多了一个休闲的处所。

光绪五年，左宗棠驻节肃州时，曾捐出养廉银 200 两，将酒泉疏浚成湖。湖中留有三个沙洲，并建了一些亭台楼阁。环湖筑堤，周围三里，种上杨树和花树，堤外拓出肥田数百亩。这在西北，可以说是"自天开地辟以来未有之胜概"，给荒凉的西北大地带来了一派生机盎然的江南风光。荡舟湖中，令人仿佛见到了洞庭湖的滔滔白波。左宗棠在写

---

① 引自石泰《左宗棠经营西北农业问题述评》（《社会科学》1984 年第 4 期）第 119～120 页。

② 左景伊：《左宗棠传》，第 360 页。

③ 《左宗棠全集·奏稿》（七），第 521 页。

④ 《左宗棠全集·书信》（三），第 688 页。

给好友杨昌浚的信中，这样描述酒泉湖的怡人风光："白波万叠，洲岛回环。沙鸟水禽飞翔游泳水边，亭子上有层楼，下有扁舟。时闻笛声，悠扬断续。"酒泉湖的修建和开放，大大丰富了人民的生活："近城士女及远近数十里间父老幼稚，挈伴载酒往来堤干，恣其游览，连日络绎。"① 以至左宗棠因怕人们"肆志游冶，或致废业"，不得不将酒泉湖限期开放。

由上可见，左宗棠在恢复和发展西北经济、恢复生存环境的开发计划和实践中所包含的具有治理生态作用的政策，取得了一定的成效。历史经验告诉我们，人类对自然界的影响并不总是消极的。人类在利用自然、支配自然、改善生存环境的过程中，如果遵循自然规律进行各种经济活动，就能获得较高效益，促进生态系统的良性循环。反之，就会破坏生态平衡。左宗棠在西北形成了一些合理的治理生态环境的思想趋向，推行了一系列改造生态环境的正确的政策，使西北的生存环境由治理前的"土地芜废，人民稀少，弥望黄沙白骨，不似有人间光景……又多乱沙荒碛，无人烟、无水草之地"②，一变而为治理后的"东自泾州，西至安西、哈密，盗贼衰息，诸废渐举，均欣欣然而有生气"③ 的局面。虽然其改造生态环境的思想是朦胧的、措施是初步的，很难于当今的环保思想、可持续发展战略、退耕还林还草的政策相提并论，治理生态环境的成就也并不全如人意，但毕竟开启了中国有史以来治理西部生态环境的新思路、新征程，具有重要意义。尤其是他在西北植树造林、改造环境的做法，留下了西部开发历史上的一段佳话。植树造林，即以现代眼光而言，也是治理西部生态环境不可替代的方法之一。左宗棠给后人留下了一道"左公柳"的生态线和一座"柳公种柳"精神的丰碑。从唐代进军西北时诗人口中凄凉的"羌笛何须怨杨柳，春风不度玉门

---

① 《左宗棠全集·书信》（三），第 492 页。
② 《左宗棠全集·书信》（二），第 188 页。
③ 《左宗棠全集·奏稿》（七），第 380 页。

关"的吟唱，到近代左宗棠挥师西进，高奏"新载杨柳三千里，引得春风度玉关"的开发凯歌，谁能说左宗棠创造的不是一个新的境界，开启的不是一个新的征程呢？

（五）左公柳：生态情结与文化符号的诠释

本节专门说一说有关"左公柳"的话题。"左公柳"其实并不是确指柳树的某一品种，左宗棠当时号召军民栽种的树木有旱柳、榆钱、小叶杨、新疆杨等很多种，其中因旱柳一种栽植最多，故得此称。在中国的古树名木中，像"左公柳"这样以人物命名的树种并不多见，这是老百姓对绿化山川、造福一方的地方官的一种褒扬、赞许和肯定。可以想见，在戈壁大漠、黄土高坡上出现夹道绵延数千里的绿色，是怎样一种景观？如今，"左公柳"越来越少，已成为一种历史的陈迹，一种逝去的风景，但是，百多年来，人们念念不忘"左公柳"、赞美"左公柳"，有关"左公柳"的记述、追忆、传说和诗话的不断流传与衍生，已成为西北特有的一道文化景观。

1. 近人关于"左公柳"的各种记述

除了前节有关"左公柳"的资料，我曾集中披阅了清末民初时许多关于西北的游记、著述以及地方志，查找其中对"左公柳"的片段描述和零星记载。无独有偶，陈乐道先生在甘肃《档案》杂志上发表《"左公柳"：远去的风景》一文，也作了同样的考证，真是"与我心有戚戚焉"。通过这些记载可以看到，虽然时人评说"左公柳"的角度不尽相同，但对"左公柳"都含有一种相当深厚的眷念与赞美之情，凭吊"左公柳"成了一种到西北时必做的虔诚的祭祀，记述"左公柳"成了他们感怀前贤、体念时艰、鼓吹开发西北的借口。

最早记述"左公柳"的当是冯焌光，他在 1877 年自上海前往新疆，在进入甘肃泾州地界时写到："自此以西，夹道植柳，绿荫蔽天。"① 到会宁附近，又记到："过此则途径旷然，夹道杨柳荫庇行路。"② 1891 年，陶保廉随父陶模（调任新疆巡抚）进京述职，返回新疆时，将沿途见闻写成书，其中对"左公柳"也有片言只字的记载："出隆德西门折北行，两旁皆山。……八里铺（即得胜铺），迤西道树成行。"③ 蒙古族人阔普通武 1903 年自西宁办事大臣任上罢官，在返回京师途中写道：10 月 29 日，"晚宿会宁县……自入县西境，官道两旁，杨柳稠密，十年树木，令人忆左文襄之遗爱"④。1905 年，裴景福在其《河海昆仑录》中，对植树造林、保护植被予以关注。特别是看到"左公柳"遭伐的情景，作者为之感慨不已："仆人购薪引火，有枯枝干脆易燃，询之，乃盗伐官柳，闻而伤之。泾州以西达关外，夹道杨柳连荫三千里，左文襄公镇陇时所植也。"⑤ 1911 年，袁大化赴任新疆巡抚，当行至肃州时写到："回望陇树秦云，苍茫无际，驿路一线……长杨夹道，垂柳拂堤，春光入玉门矣。"⑥

辛亥革命之后的 1923 年，美国人兰登·华尔纳率福格艺术考察队前往敦煌考察。是年秋，越过陕西省界进入甘肃，看到这里种的"左公柳""已经长成了，成排成行，夹道矗立"。华尔纳认为，"左总督用这笔申请来的巨款，使这条大西北的道路绿树成荫，作为对他的主子君王统治树立一座永久性的纪念碑，同时，也对这个国家的人民和为数不多的旅行者们带来恩惠"。在连续一个月的旅途当中，"连绵不断的柳树和参天耸立的白杨齐齐整整地排列在道路两旁，这些树木穿过两山之间伸

① 冯焌光：《西行日记》，《宁海纪行》，甘肃人民出版社，2002 年，第 118 页。
② 冯焌光：《西行日记》，《宁海纪行》，甘肃人民出版社，2002 年，第 120 页。
③ 陶保廉：《辛卯侍行记》，甘肃人民出版社，2002 年，第 204 页。
④ 阔普通武：《湟中行记》，《宁海纪行》，甘肃人民出版社，2002 年，第 72 页。
⑤ 裴景福：《河海昆仑录》，甘肃人民出版社，2002 年，第 120 页。
⑥ 袁大化：《抚新纪程》，《西征续录》，甘肃人民出版社，2002 年，第 195 页。

向远方的平地，翻山越谷，蜿蜒行进，构成了一幅壮观的奇景"。这些都被记载在其所著考察记《在中国漫长的古道上》。

1932 年 12 月，林鹏侠女士奉母之命，从上海出发，历时半载，对西北各地进行考察，在从平凉城至六盘山时写到："途中荒凉满目，惟左公柳时或一现，但已零落晨星矣。……夹道浓绿，当时有万里康庄之目。惜年久无人管理，又值连年天人交祸，民不聊生，树皮根芽，均被灾民剥食垂尽。呜呼惨矣！左公遗迹，亦将被湮没而空留嘉话之传流矣！自潼关至此，崇山峻岭，平原广川，一例牛山濯濯。气候干燥，雨量不调，盖荒旱频仍之因。不知以往司民牧者，何以不注意也。"①

1934 年 3 月至 1935 年 5 月，上海《申报》记者陈赓雅，前往边疆视察，对"左公柳"的保存及遭毁情景，作了比较细致的描绘。在行至天祝乌鞘岭时写道："左宗棠西征时，沿途所植榆柳，多已皮剥枯倒，至此尤了无一株，惟青草丰肥，差堪牧畜耳。"② 至静宁、隆德间，则"沿途杨柳，不绝于目——系左宗棠督陕甘时，令防营所植，俗称'左公柳'，颇有纪念意味。树粗一抱多，高二三丈，每株相间三四步，夹道成行。夏日枝叶交荫，征客受益不浅也！"③ 还专门就"大佛寺与左公柳"详加记载："陕甘驿道，两旁所植'左公柳'，当其繁荣时期，东自潼关，西至嘉峪关，长凡三四千里，皆高枝蔽日，浓荫覆道。征客途行，仰荷荫庇，无不盛称左氏遗泽。盖提倡种树已不易，种树成林更不易，成林而有历史价值，国防交通意义，尤属难能可贵。惜柳线所经各县，官厅不知保护，坐令莠民任意摧残，或借医病为名，剥皮寻虫；或称风雨所折，窃伐作薪，以致断断续续，不复繁盛如昔。尤其昨今两日所过驿道，往往长行数十里，尚无一株，荒凉满目，诚有负前人多矣！"自长武至乾县途中触景生情，有此感唱。接着笔锋一转，指出植树造林

---

① 林鹏侠：《西北行》，甘肃人民出版社，2002 年，第 34 页。
② 陈赓雅：《西北视察记》，甘肃人民出版社，2002 年，第 159 页。
③ 陈赓雅：《西北视察记》，甘肃人民出版社，第 281 页。

和保护生态之重要与紧迫："西北面积虽广，但多荒山旷野，一任荒废，利弃于地，既感生产缺乏，复酿水、旱各灾。倘能以之培植森林，则可立致富源。且西北气候，系大陆性而兼沙漠性，朔风一起，尘沙蔽天，沙漠有南迁之势，诚非无稽之谈。若不积极造林，前途殊堪危险！……至于植林间接效用，调和气候，涵养水源，防弭旱、涝，御蔽风沙，增进风景，裨益卫生，更不胜述。法相阿尔脱尔勃尝谓：'亡法国者，非敌国外患，乃在山林之荒废。'此言无异为我西北下针砭。今后广植新树，保护旧林，迅宜双管齐下，不容再缓矣。"① 其议论颇有见地。

1935 年印行的《重修隆德县志》，对"左公柳"作了这样的记载："由隆德城东行经十里铺……入静宁界，合计东西全长九十里，此系官道，坦途两边齐栽白杨绿柳，春夏青青，左公遗爱也。车磷马啸，络绎不绝。"② 虽仅寥寥数语，却颇耐玩味。

同年，赴西北游历考察的张扬明，在其所著《到西北来》中写道，清水至天水途中，"路旁有很多古柳，名左公柳，为左文襄公开发新疆时所植。闻说这种柳树，一直到天水、定西、皋兰一带，绵亘数千里，共约 60 万株；因左公当时来到此地，看见地形复杂，恐怕后面继续来的人迷路，植柳作为标识"。

高良佐在其 1936 年出版的《西北随轺记》中，这样写道："自窑店以西，已入甘境，驿树夹道，迎风而舞，盖悉为左宗棠所植者也，号曰左公柳。按左相当年所植柳树，实起陕之潼关以达新疆哈密，然自潼关至西安道中，零落殆尽，西安至窑店，则已斩伐无余株矣，亦可知人事之多变也。"③ 书中有泾川"左公柳"的插图。

1936 年出版的《西北揽胜》对"左公柳"特作介绍："自陕西而经窑店即入甘肃境，自此西行，驿路两旁，时见柳树成行，大可拱围，高

---

① 《西北视察记》，第 289~290 页。
② （民国）《重修隆德县志》卷二"交通"。
③ 高良佐：《西北随轺记》，甘肃人民出版社，2002 年，第 21 页。

枝参天，均系左宗棠督陕甘时令防营所植者，故名左公柳。按，当时所植柳，自陕之潼关直抵玉门关绵亘达三千余里。嗣后历经兵燹旱涝，砍伐甚多。今则除泾川、平凉以及永登等县内，偶见成行外，余或三三两两，以示驿路之所在，或则连根拔除已一无所见矣。"且有插图，显然将"左公柳"列为西北胜景之一，向世人宣传。

著名记者范长江自1935年7月起对中国西北地区进行考察旅行的通讯合集《中国的西北角》出版，其中记载了"左公柳"。当1935年冬，行至永登途中，看到"庄浪河东西两岸的冲积平原上，杨柳相望，水渠交通……道旁尚间有左宗棠征新疆时所植柳树，古老苍劲，令人对左氏之雄才大略，不胜其企慕之思"。在后来出版的范长江的另一通讯集《塞上行》里，且有对平凉途中所见"左公柳"的描述："下华家岭，至界石铺，又合昔日陕甘大车大道，左宗棠当年经营西北所植柳树，还有不少留于大路两旁。""六盘山东西两面大路，还存着不少的夹道杨柳，皆为左宗棠当日之遗留，以当时交通工具之简单，他的道路路面比现在国道路面为广，此公胸襟之远阔，实不同于当时凡俗之武夫。惟时至今日，左公柳已丧亡十九，长安至新疆之大道，仅若干处略存左柳，以引对前人辛苦经边之回想，其实用的价值，实已渺无可称述。"

1939年印行的《重修古浪县志》里对"左公柳"特予说明："所谓人造林者为左公林、学校林。左公林由县南龙沟堡迤县北小桥堡，沿道节节有之，但皆稀疏，已枯死无多。"

丁履进在1940年写的《西兰之间》"忆左宗棠"一章里写道："左氏由潼关至迪化，运用兵工，开辟大道，夹道植树，保护路面，迄今陕甘公路两侧，老树峥嵘，所谓左公柳者是也。惜后人不加爱护，所伐殆尽，于今所见，依稀数株而已。"

最后，张其昀、任美锷在1942年出版的《甘肃人文地理志》里，对"左公柳"也作了记载，指出植树之重要作用："将来甘肃中部造林，似宜以杨、柳、榆、侧柏等较为适宜，山坡土壤冲蚀最烈，尤宜首先植树，保护梯田之肥土。昔光绪初左宗棠总督甘、陕，尝于甘陕大道两旁栽植杨柳，东起西安，西迄酒泉，郁郁千里，官厅保护迄今已五十余年，有大至数围者，人定胜天，此其明证，惜自民国十五年以还，兵乱纷起，左公柳破坏甚多，惟就其所遗者观之，当代苦心犹昭然可见也。"

透过前人留下的真切记载和生动描绘，透过时光老人投下的深长一瞥，我们仿佛看到了"左公柳"曾经拥有过的辉煌，领略到其迷人的风韵，深感保护植被、保护古树名木，尤其是保护生态环境之亟迫。

2. 晚清民国时期甘肃地方政府对"左公柳"的保护

如前所述，左宗棠在甘肃各地加上新疆所种的榆、杨、柳树，约有一二百万株。

1935年，甘肃省政府对当时的"左公柳"进行统计时，平凉境内尚有7978株，隆德5203株，静宁1386株，固原4351株，山丹1220株，永昌1311株，临泽235株，古浪1015株。这些"左公柳"，"均经编列号数，各悬木牌，高钉树身，以为标志"[①]。

1998年8月出版的《甘肃森林》记载本省境内尚有"左公柳"202株，其中平凉柳湖公园内187株，兰州滨河东路13株，酒泉泉湖公园内仅有2株。

将上面的这三组统计数字略作比较，就不能不令人触目惊心。"左公柳"急速锐减，原因虽然是多方面的，但最主要的还是人为的砍伐。尽管当时的政府制定了相关办法加以保护，并在一定程度上产生了积极的作用和效果，但最终却未能扼制住"左公柳"频遭砍伐的势头，那昔日"密如木城，行列整齐"的景观，逐渐从人们的视野中淡出，引人深思。

早在清代末期，一些有远见的地方官员，就曾在古道两旁张榜告谕："昆仑之阴，积雪皑皑，杯酒阳关，马嘶人泣，谁引春风？千里一

---

① 王艾邦、陈乐道：《"勿剪勿伐，左侯所植"——民国时保护"左公柳"史档解读》，《档案》2003年第4期，第36页。

碧，勿剪勿伐，左侯所植。"① 这是至今所能见到的最早保护"左公柳"的官方文字。但可惜的是，砍伐"左公柳"的情况此后接连发生，从未停止过。1909年，新疆巡抚袁大化路过永登，见到境内大量"左公柳"被人砍伐，"有未伐者，枝亦被人砍"。

1920年，据《甘宁青史略》记载，甘肃"地大震，东西路桥遂多毁坏，县知事伐官树以补之，以公办公，尚无不可，惟此端一开，绅民效尤，已伐去十分之三"。省政府对此耳有所闻，遂通令泾川、固原、平凉、隆德、静宁、会宁、定西、通渭、榆中、皋兰、永登、古浪、武威、永昌、玉门、山丹、民乐、张掖、临泽、高台、酒泉、安西等县，要求"将官树编列号数，责成各地方头目认真保护在案"。

1927年以后，为支应当地驻军、兵站的燃料需要，各县旧驿道两旁大量"左公柳"被"旦旦而伐之，以至于今所存者仅十分之三"②。

1928年，刘郁芬派兵进驻临夏，在西固设立兵站，向当地群众征派大量烧柴，西固川的树木被砍伐一空，其中也有"左公柳"惨遭厄运。与此同时，榆中、皋兰境内的"左公柳"也被当地驻军大量砍伐。

1933年，故宫博物院图书馆馆长傅增湘游历陕西，亲见左公柳"今则旱槁之后，继以兵残，髡枝弱线，十里不逢一株"。不禁发出"树犹如此，人何以堪"的浩叹③。

1934年春，张恨水漫游西北，一入甘肃，只见沿路"左公柳"砍伐殆尽，所余无多，均剥尽树皮，用以充饥了。这应是民国十八年甘肃大旱，引起大饥荒的结果。张在感伤之余，写了一首竹枝词："大恩要谢左宗棠，种下垂杨绿两行。剥下树皮和草煮，又充饭菜又充汤。"④

针对上述情况，1932年11月26日，甘肃省建设厅呈准省政府颁布《甘肃旧驿道两旁左公柳保护办法》，其内容如下：

---

① 裴景福：《河海昆仑录》，第120页。
② 慕寿祺：《甘宁青史略》卷31，第9页。
③ 傅增湘：《秦游日记》。
④ 张晓水：《回忆父亲张恨水先生》，《新文学史料》1982年第1期。

第一条 甘肃旧驿道两旁所有之左公柳，均依本办法保护之。

第二条 各县所有左公柳应由各该县政府依照自治区分段，现责成各区长点数，具结负责保护。区长更调时，应特列专册移交，并由新任区长加结备案；县长更调时，亦应专案交收，呈报建设厅备案。

第三条 各县长、区长无论因何理由，不得砍伐或损坏，如有上项情事，一经查觉，县长记过，区长撤惩。

第四条 人民有偷伐或损坏情事，除依法罚办外，并责成补栽，每损坏一株，应补栽行道树百株，并责令保护成活。

第五条 本办法由建设厅呈准省政府公布施行。

这一《保护办法》虽显粗糙，但它用行政立法的形式对"左公柳"加以保护。

1935年甘肃省政府再次颁发了《保护左公柳办法》，内容如下：

一、本省境内现有左公柳，沿途各县政府应自县之东方起，依次逐株挂牌、编号（单号在北，双号在南），并将总数呈报省政府及民、建两厅备查。

二、沿途各县对于境内左公柳，应分段责成附近乡、保、甲长负责保护，并由县随时派员视查。

三、现有左公柳如有枯死者，仍须保留，不得伐用其木材。

四、已被砍伐者，须由所在地县政府于其空缺之处，量定相当距离补栽齐全，并责令附近保、甲长监督当地住户，负责灌溉保护。

五、左公柳两旁地上土石、草皮、树根、草根，均禁止采掘，并不得在树旁有引火及拴牧牲畜行为。

六、凡砍伐或剥削树皮者，处二十元以上百元以下罚金，或一月以上五月以下工役。

七、如该县长保护不力，应分别情节轻重予以处分。①

---

① 王艾邦、陈乐道：《"勿剪勿伐，左侯所植"——民国时保护"左公柳"史档解读》，第37~38页。

这一《保护办法》与1932年的《保护办法》相比，其内容和措施更加完善，不但规定了各县、区、保、甲保护"左公柳"的具体方法和责任，便于操作，而且明确规定了砍伐、破坏"左公柳"应受的严格处罚，并要求各县"随时派员视查"。随后，各县对其境内现有"左公柳"进行了全面清查、编号并将统计数字上报省政府。

然而，《保护办法》并未得到各地官吏的有效贯彻和执行。"左公柳"遭砍事件仍在屡屡发生。1939年甘肃省政府主席朱绍良巡视陇东，途中"见官道两旁之左公柳被人砍伐甚多，并有剥去树皮者。树虽婆娑，生意尽矣"。而且多为"斧斧新痕，显系最近砍伐"。据此，限令各县在一月内，将该县境内道旁树木，不分大小一律点数、编号报省建设厅，并要求各县"责成当地头人、居民切实培护。如有枯萎，须将树木号数具报县府。县府据报后随即派人查验。如系因被人剥皮或砍伐而枯萎致死者，应将该地人、居民从重处罚，并务将毁坏之人查出重办"，"责成建设厅随时派员考查。嗣后，道旁树木不分大小、种类，如再发现砍伐或剥皮痕迹即将该管县长呈请从严处分"。重申对"左公柳"严加保护[1]。

1940年10月宁定（今广河）县民众密报省主席，称当地保长私自倒卖"左公柳"："今年，县政府颁谕，令当地保长估价出卖，等情。不料宁定政治尚未入轨道，藉公营私、不顾公德之保长，将以三等价估卖，大者六元，次者五元，小者四元，还以公树送人情者亦有之。如此胆敢瞒上营私，百分之一估价公树，目无法纪。而文襄公百余年功绩，国家不得沾益，诚可痛哉。"为此，1941年2月28日，甘肃省政府发布训令指出"该县左公柳，既关古迹风景，又能调和气候，亟应保存。据呈前情，合行令仰该县长迅即查办具复，并转饬所属一体保护"。同年4月29日，国民党甘肃省执委会主任委员朱绍良致函甘肃省政府："近据报告，竟有一般军民对于西兰公路附近之左公柳及兴隆、崆峒各山之林

---

[1] 慕寿祺：《甘宁青史略》卷31，第9页。

木，不知爱护任意采伐。"要求省政府"饬属对于本省之左公柳及各山林木加意保护"。随后，省政府通令泾川、平凉、固原、隆德、静宁、会宁、定西、榆中、皋兰、永登、古浪、武威、永昌、山丹、民乐、张掖、临泽、高台、酒泉、玉门、安西21县，"仰遵照切实保护，并将办理情形具报备查"。诚然，这些训令通令对于保护"左公柳"客观上无疑会起到一定作用。

1946年，隆德县有人报称，该县建设科长陈树德等人以估价处理公路两旁"左公柳"枯树为名，盗卖"左公柳"，使大量左公柳被砍伐。省政府接报后当即令隆德县政府认真查办。经查，隆德县建设科科长陈树德、苗圃主任安涛、神林乡乡长薛昌荣、沙塘乡乡长薛达等人在奉令处理已枯"左公柳"时趁机盗卖了400余株。隆德县政府对当事人进行了严厉的处罚，并对境内现存"左公柳"重新进行了清查、编号。经清查隆德境内尚存"左公柳"3610株。本着"亡羊补牢，犹未为晚"之训，隆德县议会还专门拟具了《违法变卖左公柳处理办法》，其中第三条规定："此次清查现存之左公柳，应由县政府负责重新编号、列册登记。除县府存案列交外，登记册抄发所在地之乡镇公所，负责切实保护。非呈奉省府核准，任何人不得砍伐，并将此次所伐缺空趁兹植树时期，补植新苗，保护成活，以重先贤遗爱，而免再有同样情事发生。"[①]

纵观民国时期，为了保护"左公柳"，使其免遭砍伐，地方政府确实出台了一些较好的办法，采取了一些相应的措施，部分有识之士也为之呼吁，在一定程度和范围内对砍伐"左公柳"的行为起到了某种抑制作用。但从根本上看，由于当时政治黑暗，吏治腐败，民不聊生，社会环保意识薄弱，纵然有好的办法和措施，也只能流于形式，难如其愿。

---

① 王艾邦、陈乐道：《"勿剪勿伐，左侯所植"——民国时保护"左公柳"史档解读》，第38～39页。

3. 关于"左公柳"的一些传说与诗话

左宗棠在甘肃时一心为民、造福地方，深得老百姓的爱戴。据载，他在离开西北时，"关内外闻之……胥惶然如失所覆，巷议户祝，筹所以留公，而不可得，则奔趋幅忆，顶香膝跃，呼感恩，数十百里无绝声"①。在甘肃的一些地方，至今还流传着左宗棠栽树护柳的故事。

在酒泉就有"斩驴护柳"的传说。相传，左宗棠从新疆返回酒泉后，看到酒泉有些树木的树皮全被剥光，四大街的新栽树木多已死亡，他十分愤怒。一天，他微服出巡，发现乡民骑驴进城办事时，多将毛驴拴在树上。毛驴竟啃起了树皮，官吏、市民熟视无睹。左宗棠下令将驴斩杀，且通告城乡，从今以后"若再有驴毁林者，驴和驴主与此驴同罪，格杀勿论"。一时间，左公斩驴护树传为佳话。

时隔不久，酒泉又传着左宗棠斩侄护林的故事，说左宗棠的侄儿居功自傲，有恃无恐，对左宗棠植树护树的号令藐视，手执砍刀当众砍倒一片林木。左宗棠闻报，怒不可遏，以"毁林违纪"之罪，公开斩首示众②。

这些传说姑且不论其是否真的发生过，它的流传，表明当地人民从左宗棠身上继承了爱护林木的精神，养成了植树护林的习惯，从此，酒泉城内林木葱浓，环境幽雅，造林护树之风代代相沿。

至于有关"左公柳"的诗歌、诗话，自从杨昌浚的那首："上相筹边未肯还，湖湘子弟满天山。新栽杨柳三千里，引得春风渡玉关"的名篇传播开来，不仅尚在肃州大营的左宗棠读后"拈髯大乐"，也引发了后世无数文人骚客的诗兴。吟咏"左公柳"成了西北边塞诗的新题材，"春风玉关"的诗话又创新格，留下了一段千古佳话。笔者孤陋寡闻，

---

① 秦翰才：《左文襄公逸事汇编》，岳麓书社，1986 年。
② 上述两个传说均见于李金香《细说左公柳》（《档案》2000 年第 6 期）第 23 页。

愿就多方搜求所得以飨读者①。

清代诗人萧雄（字皋谟），湖南益阳人。著有《西疆杂述诗》四卷，对新疆地理风俗人事各项，叙述甚详。其中一首吟到"左公柳"，诗云：

> 千尺乔松万里山，连云攒簇乱峰间。
>
> 应同笛里边亭柳，齐唱春风度玉关。

对新疆天山地区种植"左公柳"的情景，诗的自注中作了如此记载："左文襄公檄饬湘楚诸军，各于驻处择低洼闲地，搜折树枝，排插为林。方及数年，已骎骎乎蔚然深秀，民甚德之。皆榆柳也"。

兰山书院山长、皋兰人吴可读写了《呈左爵相七律二首》，其二云：

> 感恩知己更何人？六十余年戴德身。
>
> 千水见河山见华，维崧生甫岳生申。
>
> 从来诗律推元老，自古边防借重臣。
>
> 遥想玉门关外路，万家杨柳一时新。

民国时期，无锡诗人侯鸿鉴著有《西北漫游记》，其中有他于1935年5月写的《自陕至甘有怀左文襄》七绝二首：

其一

> 自古西陲边患多，策勋自是壮山河。
>
> 三千陇路万株柳，六十年来感想何？

其二

> 杨柳丝丝绿到西，辟榛伟绩孰能齐。
>
> 即今开发边陲道，起舞应闻午夜鸡。

诗中自注说："出潼关至玉门关，左文襄植柳数万株于道旁。"

当代诗人吟颂"左公柳"的诗词更是不少。著名词人张伯驹在其《杨柳枝》中这样写到：

> 征西大将凯歌还，种树秦川连陇川。

---

① 本节蒙采用秋帆、方学《"左公柳"诗话》（《档案》2003年第4期）中部分诗词，在此表示谢忱。

绿荫多于冢上草，春风一路到天山。

有一首曾经在海峡两岸学生中间广为流传的爱国歌曲。词作者是民国时期的教育部长罗家伦先生。他当时要出使法国，途经新疆，考察了当地政治、经济、文化和民俗之后，写下这首脍炙人口的诗篇，并由当时著名的音乐家赵元任先生作曲：

左公柳拂玉门晓，塞上春光好，天山融雪灌田畴，大漠飞沙旋落照。沙中水草堆，好似仙人岛。过瓜田，碧玉葱葱；望马群，白浪滔滔，想乘槎张骞，定远班超，汉唐先烈经营早。当年是匈奴右臂，将来便是欧亚孔道。经营趁早，经营趁早，莫让碧眼儿射西域盘雕。

陇上著名诗人王沂暖在其《念奴娇·兰州》中写到：

……左柳生春，霍泉漱玉，功在人间世，严关迎送，几多贵主西去！而今岁月峥嵘，舆图换稿，景色添新丽。

著名诗人袁第锐，在其《恬园诗曲存稿》中有"天池"诗二首，其二云：

八骏西游未肯还，穆王消息滞天山。

瑶池自有奇花草，何必春风渡玉关。

萧涵加注曰："春风与玉门关一案，可分三个阶段。王之涣：'黄河远上白云间，一片孤城万仞山。羌笛何须怨杨柳，春风不渡玉门关。'其第一阶段。清末杨昌浚之'上相筹边未肯还，湖湘子弟满天山。新栽杨柳三千里，引得春风渡玉关。'一反王之涣原意，是为第二阶段。先生此诗，先说八骏西游未肯还，暗示天山水草富饶，非无春风，八骏愿意'安家落户'而'未肯还'。次说当年穆王不返，正为瑶池值得终老，所以无消息者，只是音书远隔而'滞'，并非其他。末两句点明正题，在'春风玉关'这一场公案上可以说是'另辟蹊径'，故为第三阶段。"[1]这首诗虽非专咏"左公柳"，但为"春风玉关"另创一格，为此段公案

---

[1] 袁第锐：《恬园诗曲存稿》，中州古籍出版社，1994年，第9页。

增色不少，故专录于此以志存留。

诗人谢宠，有数首诗词专咏"左公柳"。其中《杨柳枝》之一云：

> 王母蟠桃去不还，左公杨柳老阳关。
>
> 请君莫美前朝树，多育春苗绿北山。

左公柳前

> 老干依然出叶新，左公遗柳百回春。
>
> 金城父老河边歇，犹说前朝种树人。

南歌子·敦煌古道见左公柳

> 挺干盘根固，抽枝出叶新。玉门关外障沙尘，仿佛龙城飞将抖精神。绿荫天山月，魂归瀚海春。风流早是百年身，犹自飘花吐絮逗行人。

赵幼诚《左公柳》云：

> 闹市蓝天已久违，沙尘暴虐逞淫威。
>
> 百年古柳谁曾见？隔纪重论是与非。

武正国《左公柳》云：

> 疆土岂容沙漠吞，广栽苗木扎根深。
>
> 万千荫路双排柳，护送春风度玉门。

龙景和《左公柳》云：

> 杯酒阳关古畏途，筹边远略靖西隅。
>
> 春风一碧三千里，合抱今能有几株！

陈乐道七律《春柳》云：

> 左公遗爱问谁怜？望里春云罩碧烟。
>
> 千种离思萦别渚，万条吟绪托吹棉。
>
> 浓遮关塞停征马，翠拂楼台忆锦年。
>
> 看取神州新画幅，河山染绿浩无边。

上述诗章，或借史抒感，评论人物；或托物寄兴，关注生态，各具风格，从不同侧面展示出一幅幅"左公柳"的生动画卷，抒写出了"左公柳"应有的遗风流韵。

"左公柳"，已不单是一种自然景物，一种百年古树，或许还有更深一层的意义，说它具有独特的历史价值和文化内涵，当不为过。正因为如此，它成为诗人们吟咏的对象，成了艺术家们审美的对象，也成了改造西北自然环境的象征，更是"左公种柳"精神的丰碑。

十一、左宗棠治理与开发甘肃的评价

中国自近代以来，由于国际国内形势的影响和政治军事的需要，国人对西北的开发曾出现过三次高潮：一是左宗棠任陕甘总督时期；二是20世纪初清政府实行新政时期；三是抗日战争时期。而左宗棠对甘肃与西北的开发，无论从哪个层面上来看，都具有重要的意义。

（一）治理与开发甘肃的意义

1. 从开发动因来讲，左宗棠开发西北的活动完全是当时的政府应对西北边疆危机的一种反应。历史证明："社会政治环境的重大改变常常成为大规模经济开发活动的先导。"[①] 晚清出现的西北开发热潮，同样有其深刻的时代背景和客观的诱因，可以说，它是清政府应对当时西北边疆危机的一种反应。同治初年爆发的西北回民大起义，造成了对清政府在西北各省统治的猛烈冲击，使清政府在当地的统治濒临崩溃。此时，中亚浩罕国、沙俄、英国乘机大肆侵占中国新疆部分领土，实行野蛮的殖民统治，并把侵略的魔爪伸入西北各省，加剧了西北的边疆危机，"塞防"已变得和"海防"同样重要和紧迫。清政府对西北地区的

---

① 华立：《清代新疆农业开发史》，黑龙江教育出版社，1998年，第25页。

重要战略地位有了更清醒的认识，即西北的安危盛衰，不仅关系该地区的发展和前途，而且对整个中国的稳定也有重要的影响。大乱之后，如果不及早对西北进行开发，不但来之不易的统一局面有可能失去，而且会危及整个的国家安全和长治久安。这是左宗棠和时人注重开发西北的思想基础。

2. 从开发历程来讲，左宗棠的治理与开发活动揭橥了近代开发西北的序幕。1866 年（清同治五年），闽浙总督左宗棠调任陕甘总督。左氏在平息陕甘回民起义和讨平阿古柏反动政权后，为稳定社会秩序、巩固清王朝在西北的统治，在农业、工业、水利事业、交通运输以及文化教育等方面，采取了一系列的开发措施。如收复新疆以后，左宗棠就大规模地兴办蚕桑事业，两次从湖州运桑秧到新疆、甘肃，栽种移接，并请专家到新疆、甘肃传授养蚕、缫丝、织造等技术；他自己在甘肃的肃州栽种桑秧，也让杨昌浚在兰州栽种桑树千余株。左宗棠认为："移浙之桑，种于西域，亦开辟奇谈，古今美利。""十年之后，可衣被陇中。"在当时的条件下，有这样的创举和愿望，可谓难能可贵。左宗棠为开发利用西北的羊毛，使"甘人自享其利"，创办了国内第一家近代毛纺厂——兰州机器织呢局。"不管这些开发活动的效果如何，但不能否认，左宗棠主政西北期间出现了第一次开发高潮，这也是西北近代开发史的开端。"① 为此后西部的历次开发奠定了基础，开启了甘肃早期现代化的历史进程。

3. 从开发策略上讲，左宗棠对甘肃与西北的开发标志着中央政府对西北的管理模式实现了由传统的统治策略向新的谋求经济发展战略的转变。开发西北是一个很古老的话题，如果仅从人们对环境的利用、改造这个层面上讲，自西北有人类生息以来，就有了开发。在漫长的封建社会，中国西北的开发可以说一直延续着。然而把"开发西北"由传统的统治策略转变为发展经济的构想，并纳入国家经济建设的方略，则始

① 魏永理等编：《中国西北近代开发史》，甘肃人民出版社，1993 年，第 620 页。

于左宗棠对甘肃与西北的开发。左宗棠力图改变历代王朝经营西北"治兵之官多，制民之官少"的军府制管理模式，希冀多关心民瘼，发展经济，进行开发式建设，以期"政教旁敷"。这种理念对整个西北开发中发展模式和趋向都具有深远的影响，自此，近代西北开发被"注入了前所未有的新的推动因素，从而使之具有清代前期那种完全封建生产力范畴内开发活动所不具备的新特点"①。即左宗棠使开发西北的战略构想实现了由传统的统治策略向发展策略的转变。

4. 从开发内容来讲，左宗棠对甘肃与西北的开发完成了由传统的经济门类向近代工业化的转型。左宗棠的开发活动除了依照传统的经营理念着手屯垦戍边、发展垦殖、兴修水利之外，最主要的是把新兴的生产力引进到西北。具体表现为充分利用西北资源，引进机器生产，仿造铁路，发展近代西北工矿交通业，使西北地区数千年缓慢发展的社会生产力有了根本的突破，引发了甘肃社会经济结构的变迁。19 世纪 70 年代，左宗棠在西安设立了西北第一个以军事工业为先导的机器制造局，标志着西北近代机器工业的发轫。不久因新疆危机，机器局西移至兰州。新疆战事结束后，在发展西北的"军"转"民"潮流中，从德国购进机器，创办兰州毛纺织厂。光绪六年（1880 年）九月，织呢局开工。兰州织呢局在西北的出现，既是一项开创性的事业，也是一项标志性的工程。尽管兰州织呢局由于各种因素最终以失败告终，但不可否认，织呢局毕竟是西北最早的具有较大规模和较高技术含量的近代企业，作为一个样板，它确实起了开创风气的作用。

5. 从开发后果来讲，左宗棠对甘肃和西北的开发奠定了西北国防安全和长治久安的基础，具有十分重要的历史意义。左宗棠在当时中国沦为半殖民地半封建社会的弱势国力下，一举收复新疆，确属难能可贵；而他为开发和建设甘肃与新疆所采取的一系列政治、经济、文教和环境治理方面的举措，更是独具眼力，影响深远。由于有西征将士的奋

---

① 马汝珩、成崇德主编：《清代边疆开发》，山西人民出版社，1998 年，第 64 页。

力拼搏和左宗棠的正确决策与指挥，清廷顺利解决了险象环生的西北边疆危机，使领土免遭瓜分；对西北的开发也取得了阶段性的成果，这对提高捍卫国家主权的能力、增强西北各族人民对祖国的向心力和凝聚力、缩小西北与内地的经济文化差距、巩固西北边防，从而也对维护祖国的统一和领土的完整这些核心的国家利益，具有十分重要的作用。正是在这一点上，左宗棠功不可没，永远值得后人敬佩与怀念。

（二）治理与开发甘肃的经验和教训

同治八年（1869 年）春，左宗棠记述初到甘肃的状况是："远近城邑寨堡惨遭杀掠，民靡孑遗。平、庆、泾、固之间，千里荒芜，弥望白骨黄茅，炊烟断绝，被祸之惨，实为天下所无。"[1] 乱后，平庆泾固道台魏光焘来到庆阳，时 "郡城一带杳无人迹，城内荒草成林，骨骸堆积，奇禽猛兽相聚为薮"。城外稍远之地，"时有一二遗民，居住在岩穴，采食草籽，形类鬼魅。忽见有人寻踪，以为贼至，望即狂奔，追及询问，不但不知贼耗，亦不辨年月"[2]。勇丁广搜细寻，原城内 3000 余户，只残存百十人入城。宁夏北部地区的情况是 "孑遗幸存者，往往数十里村落寥寥，人烟绝无" 的一片凄凉景象。"清初宁夏户口最为繁盛，道、咸以降，迭遭兵燹。同治之变，十室九空。"[3] 宁夏南部隆德县 "迭遭兵燹，远者无论，自经同治劫杀后，全县十庄九空"。[4] 青海也遭受了很大的破坏。同治十三年（1874 年）正月二十一日，西宁办事大臣豫师由平番进驻碾伯，为所见情形深感恻然：沿途 "率皆触目荒凉，

① 《左宗棠全集·奏稿》（卷四），第 74 页。
② 惠登甲：《庆防纪略》（下卷），第 70 页。
③ （民国）《朔方道志》卷九。
④ （民国）《重修隆德县志》卷一。

田原茂草，间有零星各残堡逃回难民，或数家或数十家不等，苦无生计，殊堪悯恻"[1]。因此，左宗棠在给儿子孝威的家书中有"无论平、庆、泾、凉一带纵横数千里，黄沙白骨，路绝人踪"[2] 的记述。又说："陇之苦况与浙江严州光景相似，而荒瘠过之，人民百不存一矣。狼最多。"[3] 可以依此想见当时甘肃遭受破坏的惨相与荒凉的程度。

但经过十数年的治理与开发，甘肃自东向西，均已呈露出复兴的迹象。到光绪六年左宗棠离开甘肃时，各地开发都程度不同地取得了阶段性的成果。

对于河西走廊到兰州一线的情况，左宗棠总结说："沿途察看民物安阜，较五年以前大有起色。耕垦日广，民食渐充，白面一斤值钱十文，杂粮市价递减，窖藏甚多。罂粟既禁，以其腴地改种草棉，向之衣不蔽体者亦免号寒之苦；近更广植浙桑，关内外设立蚕织局，收买桑叶、蚕茧，俾民之不知饲养、缫丝者均可获利。兰州织呢局结构宏广，安设机器二十具，现开织者尚只十具，所成之呢渐见精致，中外师匠及本地艺徒率作兴事，日起有功。途中所见沟洫桥梁，靡不整饬，水利兴焉。道旁所种榆、柳，业已成林，自嘉峪关至省，除碱地、沙碛外，拱把之树接续不断，行过学塾，时闻诵声，士庶金称承平时所未有也。"[4]

对于甘肃东部，他是这样记述的："察看甘肃东路收复有年，善后诸务施治较早。记名提督、借补镇海协副将周绍濂一军分驻安定、会宁、静宁一带，现署臬司、平庆泾固道魏光焘一军分驻平凉、泾州、隆德一带，频年操防护运之暇，修筑城堡，平治道路，搭架桥梁，开浚河渠，种植官树，利民之政，百废具兴，冀成永利。……回忆入关度陇时城郭人民萧条荒寂之状，不意乃有今日也。"[5] 这些记述是报告给朝廷

---

① 吴丰培编：《豫师青海奏稿》，第 134 页。
② 《左宗棠全集·家书·诗文》，第 142 页。
③ 《左宗棠全集·家书·诗文》，第 145 页。
④ 《左宗棠全集·奏稿》（卷七），第 635 页。
⑤ 《左宗棠全集·奏稿》（卷七），第 641 页。

的，难免有夸饰之嫌，但开发初显成效是真实的与可信的。光绪初年，有人从新疆经甘肃、陕西回广东，记述途中见闻时说："自入陇所见，民物熙熙，一片升平景象，竟若未经兵燹者。"①虽不无溢美之意，但显然已迥非战时黄沙白骨、赤地千里的惨相了。

左宗棠还庆幸有如此多的志同道合的后继者与他共襄开发西北之盛举："窃念穷边兵燹之后，气象更新，嗣事复得同心之侣，将来赓其绪而恢张之，边氓获福，岂有涯量！"并说他离开甘肃的心情与当年离开福建时相比，"无回顾之虞，尤为私幸"②。喜悦之情，溢于言表。可见他对开发西北初见成效比较满意，对后继有人也颇多自信。左宗棠开发甘肃的这些成就说明，这次开发是一次成功的改革尝试，有许多的经验值得后人总结与汲取。由于左宗棠对甘肃的开发只是其善后政策的一部分，并没有严整的规划、科学的论证，加上资金缺乏、人才缺少、吏治不良，许多开发措施难以取得预期的效果，甚至许多建设计划因故中辍而无果以终，留下了不少的启示，也值得探究。

1. 左宗棠治理与开发甘肃的经验

（1）通过各种途径认识甘肃的实际情况，汲取各方面的治理与开发经验。

左宗棠认识甘肃与西北有三个途径：一是历史典籍记载，如《天下郡国利病书》、《读史方舆纪要》和《水道提纲》，特别是从《海国图志》、《西域图志》、《新疆识略》和汉、唐、清代对西北历史、地理和兵略的记载中，了解山川地形、风土人情和军政文化，认识和考察那里发生的一切。二是从当时的名人、学者如龚自珍、徐松，特别是与林则徐谈"西域时务"，知"西域屯政不修，地利未尽，以致沃饶之区不能富

---

① 引自左景伊《左宗棠传》，第 257 页。
② 《左宗棠全集·奏稿》（卷七），第 635 页。

强"① 的究竟，汲取前人对西北的认识和建设西北的经验教训。三是自己在西北的亲身实践，加深和丰富了对西北的认识。一方面左宗棠是农家出身，"家世寒素，耕读相承，少小从事陇亩，于北农、南农诸书性喜研求，躬验而有得；所部楚军，向用农家，不收游手，其将领又多由佣耕作苦而来，故以其所习课其所能，不烦教督而自劝"②，具有独特优势。另一方面，左宗棠在从入关度陇再到新疆的征程中，除了自己注意搜集、考察和研究各地情况外，还让部属如刘锦棠、张曜去调查林则徐当年在吐鲁番兴修伊拉里克水利和办理屯政的情况，从中汲取开发甘肃与西北的经验。

左宗棠正是根据"研究所得，消化了前人的良法美意，同时注重尽量避免重蹈前人的覆辙。这样，才成立了他自己的经营西北的方案"③，以办理屯政为例，左宗棠曾总结历史经验指出："历代之论边防，莫不以开屯为首务。或办之用兵之时，以省转馈；或办之事定之后，以规久远"。④ 这显然是正确的，但他也看到，在具体办理的过程中，以前各代都不注意正确处理军屯与民屯、军食与民食的关系，方法单一，致使屯田效果不够明显。为此，他提出先有民食、后有军食，欲兴兵屯，必兴民屯的主张。在要求军队且耕且战、开荒种地的同时，特别强调纾民力、培民本，驱民归农。他总结以往屯田的经验教训，深刻指出："从前军队亦何尝不说屯田，然究何尝得屯之利，亦何尝知屯田办法？一意筹办军食，何从顾及百姓？不知要筹军食，必先筹民食，乃为不竭之源。否则兵欲兴屯，民已他徙，徒靠兵力兴屯，一年不能敷衍一年，如何得济？"因此，他提出，屯田举办之初，须查清当地百姓还有多少人，"其力可耕垦，无籽种牛力者，酌其能耕地若干，分别发给，令其安心耕获。收有馀粮，由官照时价给买，以充军食。其必须给赈粮者，亦酌

────────────

① 《左宗棠全集·书信》（卷三），第 140 页。
② 《左宗棠全集·奏稿》（卷六），第 637 页。
③ 《左文襄公在西北》，第 228 页。
④ 《左宗棠全集·奏稿》（卷六），第 288 页。

量发给粗粮，俾免饥饿……若民屯办理得法，则垦地较多，所收之粮，除留籽种及自家食用外，馀粮可给价收买，何愁军食无出？官军能就近买粮，省转运之费不少。此时由官给赈粮，给种子牛力，秋后照价买粮"。当地百姓"既得稍延残喘，且有利可图，何事不办"？很显然，这是一种欲取先予、放水养鱼、开发式的赈灾救贫措施，充分贯彻经济利益的原则，较好地实现了军民两利，"此民屯之要策也"。就"军屯"而言，也必须贯彻经济利益的原则。"最要是照粮给价，令勇丁均分，庶勇丁有利可图，自然尽力耕种。营哨官出力者，存记功次优奖；否则记过。如此，则各营勇丁吃官粮，做私粮，于正饷外，又得粮价，利一；官省转运费，利二；将来百姓归业，可免开荒之劳，利三；又军人习惯劳苦，打仗更力，且免久闲致生事端，容易生病，利四。此兵屯要策也。"① 这样军民结合，耕战结合，特别是把经济利益驱动机制引进到古已有之的屯田戍边的举措当中，确实是左宗棠的一大首创。事实上，正是由于屯田垦荒得法，才使进军顺利，又为战后农业开发与建设创造了条件。

(2) 确立为民兴利的思想，追求长治久安的目标。

左宗棠既是军事家，又是政治家。他从民本思想出发，把为民兴利、长治久安作为开发甘肃的根本原则和追求的主要目标。他说："为政先求利民，民即利矣，国必与焉。"② 并说： "朝廷设官，所以为民。"③ 因此，在开发西北时十分注重澄清吏治、革除积习，他说："甘肃官场恶习，惟以徇庇弥缝见好属吏为事，不复以图事为念。"④ 他对作恶害民的官吏，如吐鲁番善后局委员擅收门牌费，"需索有据"⑤，就让查办。他除了重视察吏、训吏、恤吏外，更重亲吏，曾指出："欲知

---

① 《左宗棠全集·书信》(卷二)，第 438～439 页。
② 《左宗棠全集·札件》，第 454 页。
③ 《左宗棠全集·书信》(卷二)，第 300 页。
④ 《左宗棠全集·奏稿》(卷七)，第 635 页。
⑤ 《左宗棠全集·书信》(卷三)，第 451 页。

民事，必先亲民；欲知吏事，亦须亲吏。"① 把亲吏视为亲民的关键。他提倡官吏为政要去贪尚廉，崇实黜华，公私分明。鄙视"丰镐旧族""假屯田之名，夺穷民之食"② 的做法。

左宗棠在制定计划和进行建设时，都极重视为民兴利。如他"筹开河、凿井、制呢诸务"时就说是"以浚利源，阜民即所以裕国③。为开发西北他还多次捐献自己的养廉银，如 1877 年（光绪三年）陕西和甘肃庆阳等地发生了 300 年未有之大旱时，除了调拨协饷外，自己捐银 1 万两，其中 3000 两归庆阳，7000 两归陕西，以救西北人民所遭受的奇旱绝荒之灾④。光绪六年（1880 年），他见安西一带"均是沙碛，人烟阒寂，草树亦稀"时，又拨养廉银 2000 两让"购买种羊，发交兵民，以收畜牧之利，冀流亡尽复，荒地续开"⑤，都是着眼于为民兴利。随后，他为兴利更强调开源，说："与民争利，不若教民兴利。"⑥ 他在西北发展工矿业，兴修水利，发展农牧业，改革赋税，特别是新疆建省，都是为民兴利，以求长治久安之道。左宗棠心系于民，得到了人民的支持和拥护，这是他开发甘肃与西北取得成效的先决条件。

（3）针对甘肃与西北各地的不同情况，因地制宜，有侧重地推进开发与建设。

左宗棠入关度陇以来，大军每至一地，他都要冷静地分析面对的各种情势，统筹全局，提出军事方略、善后大纲、开发要点，以指导全局性的工作。他从同治六年正月首上《敬陈筹办情形折》至光绪六年写下《办理新疆善后事宜折》止，在西北期间或拟折自奏或遵旨筹办，所写具有全局指导意义的奏折不下十数道，既影响清王朝能够对有关西北的

---

① 《左宗棠全集·札件》，第 290 页。
② 《左宗棠全集·书信》（卷二），第 460 页。
③ 《左宗棠全集·书信》（卷三），第 478 页。
④ 《左宗棠全集·书信》（卷三），第 251 页。
⑤ 《左宗棠全集·书信》（卷三），第 610 页。
⑥ 《左宗棠全集·奏稿》（卷八），第 538 页。

问题作出恰当的决策，也指导了开发西北的各项事业沿着正确的方向推进。对此，秦翰才在《左文襄公在西北》一书中总结道：左宗棠"在西北的成就，就是这一种对于西北大势健全的、准确的和实际的认识在起作用"①。

左宗棠不仅对西北大势了然于胸，举措得宜，而且对西北各地的差异、特点也有深刻的见解，因而使各项工作的展开能因地制宜、显示地方特色。左宗棠一方面看到了甘肃与西北天寒地广，水少人穷，财赋不敌东南一富郡的缺陷，亟须开发与建设，才能改变落后贫穷的状况。另一方面又了解到因地理和气候的关系，这里不仅矿产资源丰富，农业和畜牧业也大有特点，棉花、羊毛、蚕丝和瓜果驰名中外，开发矿藏、发展工业和农牧业潜力很大。以植棉、育蚕来说，陕西"关中草棉桑柘地无不宜"，甘肃虽"山高气寒"，但"向阳之地未尝不可栽种"②。适宜在甘肃的陇东和河西一带大量推广。尤其是把禁种罂粟和提倡种棉结合起来，把种棉作为替代罂粟种植的经济手段加以推行，以致"近凉、甘之民亦知务此"，"皆知棉利与罂粟相埒，且或过之。一亩之收，佳者竟二十余斤，每斤千文，其费功翻省于罂粟劖果刮浆也"③。庆阳的正宁县和宁州的地方官因倡禁罂粟，推广种棉，"不惮烦劳，时巡乡野，亲为劝导"，"已有成效"④，受到左宗棠的嘉奖。同样是查禁罂粟、倡种草棉的计划，在甘肃宁夏府执行时，却强调严禁罂粟种植，对禁种不力的官员给予严厉的惩处，但对种草棉一事，只倡导不强求，因为宁夏是产粮腴区，在粮荒频繁发生的时候，种粮更加重要。经过整顿，"宁夏一府，阖境罂粟根株，一律锄拔净绝；又幸时雨普沾，渠流畅注，改种杂粮，均极繁茂，丰稔可期"。此后，"匪特闾阎储峙渐丰，民食、军粮

---

① 《左文襄公在西北》，第 228 页。
② 《左宗棠全集·书信》（卷二），第 379 页。
③ 《左宗棠全集·书信》（卷二），第 444 页。
④ 《左宗棠全集·奏稿》（卷六），第 28 页。

均有攸赖，而民生既厚，民俗亦端，长治久安之效，肇于此矣"①。这就是区别对待、因地制宜的好处。

从整体来看，左宗棠开发甘肃与西北的政策，各地区均凸现出不同的侧重点。陇东以治理泾河为重点；定西以修路筑桥，栽种官树为重点；兰州以兴办机器局和机器织呢局为重点；河西以种粮种棉，发展畜牧，试办开矿为重点。而新疆南、北两路素号腴区，有药材，皮张，吐鲁番之棉花，和田之玉，库车之金、铜、铅、铁"各矿均极丰富"，"均应设筹及之，是新疆利源非无可开也"②。正由于突出了地域优势、地方特色，左宗棠开发西北的成就才更加异彩纷呈，耐人回味。

（4）广筹经费、注重交通运输、引进先进技术与人才。

甘肃地域辽阔，贫穷落后，与东南沿海相距遥远，交通不便，资金缺乏。要开发建设，首先需要广筹资金，解决经费问题。左宗棠在甘肃从事建设，没有专门款项，而是从协饷中匀拨，此外就靠借款、捐输和改革茶税等项收入，总之是千方百计搜寻、筹集资金，进行艰难的建设。此部分已在第六章之理财税一节中做了论述，兹不赘述。

运输主要靠社会与官商车驼驮运，对笨重器物如开河、织呢机器，由汉口运往兰州时，就采取化整为零的办法，将笨重难运的机器，如"锅炉得拆散了一块块地运，山路有时得开凿了，然后才能把大件机器搬过去"③。此外，左宗棠还注意整修道路。在甘肃修筑了陕甘大道，最难走的一段在静宁到会宁之间。尤其翟家所到会宁城东的一段，属祖厉河流域，当地人称"七十二道脚不干"。这里溪涧交错，冬天冰滑难行，夏日满道泥泞，大部分路线又左右徘徊于河床之上。一遇山洪不但阻断交通，而且危及行人生命。自古以来，行旅叫苦连天。为免除夏秋因洪水而发生意外，加快军实的转运，避开河床新筑车路四

---

① 《左宗棠全集·奏稿》（卷七），第144～145页。
② 《左宗棠全集·奏稿》（卷七），第195～196页。
③ 《中国近代工业史资料》（第一辑）下册，第898页。

十三里，极大地方便了行旅。不仅如此，他随后还主张招商集股自办铁路，先修清江浦至通州铁路，"至推广于西北一路，尤为日后必然之势"①。

科学技术，特别是掌握科学技术的近代人才，是开发甘肃，建设西北的一个更须重视的问题。左宗棠兴办教育，注重培养人才，提倡"经世致用"和学以致用。他一方面举办专事基础教育的书院和义学，坚持以科举取士，培养所谓的"经邦济世"之才；另一方面他又认识到外国"日新月异"的发展，"艺重于道"，应该"弃虚崇实，艺事独擅"，所以他便极力主张改革科举科目。除文、武科外，应增设"艺事科"，培养"明制造之理与数"的技术人才，"省虚文而收实效"②，兼收外国之长技以为我用，以求发展中国生产力。这种学习外国技术，培养本国科技人才的思想，在西北期间一直坚持并付诸实施。1878 年左宗棠在《复陈新疆情形折》中，讲到发展新疆教育时，除强调"创设义塾，教之识字"外，还提出了"选调匠师，教之艺事"的主张③。左宗棠在西北创办兰州制造局和甘肃织呢局就是重视科学技术和培养掌握科学技术的近代人才的一种体现。如购买和采用外国机器设备，雇聘外国工程技术人员，重用像赖长这样有实践经验的制造专家。在兴办甘肃织呢局时，他派"赋性灵敏堪资学习者"，"赴该局专心学习"，"尤为此邦师匠所自出"④。他创办兰州制造局时，亦让杨昌浚从"勇丁之聪慧者"中选拔人员入局"学习"，以为将来造就一批"必有可用之材"。并说：西方技术人员"均由匠人推择，并非于士类求之"⑤，表现了左宗棠作为洋务巨擘所应有的眼光与气魄。

---

① 《中国近代铁路史资料》（一），中华书局，1984 年，第 107 页。
② 《左宗棠全集·札件》，第 607 页。
③ 《左宗棠全集·奏稿》（卷七），第 195 页。
④ 《左宗棠全集·札件》，第 468 页。
⑤ 《左宗棠全集·书信》（卷三），第 481 页。

2. 左宗棠治理与开发甘肃的教训

（1）开发甘肃与西北的计划缺乏通盘的考虑和整体的规划；诸多具体项目缺乏必要论证，盲目上马，无果而终。

左宗棠到西北时，西北并不是一个和平安定，可供其从容筹划开发大计的地方，而是一个混乱动荡、军情紧急的地区。因此，军事问题始终是头号大事。可以说，他"在西北有十二年八个月之久，实在他的精神和时间，可说百分之九十以上，用在军事"①。他对甘肃与西北的开发建设活动，实际是其善后措施的一部分，内容不外乎"督耕垦，兴水利，刻经籍，立义学"② 等方面，实在没有形成整体的、科学的开发西北的系统方案。就是这些善后措施，也不是在同一时间展开的，而是随左宗棠军事上的进展，自东向西逐步推开的。甘肃大部分地方在同治十一年全省肃清以后，新疆则在光绪三年大体收复之后，开始善后与开发的。而就甘肃一省来说，时间也不相同，陇东在同治八年，河西走廊则在同治十二年之后了。这种随着收复时间的先后开展的重建与开发活动，自然有很大的随机性，这是当时的客观环境造成的，无可指摘。

但就左宗棠在西北各省执行的较好的某些开发建设措施来说，缺乏科学、整体计划的痕迹也很明显。以左宗棠在西北广种榆柳、绿化环境而言，所种树木仅限于官道两旁，并没有把植树和治水相结合，使植树与防止水土流失、改善生态环境构成一个有机的整体，推而广之，从而形成一个粗具形态的开发、改造西北的计划。因此，被后人广为传颂的"左公柳"，只不过是过往官道的旅行者眼光仅及的一道风景线而已。

又以左宗棠在西北广兴义塾为例，这的确是非常重要的一项开发活动，所办义塾总计也不下二三百处，但这个数目相对于广袤的西北国土来说，实在太少。对于如何办好这件事，应该有一个继往开来的规划，

---

① 《左文襄公在西北》，第 222 页。
② 《左宗棠全集·书信》（卷二），第 236 页。

确定各地方州县应办义学的最少数量、筹资方式、达到的目标等。但这些都没有做到，各地区所办义学或为地方官捐廉银兴办，或另想办法，总之都是响应左宗棠的号召独自筹办。至于义塾如何发展、扩大、维持，没有下文，也只好自生自灭了。这些说法也许太苛求前人了，但事实证明，没有计划就没有目标，没有目标就没有安排，没有安排就没有很好的落实，成效就会大打折扣。左宗棠在开发甘肃与西北时所遭受的挫折，大概也与此有一定的关联吧。

如果说左宗棠开发西北的大计划缺乏整体规划更多是由客观环境造成的话，那在一些重大的开发与建设项目创办时不进行必要的设计与论证，以致造成挫折，则更多是由于缺乏经验、盲目指挥酿成的。以左宗棠在甘肃倡办的最有开发价值的甘肃机器织呢局和泾河治理两大项目的创建为例，最能说明这个问题。

左宗棠在兴办甘肃机器织呢局时并没有进行设计与论证。建厂时，连应购置多少机器也心中无数。对织呢不但要机器，还需用羊毛、绒线、煤、原料、燃料，左宗棠不是不知道，但对供应是否充足的问题却不作调查与论证，在托胡光墉购置机器时便主观地说："此间羊毛、驼绒，均易购取，煤亦易得，只要有火机，便省工力也。"[1] 结果当厂子建起后，原料便成了大问题。不但羊毛产量不高，毛质不过关，甚至根本就不能使用。左宗棠也知道"销路滞则利息微"的经济原则，但建厂前对呢子销路并不甚了解，就做出了"以中华所产羊毛，就中华织成呢片，普销内地，甘人自享其利，而衣褐远被各省"[2] 的美好设想。没有看到当地人民均尚棉布，呢子销路不佳的问题，致使产品大量积压，无法销出。不仅不能扩大再生产，就连简单再生产都很难维持。陈炽就此曾批评道："因创办之时，本未通盘筹划故耳。"[3] 不久，织呢厂因锅炉

---

① 《左宗棠全集·书信》（卷三），第 297 页。
② 《左宗棠全集·札件》，第 468 页。
③ 《中国近代工业史资料》（第一辑）下册，第 905 页。

爆炸而停产了。

至于泾水治理，更是犯了盲目套用湖南经验指导治河与想当然的错误。泾河治理是左宗棠在甘肃与西北举办的众多水利工程中花费时间最长、投入精力最多的大项目。治河前，他依据湖南的经验提出了"节节作闸蓄水，并可通小筏"① 的设想。后又作出"先开挖二百里正渠"的方案。由于该方案缺乏科学的设计与论证，兴工以后不久，就被洪水冲毁。所余工程，继续进行，虽采用了从国外引进的先进凿井开河机器施工，由于没有考虑到泾河"流深岸高"的特点，"旋以水低，不能上田，遂寝"②，治泾遂告失败，造成了人力、财力和物力的巨大浪费。至于左宗棠要在泾河"设闸通航"的设想，他在同治九年时就已提出，到光绪五年又重申此说，甚至离开甘肃以后仍茕茕牵挂，"魂梦不忘"，但由于没有考虑到泾河的水文情况，如河流含沙量大，水流季节变化大，冬季流量小，夏季流量猛增，暴涨无常等特点，无法与"小筏可至插岭关下"，水量终年不变的湖南"醴陵渌水"相提并论，"作闸通航"一事根本无法实施。所谓"设闸启闭……以通舟楫"③，当然也只能是设想者头脑中的风景画而已，实在给人平添了许多惋惜之情。

（2）甘肃与西北固有的地域特点与落后性制约了发展。

与东南沿海相比，甘肃存在着更多的困难，这些客观条件的制约，在当时的情况下还是无法摆脱的。

首先是地处边塞，交通极为不便。我国旧有的"南船北马"之说，便道出了南方和北方这种运输能力的差别。左宗棠开发甘肃时，主要的交通运输手段仍旧是马驮、人背这些比较原始的方法。织呢、开河、掘井、探金等机器由上海搬运到兰州，就遇到了极大的困难，"惟鄂、樊、龙驹、西安各处，运解分合，迟速不齐"④。有些机件在路上就损坏了，

① 《左宗棠全集·书信》（卷二），第 205 页。
② 《左文襄公在西北》，第 187 页。
③ 《左宗棠全集·书信》（卷三），第 475 页。
④ 《左宗棠全集·书信》（卷三），第 475 页。

又有些浸了雨着了露，安装工作也受到了影响。这些都使建厂所费资金增多。而交通的阻塞，又使质量本来就不高的呢织品销售更加麻烦，陈炽感叹道："万里甘凉，艰于转运，资本太重，不利行销。"① 兰州道彭英甲在历数有碍甘肃商务七要旨时也指出："层叠耸嶂，蜿蜒数千里，无铁路、轮船以交通，贩运艰难，较他省尤甚。即使商民不辞跋涉之苦，而本重利微，终至大受其累。"②

其次是资金缺乏、思想闭塞落后。左宗棠给甘肃引进机器设备前曾说过："官开之弊防不胜防，又不若包商开办，耗费少而获利多。似须以官办开其先，而商办承其后。"③ 19 世纪 70 年代，东南地区有一批手中积聚着大量货币财富，想投资于近代企业的官僚、地主和买办商人，要在那里实行这种官带商办经营企业的政策，是不太困难的。可是甘肃却不同，长期以来就"寒苦荒俭，地方数千里，不及东南一富郡"④。能够集到巨额资金的富户不多；且这些人僻处内地，对于试办企业的新鲜事物还少见寡闻，满脑子的陈旧思想，在没有见其利而得其惠之前，断不会冒倾家荡产之险去经营新兴的机器工业。甘肃也没有一批与外国人长期打交道而发了财，眼界又比较开阔的买办商人，如唐廷枢、徐润、郑观应等辈。为数可怜的旧商人还"未闻陇上行商战胜于上海、京都之说，况澳、美、英、法之远在外洋，其足迹更梦想不到也"⑤，根本没有那种胆识和才智来接办从外洋引进的机器工业。因此，左宗棠官带商办的主张也就无法实现，而《申报》所说："设能将此局（注：兰州织呢局）归作商办，涓滴无遗，安见必无起色也？"⑥ 当然只能是仅做议论而已！

---

① 《中国近代工业史资料》（第一辑）下册，第 905 页。
② 彭英甲：《陇右纪实录》（卷八），《中国近代开发西北文论选》（下），兰州大学出版社，1987 年，第 78 页。
③ 《左宗棠全集·书信》（卷三），第 520 页。
④ 《左宗棠全集·书信》（卷三），第 478 页。
⑤ 《陇右纪实录》（卷八），《中国近代开发西北文论选》（下），第 78~79 页。
⑥ 《中国近代工业史资料》（第一辑）下册，第 905 页。

（3）对开发中的民族利益问题，重视不够。

左宗棠在对甘肃开发之初，对回族进行强制迁徙，破坏了当地原有的经济结构，造成了回族社区和当地经济的落后。战后，回族的生产资料和生活资料作为"叛产"被剥夺，生活毫无保障，生存受到极大威胁。左宗棠每平复一地，都要对当地回族进行强行迁徙。在镇压了金积堡回族起义军后，将2万多名陕西老弱回族安置在平凉与华亭交界的化平川、圣女川等处，并将侨寓的甘肃回族3千余人解赴平凉安置；在镇压了河州回族起义军后，将陕西回族3万多人安置在平凉、会宁、静宁、安定等荒偏地区；在攻破西宁后，将"西宁陕西老弱妇女壮丁合计两万有奇，悉数迁移平凉、清水、秦安诸处"；肃州城破，将屠杀所剩的起义军家属全部外迁。河西出现了"自是甘、凉、安（安西）、肃一带无回族聚处"的现象。

强迫迁徙给甘肃回族带来了灭顶之灾，传统回族经济几乎被扼杀，严重妨碍了回族自身的社会发展。此外，还实行严格的政治管制，限制回族的人身自由。左宗棠对回族迁徙的原则是："回民近城驿非所宜，近汉庄非所宜，并聚一处非所宜……分起安置，瘰其群，孤其势。"①每安插一起，先令查造户口清册，编审户口，发给门牌，每一居住区设官严加管制；一旦安插后，不得"私迁"、"合居"或私返原籍，严禁回族有往来各地的自由；去附近城市探亲、购物者，须得百家长允准和领取"号签"，去省内远府州县，须得地方官允准并领取"路票"，违者严办；在迁徙地实行联甲制度，设置十家长、百家长，不准阿訇管理回族事务；不准在近城地方进行商品贸易；他处外来亲友到家，必须报知百家长方准招留，违者察究。

强迫到迁徙地之后，封闭的地理环境，物产的极度贫乏，再加上行动自由受到限制，都决定了经商活动的非可能性。强制的迁徙使西北回族社区逐渐分散，规模缩小，回族的商业贸易遭到破坏，经商的回民被

---

① 《左宗棠全集·奏稿》（卷五），第282页。

迫迁徙至贫困山区，成为垦荒的农夫。例如，处在丝绸之路上的商业重镇肃州、陇西等地，经过战乱和迁徙后，这里再也找不到回族商人了。这就造成了这些地区经济结构上的单一化，使西北回民长期局限在贫困的小农经济之中，这也是近代这些地区长期贫困的重要根源之一。

（4）开发甘肃的政策缺乏连续性。

在封建社会的人治环境下，政策的变动往往取决于重要人物的去留。所以，许多有眼光的政治家都非常注重汲引和培养人才，以继承和光大自己的事业。左宗棠离开西北以后，人去政怠，人亡政息，许多重要的开发计划都没有坚持到底，造成了很大的缺憾。并不是左宗棠不注重人才，相反，他为开发和建设西北，发现、引用和培养了一大批的人才，还一一加以重用。但大概因为左宗棠是"中兴名臣"，眼界、资望威重一时，又深得朝廷倚重，所以，有关西北地方的兴革大计，均可凭自己的见解才识，一一决断，其后继者却未必有这样的威望与气魄。他们不仅不能开拓创新，就连维持左宗棠的开发规模也难以做到。关于这一点，秦翰才在《左文襄公在西北》一书中有一段精到的议论：左宗棠在西北"只完全恢复了这一个地区的主权，却没有完全改善了这一个地区的政治和社会状态。……所以文襄公一去，地方弊政很容易恢复了原状。财政在甘肃，根本因为经济力量所限，本是不易积极开源，所以文襄公离位的次年，（后继者）竟不惜破坏文襄公禁烟的成规，公然征收烟厘。至于文襄公的物质建设，人力多靠楚湘各军，财力都就军费挹注，甚或由他自己捐廉；而这种军费，又是特准开单报销，不按则例。后来的人没有这种机会，或不会运用这种机会，又不像他慷慨，只好听他们停废。虽是有些建设，文襄公曾顾及日后的维持，曾规定办法，例如关外沿路官店，对于来往客商，准许酌收费用；又如有几个机关，指拨公地取租，但怕仍难持久。至如甘肃织呢局，没有流动资本，更是无从经营。不过吃亏还在人才缺乏；如有人才，就应有办法。……清政府在文襄公去后，所用西北大员，像陕甘总督一席，从杨昌浚（护理），而谭钟麟，而杨昌浚，而陶模，而魏光焘，新疆督办和巡抚一席，从刘

锦棠，而魏光焘（护理），而陶模，而饶应祺，无不和文襄公有深切的
渊源。便是其下的布政使和按察使，也几无一不是文襄公所识拔。这一
个情形，一直延续到光绪三十年左右。照理他们该能扩展文襄公的设
施，或至少该能保持文襄公的规模。然而事实则不尽然，或因他们的人
格，不够转移风气；或因他们的气魄，不够支持困难；或因他们的眼
光，不够担当大事；或因他们的资望，不够笼罩一切，以致文襄公的志
业，没法继续或完成。"甚至出现了对左宗棠"苦心经营的制造局和织
呢局，后人随意裁并"的事；更出现像"文襄公禁烟，杨昌浚来开征烟
厘；文襄公办到甘肃乡试分闱，陶模来又议并入陕西"的可叹可悲之
事。所以，"从这来看，创业之人，固属重要；继事之人，尤为重
要"①。左宗棠在西北的事业难以为继，已经不单纯是一个人才的问题
了，而是封建制度发展到了晚清，已气息奄奄，毫无生气，丧失了全部
的更新与创新能力，凭借这个制度，已无法完成开发西北、挽救中国的
使命了。这已不是任何个人所能够左右的事情了。

（三）对西部大开发的启示

　　左宗棠治理与开发甘肃，是中国近代建设大西北的首次尝试。尽管
他的很多设施并没有贯彻到底，甚至人亡政息，甘肃与西北贫困依旧，
但是其影响却是十分深远的。左宗棠"白头戍边"，誓死保卫西北，全
力开发西北的献身精神与历史功勋，深深激励着后人，为后起者提供着
巨大的精神力量与智慧启迪。正如《左文襄公在西北》一书的作者秦翰
才所指出："亏得文襄公坚忍奋斗，才算给吾们保全了这一百六十多万
平方公里的疆土，同时也是保固了西北毗连各省区。且新疆自用文襄公

---

① 《左文襄公在西北》，第222～226页。

主张而建省，由军府制度进而为郡县制度，从前属国性或殖民地性的西域，永为吾国本土的一部分。……在吾中华民族筹边史上，实占着空前的一页。"①

秦翰才还高度评价了左宗棠经营西北所留给后人的宝贵启示："文襄公以新疆为我国的生命钱，又以甘肃和陕西为经营新疆的基地。他明了国际的危机，他懂得内在的乱因。所以他于以武力收回这个地区以后，更加以苦心的经营。他筑路，筑城，改兵制，制造新兵器，一方面巩固国防；他开辟河渠，提倡种棉织布，育蚕缲丝，以机器织呢，一方面开发资源；他设书院，设义学，刊发书籍，一方面又发扬文化。现在西北形势的重要性，没有变更。我们要建设西北，要保卫西北，那末，巩固国防、开发资源和发扬文化，都得同时并进。没有国防，就不能维护资源；没有资源，就不易树立国防；没有文化，也就无从齐一民众的心志，提高民众的知识水准，共同负起这一个巩固国防和开发资源的使命。"② 这充分说明，开发与建设西北是一个政治、军事、经济、文化、教育必须同时并举的规模宏大的系统工程。必须全力做好以下几个方面的工作：

1. 发展西部地区教育是改变西部落后面貌的关键

当年左宗棠在甘肃，就痛感优秀人才的缺乏，一方面各级地方官员的政治品行低，造成吏治的腐败；另一方面广大百姓的文化素质低，使先进的生产技术很难推广，甚至有一些灾民领到救济款后不去买粮食而去买烟土。而贫穷落后的经济条件与艰苦的自然环境，不仅留不住优秀人才，甚至造成一般百姓的大量流亡，这就更加加剧了西北的贫穷落后。"这样，这个地方没有优秀分子，正气消沉，人才不出，或许可以

---

① 《左文襄公在西北》，第221页。
② 《左文襄公在西北》，第224页。

继续腐败，永远衰落。"① 因此，为了振兴西北，必须坚定不移地实施"科教兴国"的战略。

当今中国东西部之间的差距可以用许多经济指标来衡量，值得注意的是，在经济指标后面还隐藏着东西部教育水平和人力资源的差距。从20世纪80年代中后期开始，随着东西部经济发展水平的差距拉大，大量的人才流向东部地区。而人才流失对西部社会经济发展如同釜底抽薪，严重影响西部经济发展。近几年，中央财政对西部地区投资比重大大高于东部地区，但并没有使西部地区的经济增长率明显提高，西部地区的经济增长率，仍然低于全国平均水平，其中重要的原因在于人们的观念滞后，人才匮乏，劳动者素质不高，知识创新能力差，可以说，西北地区的落后，首先是思想观念的落后。世界著名社会学家亚里克斯·英克尔斯曾指出："国民的心理和精神还被牢固地锁在传统意识之中，构成了对经济与社会发展的严重障碍。"现在人们越来越认同智利哲人的话："落后和不发达不仅仅是一堆能勾勒出的社会经济图画的指数，也是一种心理状态。"② 一个国家或地区文化传统或心理观念，影响着其经济发展及现代化进程。江泽民同志曾指出："国运兴衰，系于教育。"朱镕基同志在西部大开发会议的讲话中明确指出，在西部大开发中要确保教育的发展，提高劳动者素质。这些论述，都说明发展西部地区教育的重要性。因此，西部大开发必须坚定不移地实施"科教兴国"、"人才强国"战略，优先发展教育，以适应西部大开发的需要。

2. 民族团结和社会稳定是西部开发的重要保证

西部是中华民族文化的发祥地，也是广大少数民族的聚居地。现在，生活在我国西部地区的少数民族达55个之多，这些少数民族人口数量在全国少数民族人口中所占的比重达到了86％以上。由于历史地

---

① 《左文襄公在西北》，第225页。
② 张国、林善浪：《中国发展问题报告》，中国社会科学出版社，2001年，第105页。

理、文化传统和宗教信仰的影响，西部地区各民族的发展程度不同，生产、生活状况存在着明显的差异。但无论哪个民族，都在西部大开发中扮演着主力军的角色。民族团结和社会稳定问题如果得不到重视和解决，经济开发就缺乏保障，甚至根本无法进行，社会也就不可能实现长治久安。在我国历史上，尤其是近代，当各民族和睦相处、安居乐业的时候，西部开发就会兴起和成功。左宗棠在治理与开发甘肃的过程中就充分认识到了这一点，他提出的一系列发展经济和维护社会稳定的主张，为西部开发营造了良好的社会环境，增强了西部各民族的向心力和凝聚力，使各民族在较长的时间中，能够和睦相处，共同致力于西部开发。这是当时西部开发获得成功的重要保障。显然，在我们今天西部大开发的过程中，妥善地处理西部地区的民族关系和维护边疆稳定，调动各民族人民共同开发西部的积极性，发挥他们的主人翁意识，促进边疆民族地区经济、文化的发展，是十分重要的问题。国家的统一，边疆的巩固，社会的安定，是西部开发不可或缺的条件。而西部开发又会反过来进一步促进国家的统一、社会的稳定和各民族的共同进步。

3. 兴修水利、加强交通等基础设施建设是西部开发的重要前提

水，是人类生存不可替代的资源，是西北生态环境的核心，水利是国民经济的基础设施，水在西部开发中有着特殊的地位和作用。在现代的许多学者看来，自宋代以后我国西部地区政治、经济、文化的逐渐走向衰落一方面虽然有自然环境恶化的因素，但另一方面水利工程和交通的衰落也是其中的重要原因之一。我国西部大部分地方气候相对比较干旱，水资源极为贫乏，"有水一片绿，无水一片荒"，且时空分布严重不均，这对农牧业发展是极为不利的。在这种情况下，对水资源开源、节流和保护，兴修水利工程，修渠筑坝，引水灌溉，便具有特殊的意义。

水利事业的发展，可以改善农业环境，提高粮食产量，直接促进西部地区经济社会的发展。而交通道路建设可加强各地间的联系，促进经济文化交流和民族的融合。在这方面，古"丝绸之路"就是最好的历史见证。所以说，水利和交通基础设施是西部开发的重要前期基础。左宗棠"缓进急战"收复新疆和开发西北的壮举也正是以这些基础设施为重要保障的。虽然新中国成立以后，西部建设了一定规模的水利基础设施，开展了大面积的水土流失防治。但如今仍存在着水资源开发利用难度大，利用率低；生态环境日益脆弱，水污染加剧；水利基础设施薄弱等几方面的严重问题。

而交通方面，当年左宗棠用兵西北，最感痛苦的就是运输艰阻百倍。"试看他当日用兵，对于运输，费了多少筹划，费了多少金钱。""倘有良好的运输系统，迅速的交通工具，省内贸易、省际贸易，乃至国际贸易，都得通畅，何至贫乏到这地步。……现在建设西北，无疑仍以发展交通为首要。"[①] 今天，交通事业虽然有了巨大的发展，但拿其中的最主要的设施铁路和公路来说，即使是考虑到西部地广人稀因素，按照人口和土地面积计算的铁路和公路网综合密度也仅相当于全国平均水平的 68.3％和 85.2％、东部地区的 55.2％和 56.6％。这已成为我国西部大开发的最严重的制约瓶颈。因此，国家更应加大对西部地区的投资力度，多元筹集资金，加强西部基础设施建设。力争在今后几十年间国家财政投资的重点始终放在西部，并尽可能向西部地区"倾斜"。国家财政资金集中使用，投资有长期性战略意义的大型基础设施，改良西部投资环境。

4. 从实际出发，农牧并重，因地制宜地发展西部的经济

左宗棠在西部开发方面之所以能够取得较大的成绩，也是与其实行

───────────

① 《左文襄公在西北》，第 225～226 页。

因地制宜、农牧并重的政策和"师夷长技以制夷"的洋务思想分不开的。今天我们仍应看到，我国西部地区地大物博，资源丰富，有以种植业为主而兼营林、牧、副、渔的农业区，同时又有以畜牧业为主体经济的游牧区。这种情况自古以来就与东部地区大不相同，这在客观上要求我们因地制宜，实行农牧并重的政策。要继续在西部地区实行有利于农业发展的政策，以市场为导向发展特色农业，推进农业产业化经营，调整农业结构，使农业在西北社会经济结构中的主导地位得以最后完成。除农牧业外，还要大力开发工商业和特色旅游资源，一方面提高企业竞争力，积极调整工业结构和所有制结构，鼓励民营经济发展，发展高新技术产业，增强经济活力，提高西部地区经济的总体竞争力和发展能力；另一方面，围绕西部丰富的人文历史景观及自然景观，发展特色旅游，从而把旅游资源优势变成真正的经济优势，从而带动整个西部的第三产业的发展。同时，我们还应注意到，西部地区有着与外国接壤的1万多公里的边境线，有着新欧亚大陆桥的开通和大西洋出海通道的建设，有着丰富的资源优势，加上悠久的对外交流的历史和WTO的加入，为充分地进行内外开放创造了新的条件和历史机遇。在这种得天独厚的条件下，扩大与中西亚各国和东部地区的经济交流与商业合作，引进国内外先进技术，吸引各方面的投资，增强民众的开放意识，按经济规律办事，因地制宜，宜农则农，宜牧则牧，就一定能收到良好的效果，最终促进西部经济的真正发展和腾飞。

5. 植树造林，保护生态环境，注重可持续发展

我国最大的生态问题在西部，西部最大的生态问题是水土的流失和荒漠化。西部地区是我们母亲河黄河、长江的发源地，是古代华夏文明的发祥地，西部拥有丰富的自然资源，但西部，特别是西北也是我国生态环境最为脆弱的地区。在西北，大部分地区干旱缺水，森林覆盖率和

植被覆盖率相当低，远远低于全国 14% 的平均水平，更低于世界某些国家，如美国 32.3%，俄国 55.4%，印度 23% 的水平，仅陕西一省每年输入黄河的泥沙就达 8 亿吨左右。我们的另一条母亲河——长江也在变成第二条黄河。目前，其每年带入东海的泥沙已达 5 亿吨，输沙量为黄河的 1/3，相当于尼罗河、亚马逊河、密西西比河三条世界大河输沙量的总和。生态环境的不断恶化，制约着西部经济的发展和可持续发展。西部生态环境建设是西部开发的重中之重。西部生态环境不仅要改善，而且必须恢复和重建；必须是预防、保护和治理并举，注重保护，强化治理。通过植树造林、绿化荒漠，建设生态农业、林业和畜牧业，退耕还林、退耕还草、退耕还湖，甚至还要退牧还草，增强抗灾能力，保证生态安全，实现西部地区经济的可持续发展，重现"春风度玉关，复见黄河清"，"风吹草低见牛羊"的动人美景①。

6. 西部大开发，必须得到中央政府的大量财政支持

"必须用全国力量来帮助，继续干上数十年，乃至一百年，一气呵成。这样，数千年来，我中华民族经营西北的一件大事，才可真正告一段落。"② 这说明，开发大西北，是一场跨世纪的持久战，必须集中全国人民的力量，共同努力，协同作战，长期奋斗，才能完成这一千秋伟业。

总的来说，左宗棠对甘肃和西北开发与建设是初步的，低层次的，并有某些不足之处。但这是近代开发甘肃和西北的开端，在不少方面为继续开发甘肃与西北奠定了初步的基础，提供了可贵的经验与教训。一百多年前，左宗棠总结了前人的历史经验，但又能超越先贤，站在他们的肩上创造出这段西北开发的辉煌瞬间；今天，我们研究与总结左宗棠

---

① 以上参见付宏渊《左宗棠开发西北的战略思想对西部大开发的启示》，《湖南大学学报》2004 年第 5 期，第 83～84 页。
② 《左文襄公在西北》，第 226 页。

开发西北的经验与教训，又站在他的肩上，开创新的宏业伟绩。西部大开发的事业，正像巨浪涛涛的历史洪流，冲决着所有的困难与障碍，汇成一片壮美的景致。我们的事业将使先贤得以慰藉，后人见而喝彩！

附录一
左宗棠在甘大事记

1866 年（同治五年丙寅），55 岁

九月，调任陕甘总督，处理回事。奏请以沈葆桢为船政大臣，遣人赴洋购造机器，设"求是堂艺局"（船政学堂）。

十月，离福州。

十二月，抵武昌，奉诏先入陕击捻军。

1867 年（同治六年丁卯），56 岁

正月，驻军汉口，提出"欲靖西陲，必先清腹地"之策。

二月，离汉口。

六月，抵潼关。

十一月，西捻军渡河入晋。

十二月，李鸿章平东捻。

1868 年（同治七年戊辰），57 岁

正月，西捻军逼近京郊，京畿震动，左宗棠及李鸿章、直隶总督官文、河南巡抚李鹤年均夺职。四月，西捻军越吴桥，犯天津。

六月，捻军首领张宗禹在山东徒骇河赴水死，西捻军亡。晋太子太

保衔。

八月，至京师入觐。皇太后问西事何时可定？答以 5 年为期。

十二月，陕北反清首领董福祥等降清。

1869 年（同治八年己巳），58 岁

二月，清军攻占陇东董志原回军城堡及庆阳府城。左宗棠进驻乾州，陕境肃清。

五月，进驻泾州，始督办甘肃军务。命刘松山、魏光焘等分北、中、南三路进击回军。

八月，刘松山部进逼金积堡。

九月，奏陈处理回事政策：剿抚兼施，以抚为先。回汉一视同仁，不分汉回，只分良莠。

十月，接受陕甘总督关防。

十一月，进驻平凉，始整理陇南军事和政务（派周开锡主持）。

是年，始禁种罂粟；设陕西制造局；浚治平凉暖泉。

1870 年（同治九年庚午），59 岁

正月，刘松山战死，由其侄刘锦棠继统老湘军。

五月，发生"天津教案"。

九月，金积堡合围。

十月及闰月，阿古柏侵占吐鲁番地区及乌鲁木齐。

十二月，马化龙投降。

是年二月初二日，周夫人病逝于长沙。先七日，四女孝瑸殉夫死。

是年，刊发《圣谕广训》（附律易解），始资助兰山书院。

1871 年（同治十年辛未），60 岁

二月，始命军队种树。

三月，俄军占领伊犁地区。

四月，在西安设书局，刊刻经籍。

六月，清军进攻河州回军。七月，函刘锦棠速销假回甘，准备出关对付俄国。

七月，进驻静宁。

八月，进驻安定。

是年，命各州县试种稻谷桑棉，设制造局于兰州，制造枪炮弹药，以总兵赖长主其事。

1872 年（同治十一年壬申），61 岁

正月，河州回军首领马占鳌投降。二月，徐占彪进抵肃州城郊。刊发《学治要言》。

二月，奏定改宁夏府水利同知为宁灵厅。

五月，新疆叛军派遣维族军队 3000 人入援肃州回军。

七月，左宗棠自安定入驻兰州。

八月，始整理甘肃盐务。

十月，刘锦棠等军攻西宁，回军首领马桂源、马本源逃走，清军攻克西宁。

十二月，奏陈乌鲁木齐督统成禄残害各族人民种种不法行为，奉旨拿问；诏金顺兼领其军出关；始整理甘肃茶务。

是年，于兰州修治督署后园，制机轮抽提黄河水，注园中"饮和池"，供民汲饮，为文记之。

1873 年（同治十二年癸酉），62 岁

二月，奏陈："欲杜俄人狡谋，必先定回部，欲收伊犁，必先克乌鲁木齐。"

五月，收毁甘肃钱钞。

六月，奏定升固原州为直隶州；添设平远县；改盐茶厅为海城县。

七月，赴肃州督师。

九月，马文禄投降，清军收复肃州，打通进军新疆要道。白彦虎退入新疆。

诏授协办大学士、一等轻车都尉。

十月，巡视嘉峪关，返兰州。

十二月，上谕："着即出关，收复乌鲁木齐。"奏陈关塞用兵之策，兵在精不在多。

奏请甘肃与陕西分闱乡试。

是年冬，福建船工将竣，已造成舰。

1874 年（同治十三年甲戌），63 岁

正月，刊发《棉书》和《种棉十要》。

二月，奏免甘肃积欠钱粮。

三月，金顺、额尔庆额军相继出关。

四月，日本侵入台湾，沈葆桢渡海设防；各省停解西征协饷；奏请借洋商银 300 万两，许之。

七月，晋东阁大学士。

八月，奏定添设甘肃安化县丞（即董志原县丞）。

九月，总理衙门为加强海防，提出练兵、造船、筹饷等 6 条，广征各大臣、督抚意见。

十一月，李鸿章奏复：新疆旷地，收复不值，将来亦断不能守；宜停撤西征军饷，以匀作海防军饷。

十二月初五，同治帝病逝。

1875 年（光绪元年乙亥），64 岁

二月，廷议海防塞防之争，密征左宗棠意见。奏对："东则海防，西则塞防，二者并重。"坚持进军新疆，收复失地。军机大臣文祥亦力主进剿，事遂定。谕旨命左宗棠以钦差大臣督办关外剿匪事宜，金顺帮办。

三月，奏定甘肃循化厅属买吾八族改隶洮州厅。

五月，俄使索思诺夫斯基等 5 人来西北大营，窥视虚实，左宗棠接之以礼。俄使提出由俄支援部分军粮。

八月，奏以刘锦棠总理行营营务处，率老湘军西征，刘典帮办陕甘军务。

十月，清丈甘肃地亩。

是年，设兰州火药局。

1876 年（光绪二年丙子），65 岁

正月，刘锦棠率老湘全军进肃州。额尔庆额、冯桂增攻玛纳斯城，失利，桂增死。

二月，沈葆桢反对借洋款。诏曰："左宗棠出师塞外，必须士饱马腾。"准借中外商款及各省协饷，凑足 1000 万两。

三月，左宗棠进抵肃州，湘军谭上连等率部出关。

四月，刘锦棠大军继发，中外反对又起。左宗棠不为所动，定西征战略：缓进急战，先迟后速，致力于北，而收功于南。

闰五月，湘军进古城。

六月，进济木萨，合金顺军进阜康，攻克古牧地，拔乌鲁木齐三城。

八月，克玛纳斯城，北路平。

英使威妥玛代帕夏乞降，左宗棠函陈总理衙门，揭露英诈降阴谋。

十月，诏荣全还京，金顺为伊犁将军，促左宗棠进兵南路。左宗棠仍坚持缓进急战。时大雪封山，请缓至明春雪融，许之。

1877 年（光绪三年丁丑），66 岁

二月，金运昌卓胜军出关。

左宗棠申明纪律，严禁杀掠，维胞附贼反正者，悉与宽贷。

三月，清军攻克达坂城。刘锦棠军直捣托克逊，徐占彪、张曜军连

克辟展等城。三军合攻，克吐鲁番，马人得降，纵归各族同胞纷纷宣扬清军宽大政策，叛军益解体。

四月，阿古柏于库尔勒自杀，次子海古拉西窜库车，中途为其兄伯克胡里所杀。伯克与清叛将何步云分守喀什噶尔满、汉城。

库伦大臣志崇上言"划地自守之策"，反对继续进军。廷臣亦谓西征耗费过多，左宗棠奏驳之。复奏云："重新疆者，所以保蒙古；保蒙古者，所以卫京师。"并奏请新疆建行省，改郡县（初奏新疆建省）。

六月，山西、河南大旱，陕西及甘肃庆阳亦饥。左宗棠倡捐养廉银万两。

英国通过驻英公使郭嵩焘代喀什噶尔政权请降，俾其立国，左宗棠奏驳之。

八月，西征军进曲惠，白彦虎掘开都河，漫流百余里，附近城镇水深数尺，农田尽淹，庐舍荡然。

九月，刘锦棠军克喀喇沙尔、库尔勒、拜城。白彦虎掠回、维民西逃。刘锦棠军拔出难民以十万计，拜城及阿克苏城维民不欲西徙，开城出迎清军。旋又收复乌什，南疆东四城悉平。

十一月，清军克喀什噶尔、叶尔羌、英吉沙尔、和阗。白彦虎、伯克胡里逃往俄境，南八城悉平。

晋封为二等侯。

是年，始筹设甘肃织呢总局。倡导凿井和区田。

1878 年（光绪四年戊寅），67 岁

正月，上疏言："新疆改设行省，事关西北全局（二奏新疆建省）"。

喀城外国侨民均震慑中国军威，西方舆论谓："平时欧洲轻料中国，谓中国人不能用兵，今观中国之恢复回部，足令吾欧人一清醒也。"

四月，刘典以病请归，奏起杨昌浚继之。

八月至十月，白彦虎多次扰边，刘锦棠击破之。

十月，清廷命崇厚为全权大臣使俄，商议回收伊犁事宜。

左宗棠复奏详陈新疆善后方略，新疆应改行省，为长治久安之计（三奏新疆建省）。

十二月，刘典卒于兰州。

1879 年（光绪五年乙卯），68 岁

正月，俄国唆使阿古柏残部越境来犯，刘锦棠等军击退之。七月，又进犯；八月，大败犯敌，自是残敌不敢再大举犯边。

五月，建置酒泉园林，允许士女游观。

六月，在肃州试办采金。

八月，崇厚与俄国订约，丧失伊犁附近大量土地及主权，朝议大哗。左宗棠奏陈利害，提出："先之以议论，委婉而用机（谈判）；次之以战阵，坚忍而求胜。"决意备战，并拟进驻哈密督战。

十二月，崇厚回京，奉旨交刑部治罪。

是年，于兰州设织呢局。倡办新疆蚕务。清丈新疆地亩。奏定变更甘肃兵制（约在十月间）。

1880 年（光绪六年庚辰），69 岁

正月，诏命驻英法大臣曾纪泽赴俄国复议。

二月，左宗棠复奏以战备支援谈判，定三路收复伊犁之策。

三月，刊发《吾学录》。

四月，四奏新疆建省，请先派督抚筹备（光绪八年七月，五奏新疆建省，时在两江总督任上）。当月出关，舁榇以行。

五月，抵哈密。俄扬言将派兵舰来华，封锁辽海，沿海戒备。

七月，清廷准备妥协，诏左宗棠回京，"以备朝廷顾问"。左宗棠奏荐刘锦棠督办新疆军务，张曜帮办军务。

八月，兰州织呢局开工。

十月，刘锦棠至哈密接替，左宗棠启行入关。沿途前所植杨柳，已浓荫如幄，甘肃百姓称之为"左公柳"。

俄国在东北展示兵力，左宗棠令王诗正、王德榜即率军入关，赴屯张家口备战。

十一月，抵兰州，诏杨昌浚护理陕甘总督。

十二月，从兰州起程晋京，所过士民夹道攀留。

是年，以机器治泾河上源。

1881 年（光绪七年辛巳），70 岁

正月，中俄和议成约，还伊犁全境。

左宗棠抵京师，陛见，诏入军机，在总理各国事务衙门行走，管理兵部事务。

附录二
参考文献

（一）基础资料类

1. 《左宗棠全集》（共十五册），岳麓书社，1996 年。

2. 《清史稿·列传》，中华书局，1977 年。

3. 《曾国藩全集》（共三十册），岳麓书社，1995 年。

4. 朱孔彰：《中兴将帅传》，岳麓书社，1983 年。

5. 《湘军志·湘军志平议·续湘军志》，岳麓书社，1983 年。

6. 王定安：《湘军记》，岳麓书社，1983 年。

7. 中国近代史资料丛刊，《回民起义》（三、四），神州国光社，1952 年。

8. 张灏等编：《中国近代开发西北文论选》（上、下册），兰州大学出版社，1987 年。

9. 中国近代史资料丛刊，《洋务运动》，上海人民出版社，1981 年。

10. 孙毓棠编：《中国近代工业史资料》（第一辑上、下），科学出版社，1957 年。

11. 李文治：《中国近代农业史资料（1840—1911）》，三联书店，1957 年。

12. 钱基博：《近百年湖南学风》，中国人民大学出版社，2004 年。

13. 马长寿：《同治年间陕西回民起义历史调查记录》，陕西人民出版社，1993 年。

14. 袁林：《西北灾荒史》，甘肃人民出版社，1994 年。

15. 曹树基：《中国人口史（清时期）》（第五卷），复旦大学出版社，2001 年。

16. 谢晓钟：《新疆游记》，甘肃人民出版社，2003 年。

17. 白寿彝：《回族人物志》（近代卷），宁夏人民出版社，1997 年。

18. 刘锦藻：《清朝续文献通考》，浙江古籍出版社，2000 年。

19. 《清实录》之《文宗实录》、《穆宗实录》、《德宗实录》，中华书局，1987 年影印本。

20. 薛福成：《庸盦笔记》，江苏人民出版社，1983 年。

21. 奕訢等：《钦定平定陕甘新疆回匪方略》，中国书店，1985 年影印本。

22. 《钦定石峰堡记略》，宁夏人民出版社，1987 年。

23. 《续资治通鉴》，中华书局，1979 年。

24. 《新疆图志》，宣统三年刊本。

25. 《林则徐集·公牍》，中华书局，1965 年。

26. 《刘襄勤公奏稿》，中国图书馆文献微缩复制中心影印，1986 年。

27. 冯焌光：《西行日记》，《宁海纪行》，甘肃人民出版社，2002 年。

28. 陶保廉：《辛卯侍行记》，甘肃人民出版社，2002 年。

29. 阔普通武：《湟中行记》，《宁海纪行》，甘肃人民出版社，2002 年。

30. 裴景福：《河海昆仑录》，甘肃人民出版社，2002 年。

31. 袁大化：《抚新纪程》，《西征续录》，甘肃人民出版社，2002 年。

32. 林鹏侠：《西北行》，甘肃人民出版社，2002 年。

33. 陈赓雅：《西北视察记》，甘肃人民出版社，2002 年。

34. 高良佐：《西北随轺记》，甘肃人民出版社，2002 年。

（二）传记类

1. 张振佩：《左宗棠传》，海南国际新闻出版中心，1995 年。

2. 秦翰才：《左文襄公在西北》，商务印书馆，1947 年。

3. 左景伊：《左宗棠传》，长春人民出版社，1994 年。

4. 罗正钧：《左宗棠年谱》，岳麓书社，1982 年。

5. 杨东梁：《左宗棠评传》，湖南人民出版社，1985 年。

6. 秦翰才：《左宗棠逸事汇编》，岳麓书社，1986 年。

7. 杜经国：《左宗棠与新疆》，新疆人民出版社，1983 年。

8. 杨慎之等编：《左宗棠研究论文集》，岳麓书社，1986 年。

9. 湖南师大文史研究所编：《左宗棠研究学术讨论会论文集》，《湖南师大学报》1987 年增刊。

10. 沈传经、刘泱泱著：《左宗棠传论》，四川大学出版社，2002 年。

11. 黎庶昌：《曾国藩年谱》，岳麓书社，1987 年。

12. 朱东安：《曾国藩传》，四川人民出版社，1985 年。

13. 章育良、曹建英：《刘锦棠评传》，中国青年出版社，2000 年。

（三）地方史志类

1. 慕寿祺：《甘宁青史略》，中国西北文献丛书（总 96 册·第二一、二二卷），兰州古籍书店影印，1990 年。

2. 升允、长庚修，安维峻纂：《甘肃新通志》，中国西北文献丛书（第一辑·总 23 册），兰州古籍书店影印，1990 年。

3. 张延福修，李瑾纂：《泾州志·地舆》，《中国西北文献丛书》（第一辑·总 42 册），兰州古籍书店影印，1990 年。

4. 光绪《泾州乡土志》，中国公共图书馆古籍文献珍本汇刊，《中国西北稀见方志》（八），中华全国图书馆文献缩微复制中心，1994 年。

5. 光绪《陇西县志》，中国公共图书馆古籍文献珍本汇刊，《中国西北稀见方志》（八），中华全国图书馆文献缩微复制中心，1994 年。

6. 光绪《陇西分县武阳志》，中国公共图书馆古籍文献珍本汇刊，《中国西北稀见方志》（八），中华全国图书馆文献缩微复制中心，1994 年。

7. 光绪《肃州新志稿》，中国公共图书馆古籍文献珍本汇刊，《中国西北稀见方志》（七），中华全国图书馆文献缩微复制中心，1994 年。

8. 光绪《合水县志》，中国公共图书馆古籍文献珍本汇刊，《中国西北稀见方志》（八），中华全国图书馆文献缩微复制中心，1994 年。

9. 丁焕章等编：《甘肃近现代史》，甘肃人民出版社，1989 年。

10.《新疆简史》（二），新疆人民出版社，1980 年。

11. 张岂之等编：《陕西通史》（七），陕西师大出版社，1998 年。

12. 陈育宁主编：《宁夏通史》（近代部分），宁夏人民出版社，1993 年。

13. 崔永红、张得祖、杜常顺主编：《青海通史》，青海人民出版社，1999 年。

14. 惠登甲：《庆防记略》，庆阳县志编纂委员会，1986 年内部刊印。

15. 张集馨：《道咸宦海见闻录》，中华书局，1981 年。

16. 民国《重修隆德县志》。

17.《甘肃文史资料选辑》（第 1—12 辑），甘肃人民出版社，1980 年。

（四）研究著作类

1. 丁焕章等著：《中国西北回民起义斗争史》，中国科学文化出版社，2003 年。

2. 曾问吾：《中国经营西域史》，商务印书馆，1936 年。

3. 李清凌主编：《甘肃经济史》，兰州大学出版社，1996 年。

4. 马汝珩、成崇德主编：《清代边疆开发》，山西人民出版社，1998 年。

5. 西北师大历史系主编：《西北史研究》（第一、二辑），兰州大学出版社，1997年。

6. 《西北近代工业》，甘肃人民出版社，1989年。

7. 杨重琦主编：《兰州经济史》，兰州大学出版社，1991年。

8. 魏永理等著：《中国西北近代开发史》，甘肃人民出版社，1993年。

9. 陈旭麓：《近代中国社会的新陈代谢》，上海人民出版社，1998年。

10. 翟松天：《青海经济史（近代卷）》，青海人民出版社，1999年。

11. 王继平：《晚清湖南史》，湖南人民出版社，2004年。

12. 邹礼洪：《清代新疆开发研究》，巴蜀书社，2002年。

13. 纪大椿：《新疆近世史论稿》，黑龙江教育出版社，2002年。

14. 华立：《清代新疆农业开发史》，黑龙江教育出版社，1998年。

15. 沈传经：《福州船政局》，四川人民出版社，1987年。

16. 米镇波：《清代中俄恰克图边境贸易》，南开大学出版社，2003年。

17. 王希隆：《清代西北屯田研究》，兰州大学出版社，1990年。

18. 林永匡、王熹：《清代西北民族贸易史》，中央民族学院出版社，1991年。

19. 马曼丽主编：《中国西北边疆发展史》，黑龙江教育出版社，2001年。

20. 夏明方：《民国时期自然灾害与乡村社会》，中华书局，2000年。

21. 牛海桢：《清代西北边疆地区民族政策研究》，兰州大学出版社，2004年。

22. 周育民：《晚清财政与社会变迁》，上海人民出版社，2000年。

23. 李并成：《河西走廊历史时期沙漠化研究》，科学出版社，2003年。

24. 甘肃史学会编：《史学论丛》（第七辑），兰州大学出版社，1999 年。

25. 张国、林善浪：《中国发展问题报告》，中国社会科学出版社，2001 年。

26. 中国人民大学报刊复印资料：《中国近代史》（1980—2004），有关研究左宗棠的论文。

（五）研究论文类

1. 李守武等：《洋务运动在兰州——兰州机器织呢厂历史调查报告》，《甘肃师大学报》1959 年第 1 期。

2. 刘大有：《漫话"左公柳"》，《湖南日报》1982－3－31。

3. 林隆：《中国第一个机器毛纺织工厂是怎样创办起来的?》，《兰州大学学报》1983 年第 3 期。

4. 杜经国、张建昌：《左宗棠在甘肃经营的洋务事业》，《兰州大学学报》1981 年第 2 期。

5. 景可、陈永宗：《黄土高原侵蚀环境与侵蚀速率的初步研究》，《地理研究》1983 年第 2 期。

6. 魏丽英：《左宗棠与甘肃近代机器工业的开端》，《甘肃社会科学》1984 年第 4 期。

7. 石泰：《左宗棠经营西北农业问题述评》，《甘肃社会科学》1984 年第 4 期。

8. 石泰：《左宗棠与甘肃吏治》，《甘肃社会科学》1986 年第 2 期。

9. 张克非、杜经国：《左宗棠在西北的有关经济政策对兰州机器织呢局的影响》，《西北民族研究》1986 年第 1 期。

10. 关连吉：《左宗棠与陕甘回民起义》，《甘肃社会科学》1987 年第 1 期。

11. 蒋致洁：《左宗棠收复新疆战役军饷问题探讨》，《中国社会经济史研究》1988 年第 2 期。

12. 尹瑛：《试论左宗棠关于教育的主张与丕兴西北文教》，《湘潭大学学报》1989 年第 1 期。

13. 马志荣：《左宗棠镇压陕甘回族起义方略及善后措施述评》，《回族研究》1991 年第 4 期。

14. 李舒瑾：《自强·自主·自立——论左宗棠的洋务思想特色》，《南都学坛》1989 年第 4 期。

15. 高华德：《从兰州织呢局的创办看左宗棠的爱国思想》，《齐鲁学刊》1994 年第 5 期。

16. 张耀中：《略谈左宗棠整饬吏治》，《史学集刊》1994 年第 1 期。

17. 阮新生：《左宗棠早期思想探微》，《四川师范学院学报》1994 年第 2 期。

18. 曾晟堂：《略论左宗棠成就功业的诸要素》，《兰州学刊》1995 年第 5 期。

19. 孙占元：《左宗棠吏治思想述论》，《山东社会科学》1995 年第 3 期。

20. 孙占元：《论左宗棠的教育思想》，《社会科学战线》1996 年第 6 期。

21. 谢高潮：《左宗棠的"民生观"与实践》，《安徽史学》1997 年第 1 期。

22. 马陵合：《试析左宗棠西征借款与协饷的关系》，《历史档案》1997 年第 1 期。

23. 夏民安：《左宗棠斩驴护柳》，《绿化与生活》1997 年第 3 期。

24. 刘益民：《左宗棠写在甘肃的楹联》，《对联·民间对联故事》1998 年第 6 期。

25. 马志荣：《同治年间甘肃回民起义性质新探》，《甘肃高师学报》2000 年第 3 期。

26. 魏明孔：《历史上西部开发的高潮及经验教训》，《中国经济史研究》2000 年第 3 期。

27. 刘瑞新：《左宗棠与甘肃织呢总局》，《兰州学刊》2000 年第 5 期。

28. 李金香：《细说左公柳》，《档案》2000 年第 6 期。

29. 彭大成：《左宗棠开发西北的战略举措与深远影响》，《湖南师范大学学报》2001 年第 1 期。

30. 陈忠祥：《宁夏南部回族社区人地关系及可持续发展研究》，《人文地理》2002 年第 1 期。

31. 刘泱泱：《左宗棠平议》，《长沙电力学院学报》（社会科学版）2003 年第 2 期。

32. 杨志娟：《清同治年间陕甘人口骤减原因探析》，《民族研究》2003 年第 2 期。

33. 王乃昂、颉耀文、薛祥燕：《近 2000 年来人类活动对我国西部生态环境变化的影响》，《历史地理论丛》2003 第 3 期。

34. 王艾邦、陈乐道：《"勿剪勿伐，左侯所植"——民国时保护"左公柳"史档解读》，《档案》2003 年第 4 期。

35. 秋帆、方学：《"左公柳"诗话》，《档案》2003 年第 4 期。

36. 陈乐道：《"左公柳"：远去的风景》，《档案》2003 年第 4 期。

37. 段国正：《试论左宗棠三改甘肃茶法》，《西北民族大学学报》2003 年第 4 期。

38. 陶德臣：《左宗棠与西北茶务》，《安徽史学》2005 年第 1 期。

39. 李清凌：《1980 年以来西北开发史研究》，《中国边疆史地研究》2004 年第 2 期。

40. 王荣华：《1980 年以来西北近代经济史研究述评》，《宁夏大学学报》2003 年第 1 期。

41. 祁美琴：《五十年来的近代新疆开发史研究综述》，《西域研究》2001 年第 1 期。

42. 杨永福、张克非：《国内五十年来的回民起义研究述评》，《云南社会科学》2001 年第 5 期。

43. 王鸣野：《建省后新疆历史研究述评》，《中国边疆史地研究》2004 年第 4 期。

44. 田小娟：《新中国成立以来的近现代回族经济史研究》，《回族研究》2004 年第 4 期。

45. 马啸：《左宗棠对西北水利开发与建设的贡献》，《求索》2003 年第 2 期。

46. 闫庆生、马啸：《左宗棠与开发甘肃》，《兰州大学学报》2002 年第 6 期。

47. 马啸：《左宗棠与近代西北生态环境的治理》，《新疆大学学报》2004 年第 2 期。

48. 马啸：《试论左宗棠振兴新疆文教的措施与特点》，《新疆师大学报》2003 年第 3 期。

49. 马啸：《左宗棠与开发宁夏》，《宁夏大学学报》2004 年第 2 期。

50. 马啸：《左宗棠与近代西北蚕桑业》，《新疆师大学报》2003 年第 4 期。

51. 马啸：《左宗棠与甘肃水利建设》，《西北民族大学学报》2003 年第 6 期。

52. 马啸：《左宗棠与兰州开发》，《甘肃教育学院学报》2003 年第 3 期。

53. 马啸：《左宗棠与甘肃吏治人才》，《西北民族大学学报》2004 年第 3 期。

54. 马啸：《左宗棠与新疆开发》，《喀什师院学报》2003 年第 1 期。

55. 马啸：《左宗棠与新疆水利建设》，《喀什师院学报》2003 年第 4 期。

56. 马啸：《左宗棠与陇东开发》，《陇东学院学报》2003 年第 1 期。

57. 马啸：《左宗棠与西北公路建设》，《陇东学院学报》2003 年第 2 期。

58. 马啸：《左宗棠对甘肃近代教育的振兴与建设》，《兰州教育学院学报》2002年第2期。

59. 马啸：《左宗棠与甘肃农业开发》，《甘肃高师学报》2002年第2期。

60. 马啸：《试论左宗棠兴办洋务的内容与特点》，《甘肃高师学报》2003年第3期。

61. 马啸：《谁引春风渡玉关——关于左宗棠植树造林、治理西北生态环境的若干考察与启示》，《江西教育学院学报》2003年第4期。

62. 马啸：《左宗棠对西北近代生态环境的保护与建设》，《青海师专学报》2003年第6期。

63. 马啸：《左宗棠与泾河治理》，《固原师专学报》2004年第1期。

64. 马啸：《左宗棠整饬甘肃吏治研究》，《陇东学院学报》2004年第1期。

65. 马啸：《左宗棠与开发董志原》，《陇东学院学报》2004年第3期。

后记

本书是我 2003 年度甘肃省教育厅资助的科研项目"左宗棠整饬甘肃吏治研究"和 2004 年度甘肃省社科规划项目"左宗棠近代开发甘肃经济的历史考察"的最终成果。

我从事中国近代史的教学工作，最初选择左宗棠开发西北为研究课题，完全出于兴趣的驱使。为了搞好研究，我邮购来了由岳麓书社新出的《左宗棠全集》，使我占有了最重要的资料。在研究过程中，我避开对人物的总体评价，做一些小而实的研究，写一些小而短的文章。几年下来，积成三十余篇，分别发表在《兰州大学学报》、《求索》、《新疆大学学报》、《新疆师大学报》、《宁夏大学学报》、《西北民族大学学报》等核心期刊上。但对能否写书，如何立意，如何安排结构，尚在踌躇之中；尤其对如何处理左宗棠镇压甘肃回民起义与经济开发的关系，更觉颇费思量。当时，因与河南大学黄正林教授相知，给我在这方面以指导。他说，应当立足于"左宗棠与甘肃经济社会结构的变迁"来立意命题。这给我以极大的启发，我很快拟出了提纲。本书定稿之际，又经他仔细阅读全文，提出了一系列重要的修改意见。另一个问题有幸得到了兰州大学王劲教授的指导，他说，对于左宗棠在甘肃的活动，他镇压回民起义是有罪的，但开发甘肃是有贡献的。这话虽寥寥数语，却使我有豁然开朗之感。在接下来的写作中，我坚持了不因其恶而隐其善，也不因其善而隐其恶的原则，功就是功，过就是过，实事求是，客观评述，这种立场使我能够坦然面对这一棘手的问题。

在写作过程中，尤其要感谢兰州大学王劲教授对我的指导，他以"秦翰才的传人"相鼓励，给我以极大的鼓舞。他的指点使我有信心把这一课题做下去，他的每一次的叮嘱尤其使我不敢心存怠懈；初稿完成以后，又经他通读全文，提出了许多修改意见。期间，适逢西北师大的两位博士生导师，也是我的老师田澍和李清凌教授来我院讲学，又经他们悉心指导，解决了不少问题。尤其蒙他们允准，将本书收入西北师大历史系所编的"西北史研究丛书"，使我在学术研究上有了归属感。我的导师田澍教授还在百忙中为本书撰写序言，给予热情的鼓励和指导。也要感谢我校闫庆生校长给予的鼓励和指导，白学锋主任、刘治立副教授也给予了不少帮助。我特别要说的是，我的妻子刘一巧女士，在我写作的过程中，除了操持家务，还帮助我作了大量的文字输入与编辑工作，没有她的支持，我的这本书就不可能顺利完成。同时，陇东学院科技处、历史系和甘肃人民出版社李树军先生对本书出版给予了大力的支持。对以上各方面的关心和帮助，在此表示诚挚的谢意。

由于受地域、资料和眼界的限制，书中错误和不足之处在所皆有，愿各位专家学者多多给予批评指导，以补我不足、匡我不逮，使我在学业上逐渐进步与提高。

马　啸

2005 年 9 月于西北师大

图书在版编目（CIP）数据

左宗棠在甘肃/马啸著. —北京：人民出版社，2011
（人民·联盟文库）
ISBN 978-7-01-009992-7

Ⅰ.①左… Ⅱ.①马… Ⅲ.①左宗棠（1812～1885）-人物研究
Ⅳ.①K827＝52

中国版本图书馆 CIP 数据核字（2011）第 118446 号

左宗棠在甘肃
ZUOZONGTANG ZAI GANSU

马 啸 著

责任编辑：李树军 朱满良 李 葳
封扉设计：曹 春
出版发行：人民出版社
　　　　　北京朝阳门内大街 166 号　　邮 编：100706
网　　址：http://www.peoplepress.net
邮购电话：(010) 65250042/65289539
经　　销：新华书店
印　　刷：三河市金泰源印装厂
版　　次：2011 年 7 月第 1 版　2011 年 7 月北京第 1 次印刷
开　　本：710 毫米×1000 毫米　1/16
印　　张：20.5
字　　数：305 千字
书　　号：ISBN 978-7-01-009992-7
定　　价：41.00 元

《人民·联盟文库》第一辑书目

分　类	书　名	作　者
政治类	中共重大历史事件亲历记(2卷)	李海文主编
	中国工农红军长征亲历记	李海文主编
哲学类	中国哲学史(1—4)	任继愈主编
	哲学通论	孙正聿著
	中国经学史	吴雁南、秦学颀、李禹阶主编
	季羡林谈义理	季羡林著、梁志刚选编
历史类	中亚通史(3卷)	王治来、丁笃本著
	吐蕃史稿	才让著
	中国古代北方民族通论	林幹著
	匈奴史	林幹著
	毛泽东评说中国历史	赵以武主编
文化类	中国文化史(4卷)	张维青、高毅清著
	中国古代文学通论(7卷)	傅璇琮、蒋寅主编
	中国地名学源流	华林甫著
	中国古代巫术	胡新生著
	徽商研究	张海鹏、王廷元主编
	诗词曲格律纲要	涂宗涛著
译著类	中国密码	[德]弗郎克·泽林著,强朝晖译
	领袖们	[美]理查德·尼克松著,施燕华等译
	伟人与大国	[德]赫尔穆特·施密特著,梅兆荣等译
	大外交	[美]亨利·基辛格著,顾淑馨、林添贵译
	欧洲史	[法]德尼兹·加亚尔等著,蔡鸿滨等译
	亚洲史	[美]罗兹·墨菲著,黄磷译
	西方政治思想史	[美]约翰·麦克里兰著,彭维栋译
	西方艺术史	[法]德比奇等著,徐庆平译
	纳粹德国的兴亡	[德]托尔斯腾·克尔讷著,李工真译
	资本主义文化矛盾	[美]丹尼尔·贝尔著,严蓓雯译
	中国社会史	[法]谢和耐著,黄建华、黄迅余译
	儒家传统与文明对话	[美]杜维明著,彭国翔译
	中国人的精神	辜鸿铭著,黄兴涛、宋小庆译
	毛泽东传	[美]罗斯·特里尔著,刘路新等译
人物传记类	蒋介石全传	张宪文、方庆秋主编
	百年宋美龄	杨树标、杨菁著
	世纪情怀——张学良全传(上下)	王海晨、胡玉海著

《人民·联盟文库》第二辑书目

分 类	书 名	作 者
政治类	民族问题概论(第三版)	吴仕民主编、王平副主编
	宗教问题概论(第三版)	龚学增主编
	中国宪法史	张晋藩著
历史类	乾嘉学派研究	陈祖武、朱彤窗著
	宋学的发展和演变	漆侠著
	台湾通史	连横著
	卫拉特蒙古史纲	马大正、成崇德主编
	文明论——人类文明的形成发展与前景	孙进己、干志耿著
哲学类	西方哲学史(8卷)	叶秀山、王树人总主编
	康德《纯粹理性批判》句读	邓晓芒著
	比较伦理学	黄建中著
	中国美学史话	李翔德、郑钦镛著
	中华人文精神	张岂之著
	人文精神论	许苏民著
	论死生	吴兴勇著
	幸福与优雅	江畅、周鸿雁著
文化类	唐诗学史稿	陈伯海主编
	中国古代神秘文化	李冬生著
	中国家训史	徐少锦、陈延斌
	中国设计艺术史论	李立新著
	西藏风土志	赤烈曲扎著
	藏传佛教密宗与曼荼罗艺术	昂巴著
	民谣里的中国	田涛著
	黄土地的变迁——以西北边陲种田乡为例	张畯、刘晓乾著
	中外文化交流史	王介南著
	纵论出版产业的科学发展	齐峰著
译著类	赫鲁晓夫下台内幕	[俄]谢·赫鲁晓夫著,述弢译
	治国策	[波斯]尼扎姆·莫尔克著,[英]胡伯特·达克(由波斯文转译成英文),蓝琪、许序雅译,蓝琪校
	西域的历史与文明	[法]鲁保罗著,耿昇译
	16～18世纪中亚历史地理文献	[乌]Б.A.艾哈迈多夫著,陈远光译
	亲历晚清四十五年——李提摩太在华回忆录	[英]李提摩太著,李宪堂、侯林莉译
	伯希和西域探险记	[法]伯希和等著,耿昇译
	观念的冒险	[美]A.N.怀特海著,周邦宪译
人物传记类	溥仪的后半生	王庆祥著
	胡乔木——中共中央一支笔	叶永烈著
	林彪的这一生	少华、游胡著
	左宗棠在甘肃	马啸著